信息素养与信息检索规划教材

创新思维与文献驱

李 明 主编

科学出版社

北 京

内 容 简 介

本书从科学素养、信息素养、图书馆素养等素养养成的角度出发，通过科学技术发展与科技文献传承、文献检索与检索技巧、文献综述与论文写作、科技创新与文献驱动、创新思维与知识发现等内容的阐述，将信息检索的基本原理、技术方法及应用技巧融入科技创新及知识发现的全过程。在概念阐述与案例分析过程中，演绎行之有效的情报分析及数据挖掘的路径与方法。

本书可作为高等院校相关专业的本科及研究生阶段专业教材，同时适用于企事业单位相关从业人员的短期培训教材，并且可提供信息技术应用参考。

图书在版编目（CIP）数据

创新思维与文献驱动 / 李明主编. —北京：科学出版社，2017.11

ISBN 978-7-03-055377-5

Ⅰ. ①创… Ⅱ. ①李… Ⅲ. ①科技文献–研究 ②技术革新–研究 Ⅳ. ①G257.36 ②F062.4

中国版本图书馆 CIP 数据核字（2017）第 279681 号

责任编辑：李 敏 李晓娟 / 责任校对：彭 涛

责任印制：吴兆东 / 封面设计：铭轩堂

科学出版社 出版

北京东黄城根北街 16 号

邮政编码：100717

http://www.sciencep.com

北京中石油彩色印刷有限责任公司 印刷

科学出版社发行 各地新华书店经销

*

2017 年 11 月第 一 版 开本：720×1000 1/16

2023 年 2 月第五次印刷 印张：18 1/2

字数：380 000

定价：48.00 元

（如有印刷质量问题，我社负责调换）

前　言

科技创新现今已成为大家普遍的共识，特别是大数据、云计算、云服务等技术的飞速发展，科技创新对科技文献的需求，不再仅仅局限于科技文献的精准查找与技术要点的合理参考，传统的科技文献检索的教学理念已经不能满足科技创新对文献信息的需求。科技创新活动的主体在于人力资源，美国劳工部21世纪就业技能调查委员会将21世纪人才三大基础技能归纳为：有创造性思维，有决策能力及解决问题的能力，有想象能力、学习能力和推理能力。本书从文献学与情报学的角度出发，在大数据环境下，以文献驱动创新的成功案例为素材，以文献素养养成在创新思维形成过程中的作用为纽带，以文献计量、文本挖掘、数据清洗及统计分析等基本方法为基础，从思维结构优化、创新理念形成、科学认知习惯、文献素养养成等4个方面阐述科技文献素养在科技创新驱动及创新思维形成中的作用。

本书旨在为科研人员及在校学生在其创新思维构建过程中，培养科技文献素养与情报挖掘意识，为科技创新活动实践提供坚实的科学技术知识基础及情报分析与发掘基础，为中国科学技术的腾飞、科技创新活动的深入提供理论基础与科学实现方法。本书在编排过程中充分考虑教与学的基本规律，通过大量真实、生动、经典的案例，“寓教于乐寓学于乐”，内容涉及科技创新与文献驱动、创新思维与知识发现等重要理念，并在案例分析及概念阐述过程中，演绎行之有效的技术竞争情报挖掘及分析的路径与方法。

本书由盐城工学院李明主编，参编人员有河海大学常州校区丁本洲、南京信息工程大学孙明杰、盐城工学院刘晶晶、盐城工学院严潮红、盐城工学院顾瑞婷。其中，第1章、第2章由李明编写，第3章、第4章由李明、丁本洲编写，第5章、第6章由李明、孙明杰、刘晶晶编写，第7章由李明、严潮红编写，第8章由李明、顾瑞婷编写。

本书在编写过程中得到了东南大学图书馆馆长李爱国教授、吉林大学图书馆科技查新工作站主任张柏秋教授的悉心指导。本书在编写过程中还得到了盐城工学院图书馆潘松华、张振华、秦殿启、周伟、王丽华、陆仁艳、嵇云、冷英、邓丽娜等老师的支持与帮助。本书在出版过程中科学出版社的李敏、李晓娟等老师为此付出了辛勤的劳动。在此向他们表示诚挚的谢意。

为了尽量吸纳科技文献检索、竞争情报分析、创新思维构建等最新资料及成果，本书在编写过程中参阅了近年来许多作者编写的相关教材、专著、研究论文及网络信息资源，在此一并表示感谢。限于水平，疏漏之处，在所难免，欢迎各位前辈、同行、读者给予批评、指正！

李　明

2017 年 9 月于盐城

目　录

第 1 章　科学素养与信息素养

本章主要从科学素养、信息素养、科学素养与信息素养应用的典型案例、图书馆素养四个方面，结合社会需求、科技工作者必备素质等方面，通过科技工作开展过程中的典型案例，就学生对科技文献检索课程学习的必要性和重要性进行解读和说明。

人类在社会活动过程中，特别是科学技术飞速发展的今天，已经和科技信息共生共存，科技信息的摄入和消化已经成为人类社会生存的重要一环。为了准确判断和识别公民个人科技信息认知的水平，国际上主要通过科学素养及信息素养的评测，确定和区分各个国家公民科学技术认知的整体素质和科技创新的发展潜力。

1.1 科学素养

科学素养：国际上普遍将科学素养概括为三个组成部分，一是对于科学知识达到基本的了解程度；二是对于科学的研究过程和方法达到基本的了解程度；三是对于科学技术对社会和个人所产生的影响达到基本的了解程度。目前各国在测度本国公众科学素养时普遍采用这个标准，只有这三个方面都达到要求者才算是具备基本科学素养的公众。

1.1.1 科学素养的定义

对公民科学素养含义的理解和表述随着社会和经济的发展不断变化而更新，而且有着深厚的时代背景。目前对科学素养的研究尚处于研究完善阶段，还没有形成统一、广泛认可的表述，以下为四个代表性的表述。

1）经济合作与发展组织（Organization for Economic Cooperation and Development，OECD）认为，科学素养是运用科学知识，确定问题和做出具有证据的结论，以便对自然世界和通过人类活动对自然世界的改变进行理解和做出决定的能力。

2）国际学生评价项目（Programme For International Student Assessment，PISA）中提出，科学素养的测试应该由三个方面组成，即科学基本观念、科学实践过程、科学场景，在测试范围上由科学知识、科学研究的过程和科学对社会的作用三个方面组成。

3）美国学者乔恩·米勒（Jon Miller）认为，公众科学素养由相互关联的三部分组成，即科学知识、科学方法和科学对社会的作用，具体来说，就是具有足够的阅读报刊上各种不同科学观点的词汇量和理解科学技术术语的能力，理解科学探究过程的能力，关于科学技术对人类生活和工作所产生的影响的认识能力。

4）欧盟的国家科学素质调查的领导人约翰·杜兰特（John Durant）认为，科学素养由三部分组成，即理解基本科学观点、理解科学方法、理解科学研究机构的功能。

1.1.2 科学素养发展历程

科学素养的界定虽然因时、因地、因事而难以完全统一，但就公众获取科学知识与方法、培养科学精神与习惯、参与公共决策与事务这些内容来看，国外对科学素养的研究分三个阶段。

1）第一阶段：20 世纪 50～70 年代。这一时期，科学素养在学术界只作为一个问题而讨论，还没有成为一项专门的活动。60 年代，美国首次将科学素养作为一项专门主题开始调查与讨论，这也引发了美国国家科学教育的改革开端。1957 年，美国国家科学作家协会（National Association of Science Writers，NASW）做了一次全美成人调查，美国对于公众理解科学的经验研究也开始于此。1958 年，保罗·赫德（Paul Hurd）将科学技术与社会的关系作为一个重要的问题提出，并首次撰文提出将科学素养作为科学教育的目标。自此之后，科学素养逐渐成为美国科学教育的重大主题。1971 年，美国科学教师协会（National Science Teachers Association，NSTA）明确提出，“科学教育的最主要目标是培养具有科学素养的公民”。这一时期出现的美国“个别化科学教学系统”、英国“纳费尔德科学计划”及澳大利亚的“科学教育计划”都是在正规教育系统内对科学素养建设做出了有益的实践探索。

2）第二阶段：20 世纪 80～90 年代。这一时期，科学素养不仅是学术界研究的重要内容，更是国际组织间的社会行为。这一时期科学素养的行动主要包括：1985 年，美国推出“2061 计划”，由美国科学促进会（American Association for the Advancement of Science，AAAS）专门负责推行，旨在提高全体美国人的科学素养；1986 年，英国成立了公众理解科学委员会（Committee of Public Understanding of Science，COPUS）专门推行公众理解科学运动；1988 年，印度实施“国家素养行动计划”，并在此计划之内专门发起全素养运动（total literacy campaign，TLC）；1996 年，葡萄牙发起“活科学运动”（science alive），并建立“活科学”中心，开辟互动讨论空间。同时，国际组织也开展了许多实践活动。1992 年，联合国召开“联合国环境与发展会议”，并在《21 世纪议程》中强调科学技术素养在实现可持续发展中的重要作用；1997 年，经济合作与发展组织发表《促进公众理解科学技术》，倡导成员国要采取多种途径来提高公众科学素养。

3）第三阶段：2000 年以后。这一时期，各国科学素养研究有了一个突出特征——其推行目标与国家整体发展战略挂钩，其推行方式更加强调科学家与公众进行“对话”与“争论”的双向交流模式。2002 年，欧盟在“创建知识经济的欧洲与欧洲研究区域”这一大目标下，开始推行“科学与社会行动计划”，其宗旨为促进科学与社会关系和谐发展，强化研究人员、企业家、决策者与公众之间对话。2003 年，英国制定《国家技能发展战略》，对提高国民素养做了大规模的部署和详细规划，开始全国推广“科学吧”（sci bars）计划，试图将长期以来从事的“公众理解科学”运动转向“科学家理解公众”。2000～2003 年，经济合作与发展组织在 32 个国家中开展国际学生评价项目，对初中学生的数学、阅读、科学素养与问题解决能力进行专项评测，这一项目已成为国际重要的科学素养项目。

1.1.3 我国科学素养现状

2009 年 11 月～2010 年 5 月，由中国科学技术协会中国科普研究所组织实施了第 8 次中国公民科学素养调查，这次科学素养调查对象涉及中国内地（不含香港特别行政区、澳门特别行政区、台湾省）31 个省、自治区、直辖市的 18～69 岁公民，采取入户面访的方式进行，共发放问卷 69 360 份，有效回收 68 416 份。这次调查从“了解必要的科学知识”“掌握基本的科学方法”“崇尚科学精神”3 个方面定量测度中国公民的科学素养水平，被调查者只有同时通过这 3 个方面测度，才被认定为具备基本科学素养。经综合测算，2010 年中国具备基本科学素养的公民比例达 3.27%，其中，“了解必要的科学知识”的公民比例为 14.67%，“掌握基本的科学方法”的公民比例为 9.75%，“崇尚科学精神”的公民比例为 64.94%（李培超和郑晓锦，2015）。

2010 年 11 月 25 日中国科学技术协会对外发布第 8 次中国公民科学素养调查结果，表明“十一五”期间中国公民的科学素养水平明显提高，2010 年中国内地（不含香港特别行政区、澳门特别行政区、台湾地区）具备基本科学素养的公民比例达 3.27%。目前中国公民科学素养水平相当于日本、加拿大、欧盟等主要发达国家和地区 20 世纪 80 年代末 90 年代初的水平（李培超和郑晓锦，2015）。

中国科学技术协会表示，今后将继续做好公民科学素养调查这一基础性工作，为《全民科学素质行动规划（2011—2015 年）》的制定和实施提供支撑。该协会还将根据中国公民科学素质建设的需要，每 5 年开展一次全国总体调查，期间将针对特定人群、区域或问题开展专项调查，为提高全民科学素质、建设创新型国家服务。科学素养缺乏的典型案例如下。

案例一：食盐抢购潮

2011 年 3 月 11 日，日本东北部地区突发 9.0 级大地震后，位于本州岛福岛县的核电站发生爆炸并出现核泄漏；由于外界盛传服用碘盐可以抵抗核辐射，引发中国一些地方民众大量抢购、囤积碘盐，图 1-1 为抢购食盐的漫画。因为类似于“服用碘盐可以抵抗核辐射”及“此后一段时间内生产出来的盐将受到核污染”的说法并无科学事实依据，只是某一部分人制造的谣言。又因为此事与盐有关，且与“言”谐音，故以“谣盐”代指“谣言”，亦代指此次抢购碘盐的事件。

图 1-1 食盐抢购漫画

案例二：万能神药“板蓝根”

板蓝根招谁惹谁了，从重症急性呼吸综合征（非典）到手足口病，从甲型 H1N1 流感[①]到 H7N9 型禽流感，每当受关注的传染病出现，板蓝根一般会作为防治药物走到台前。有病时吃板蓝根，没病时也吃板蓝根；得普通疾病时吃板蓝根，得特殊疾病时还吃板蓝根，图 1-2 为板蓝根治疗 H7N9 的漫画。板蓝根真的是万能神药吗？

图 1-2 板蓝根治疗 H7N9 漫画

① 甲型 H1N1 流感中 H 代表血细胞凝集素（hemagglutinin），N 代表神经氨酸酶（neuraminidase）。

案例三：张悟本事件

张悟本，中国伪养生食疗专家，著有畅销书《把吃出来的病吃回去》，2010 年 2 月做客湖南卫视《百科全说》节目后，其知名度迅速提高。2010 年 5 月有媒体报道其有学历造假的嫌疑，书中宣扬的“绿豆治百病大法”引发绿豆涨价，其食疗理念也遭到专家质疑。2010 年 5 月 26 日，张悟本在北京召开新闻发布会回应媒体质疑，他出示了中国中医科学院中医药科技合作中心对其疗效进行的抽样调查和分析报告。但其“中华中医药学会健康分会”理事、“中国中医科学院中医药科技合作中心”研究员称号，被上述两家单位指认为子虚乌有。2014 年 2 月 20 日，50 岁的张悟本却因脑梗入住北京大学第三医院住院治疗，他称自己的食疗方法治愈了糖尿病、高血压、心脏病甚至红斑狼疮等疑难杂症的谎言在其自身上不攻自破。

1.1.4 科技工作者科学素养提升的重要意义

为什么说科学素养非常重要？没有科学素养确实能活着，但不可能活得很好。首先，在科学日益社会化、社会日益科学化的今天，基本科学素质如同阅读写作能力一样，是每一个人都应该具备的，不具备这些基本素质，虽然不至于无法生活，但生活受困会是很经常的事。在今天的社会，不了解 DNA[①]的人，读懂有关生物学方面的报道就有难度；不知道纳米是长度单位的人，分辨商品广告中信息的真伪也会感觉吃力。其次，公民是否能够有足够的科学素养参与国家科学技术政策讨论和公共政策讨论，是实现国家民主制度的保证。

“公众有权利参加公共政策和科学技术决策的过程”在国际上已经形成共识，如果公众对科学技术达到的程度缺乏了解，不具备一定的科学素养，有效地参与讨论和决策是不可能的（马勇军和张笑梅，2013）。公众理解科学中强调的科学素养不仅是指对科学知识的理解，更重要的是要具备参与决策的能力。例如，2005 年圆明园防渗漏工程事件促使公众第一次有权参加环境影响评价听证会；吉林省化工厂有毒物质泄漏事件将公众的知情权急速提升到社会意识层面；2006 年年初，国家公众参与环境影响评价议程的决定终于出台；等等。公众对科学术语无知，就无法读懂媒体所报道的各种科学技术知识和信息，无法了解科学技术的发展，无法识别政府科技政策的对策，无力进行意见的表达和参与，一个公民缺乏科学素养的国度，它的前途不言而喻。

科学素养对一个民族的文化十分重要。一个有科学素养的民族的竞争力远大于没有科学素养的民族。一个没有科学思辨能力的民族，不会是一个伟大的民族。

① DNA，即为脱氧核糖核酸（deoxyribonucleic acid）。

科学素养水平较低的公众群体不仅无法承担本国日益发展的经济建设，而且将会在未来的国际竞争中处于劣势。今天，我们在国际上不能只靠廉价的劳动力去竞争，更应该提高人的素质，而科学素养是民族素质的重要组成部分。一个民族要想真正富强，提高教育、提高民族科学文化素养是非常重要的。

美国经济在 20 世纪 50 ~ 70 年代高速发展，在 80 年代经济处于平稳状态，但是它的科学素养却在 80 年代开始高速增长，这是因为当时美国提出了“2061 计划”。1985 年，美国科学家认为美国公众科学素养水平在下降，于是提出了一项“面向全体美国人”的科学方案，旨在提高美国人在科学和技术方面的素养的计划——“2061 计划”。该计划影响了美国教育界，整个美国教育的体系因此发生变化。该计划强调，学习科学和技术的共同核心应该集中在科学素养上，而不是对各个分立学科的理解。当年恰逢哈雷彗星靠近地球，所以取名为“2061 计划”。由于美国政府坚定不移地推行“2061 计划”，美国公众的科学素养得到了快速的提高。

一个国家的经济发展与公众科学素养水平的发展有何关系呢？英国学者曾总结出波浪理论：一个国家最先发展的是经济，即第一个波浪是经济的发展，第二个波浪是科学技术的发展，第三个波浪是科学的传播。在生活不断富足的今天，考量一个国家、一个民族的发展与进步，不仅体现于经济指标，科学素养更是一个重要的尺度。在企业竞争不断激烈的今天，企业管理人员的战略智商和科学素养的优劣则直接决定企业发展的前途和命运。图 1-3 为伪科学对科技创新的负面影响。

图 1-3　伪科学对科技创新的负面影响

企业管理层工作人员具备战略智商、领导智商、管理智商及科学素养是其胜任工作挑战的四大要素。战略智商是一位成功企业管理者高瞻远瞩、思路清晰、敢于决断、取得胜利的智力基础；领导智商是一位成功企业管理者集众志成城的艺术、魄力与魅力；管理智商是一位成功企业管理者善于建设、精于规划、工于组织、脚踏实地的经验和能力；科学素养则是一位成功企业管理者科学、客观、冷静判断事物发展客观规律的基本素养，是企业得以健康、科学发展的关键。

随着企业规模的不断壮大和事业的蒸蒸日上，那些有着创业精神的企业家的领导智商、管理智商已经得到了大幅度的提高，但接触中我们发现中国企业家的战略智商及科学素养水准不容乐观，而战略智商与企业管理者的科学素养是密不可分的。

1.2 信息素养

“信息素养”一词在 1974 年被美国信息产业协会（Information Industries Association，IIA）主席保罗·泽考斯基（Paul Zurkowski）首先提出后，经过 30 多年的研究发展，从最开始“经过训练在工作中善于利用大量的信息工具及主要信息资源使问题得到解答的技术和技能。”到 1989 年美国图书馆协会（American Library Association，ALA）信息素养主席委员会报告中的“认识到何时需要信息及准确定位、评价并有效利用所需信息的能力”。

1.2.1 信息素养的定义

信息素养是一种基本能力，是一种对信息社会的适应能力。美国教育技术 CEO 论坛 2001 年第 4 季度报告提出：21 世纪的能力素质，包括基本学习技能（读、写、算）、信息素养、创新思维能力、人际交往与合作精神、实践能力。信息素养是其中一个方面，它涉及信息的意识、信息的能力和信息的应用（彭奇志，2013）。

信息素养是一种综合能力。信息素养涉及各方面的知识，是一种特殊的、涵盖面宽的能力，它包含人文的、技术的、经济的、法律的诸多因素，和许多学科有着紧密的联系。信息技术支持信息素养，通晓信息技术强调对技术的理解、认识和使用技能。而信息素养的重点是内容、传播、分析，包括信息检索及评价，涉及更宽的方面。它是一种了解、搜集、评估和利用信息的知识结构，既需要通过熟练的信息技术，也需要通过完善的调查方法，通过鉴别和推理来完成。信息素养是一种信息能力，信息技术是它的一种工具（宋凯，2013）。

信息素养定义：个人能意识到需要的信息，能通过一定方法找到所需信息，能正确评价信息，合法地利用信息，能创造新信息的能力。

1.2.2 信息素养发展历程

20 世纪 70 年代，保罗·泽考斯基提出这个概念时主要是回答两个问题：①什么是具有信息素养的人；②具有信息素养的人应具备什么技能和技术。在随后的几年中，对信息素养的研究一直集中在图书馆情报工作领域，概念也集中于其所必要的几个条件，即知道信息资源在哪里、掌握信息、运用信息解决问题，对处理信息所需要的实际技巧和基本知识并没有涉及。到了 80 年代，随着计算机技术的普及和提高，应用计算机的能力被看作是具有信息素养的一个重要指标，同时，对信息素养的研究逐渐和教育联系起来，信息素养的概念也演变得更丰富和具体。在这个阶段强调了图书馆在信息素养教育中的重要作用，提出了图书馆、大学和社会在培养信息素养过程中具有共同的责任。从这个年代，研究者开始着重于信息素养的定位、评价、有效利用功能，即确认什么时候需要信息并准确定位，具有快速找寻信息并进行评价，利用获得的信息有效解决问题。

1982 年福雷斯特·霍顿（Forest Horton）提出，信息素养是超越计算机素养的，是提高个体及团体对知识爆炸的意识，以及在解决问题、做出决策时帮助人们接近并获得数据、文件和文献。威廉·德默尔（William Demo）在 1986 年根据福雷斯特·霍顿的研究提出，为了掌握计算机、有线电视、卫星通信、机器人等新技术，需要全新的知识和技能，这种知识和技能就是信息素养。之后一年，研究者开始把信息素养放在更广泛的整体素养范围内研究，“对信息作用及力量的了解，对信息确定、检索并使用，以做出决策的能力，以及运用电子过程来产生并利用信息的能力”是简·奥尔森（Jan Olsen）和比尔·孔斯（Bill Coons）共同提出的信息素养定义。著名的信息素养研究专家布雷维克·森（Patricia Senn Breivik）在由美国教育界领导和图书馆界领导联合组成的美国图书馆协会信息素养主席委员会 1989 年的总结报告中，将信息素养定义为认识到何时需要信息及准确定位、评价并有效利用所需信息的能力，报告中强调了具有信息素养的人知道如何进行学习，并养成终生学习的习惯。以后关于信息素养定义的研究多以此为框架。

从 20 世纪 90 年代开始，信息素养的研究与实践结合得更为紧密。这个阶段主要的研究方向是信息素养教育，信息素养不是孤立的，而是人的整体素养的一部分，图书馆员开始审视在信息素养培养教育中自己所扮演的角色，将信息素养概念及内涵的研究融入其中。“确认自己所需的信息，并根据需求提出相应的问题，确认那些潜在的信息源，成功地制定挖掘、获取、评价并对信息进行重新组织的方法，然后将新信息纳入自己原有的知识体系中，利用这些信息做出决策判断，并解决遇见的问题”，这是克瑞斯提娜·森（Christina Doyle）于 1992 年通过使用德尔菲法研究提出的信息素养定义。这一定义与人类对知识的学习过程类似：了解—学习—掌握—评价—重建—应用（宋凯，2013）。

1.2.3 我国信息素养现状

中共中央党校“领导干部信息素养研究”课题组于 2012 年上半年组织了一次问卷调查，此次调查包含五个方面内容：领导干部信息意识调查、信息知识调查、信息能力调查、信息道德调查及领导干部对相关培训工作的建议。

从调查结果看，在信息意识和能力方面，被调查人员普遍认为有较大进步，但是在信息知识、信息道德和信息素养培训方面存在很大不足。例如，对于信息领域一些最基本的概念和常识仅仅有 10%～15%的被调查人员非常了解；在运用网上信息上，只有 10%的被调查人员会严格按照相关引用标准引用；36%的被调查人员工作后从未参加过相关培训；近半数被调查人员认为培训课程作用有限，与工作要求相去甚远；近半数被调查人员认为培训方法单一，对信息素养培训工作的实践属性体现不够。

针对这些问题，中共中央党校干部教育学院姚志红建议采用“案例式”和“问题解决式”等教学方法开展信息素养培训。“案例式”教学通过对各种典型案例的深入分析，让领导干部强烈感受到提升信息素养的重要作用和意义，信息素养低下可能导致的不良后果，从而达到强化其意识、改变其态度、促进其行为的目的。“问题解决式”教学则是将工作和义务归纳定义为一系列典型问题，并依据成功经验将问题解决过程分解成一个个具体步骤，通过系统的教育培训，帮助领导干部逐步形成相应的思维习惯和工作模式，从而提升其信息素养和科学决策能力（刘文霞，2015）。信息素养缺乏的典型案例如下。

案例一：保温瓶“镁代银”研究

上海市某保温瓶厂从 1969 年开始研究以“镁代银”作保温瓶镀层的新工艺，苦干了十年，1979 年终于获得成功。可是在鉴定时却发现，1929 年英国就已经研究成功，并申请了专利，而且该专利说明书全文就被上海科学技术情报研究所收藏。辛苦十年，却重复了别人 50 多年前的劳动，而就专利性质来说，专利有效期过后（发明专利的有效期不会超过 20 年），所有发明的技术将成为人类共有的技术成果。

案例二：万燕 VCD 事件

世界上第一台 VCD①视盘机是由中国人发明的，诞生于中国的安徽万燕公司。然而，一失足成千古恨，安徽万燕公司并没有拿起专利的武器，VCD 视盘机就匆忙投向了市场。第一批生产出 VCD 视盘机 1000 台，结果国内很多家电企业纷纷解剖仿制。一分钱未投入的仿制者反而坐收了渔利。随之而来的是市场价格战。

① VCD，即 video compact disc，影音光碟。

然而，仿制者也好景不长，1996年，就被后来者居上的DVD[①]视盘机赶出了市场。随之而来的是仿制VCD视盘机的企业又纷纷仿制DVD视盘机。安徽万燕公司忽略了知识产权，其为此付出了沉重的代价。

案例三：江苏四环生物股份有限公司专利转让之痛

2010年9月，江苏四环生物股份有限公司与北京维达法姆科技有限公司、北京四环生物制药有限公司签署协议书，约定江苏四环生物股份有限公司将其所持的北京四环生物制药有限公司45%股权作价1亿元出让给北京维达法姆科技有限公司，以换取对方持有的“生物蛋白舌下给药技术专利”，包括IL-2、干扰素、EP0、G-CSF等舌下含片技术所有权（经江苏中天资产评估事务所评估，该专利的评估价值为1.14亿元）。惊人的事实是，北京维达法姆科技有限公司法定代表人高世英所述的生物蛋白舌下给药技术在澳大利亚并未获得专利权，其提供的“澳大利亚专利号：2007901333”仅是临时申请号，并非专利号，且早已于2008年失效。

1.2.4 科技工作者信息素养提升的重要意义

从职能上讲，企业管理层是指对整个组织的管理负有全面责任的人，他们的主要职责是制定企业的总目标、总战略，掌握组织的大致方针，并评价整个企业的绩效。现代信息技术和企业管理思想的发展，使新的管理理念、新的经营管理模式不断出现，对企业管理层提出了更高要求。首先，信息化要求企业管理层不断更新管理理念，如果没有先进的管理理论与经营管理模式，信息化是毫无价值的。其次，企业管理层需要对本行业的科学信息技术、本企业涉及产品生产及科研领域的最新研究现状有清晰的认识，科学技术的快速发展及广泛应用，产生了许多新理念、新理论、新构架、新模式等，如移动互联网、4K网络电视、穿戴设备（图1-4）、智能家电、SAAS[②]、云计算、云安全、物联网、广域网加速、内网安全等。企业管理层没有必要系统地掌握这些技术，但应能及时理解和掌握其应用价值，并迅速组织相关人员或机构予以关注和了解，企业管理层队伍的素质和管理水平直接关系到企业的执行力，关系到企业的生存发展。再次，企业管理层还应能够为企业培育信息化氛围，信息化建设是一场变革活动，是一个需要全体员工共同关注和完成的活动，企业管理层应积极引导员工正确认识信息化，在企业中培育起信息化的氛围，使员工自觉地投入到信息化建设中去。最后，企业管理层要不断提高自身的学习能力，对信息化的切入点有较深入的了解，信息化技术如何满足企业经营管理的需要，信息化在企业哪些方面最具应用价值，最具可行性。

---

① DVD，即digital video disc，数字视频光盘。

② SAAS，即software-as-a-service，软件即服务。

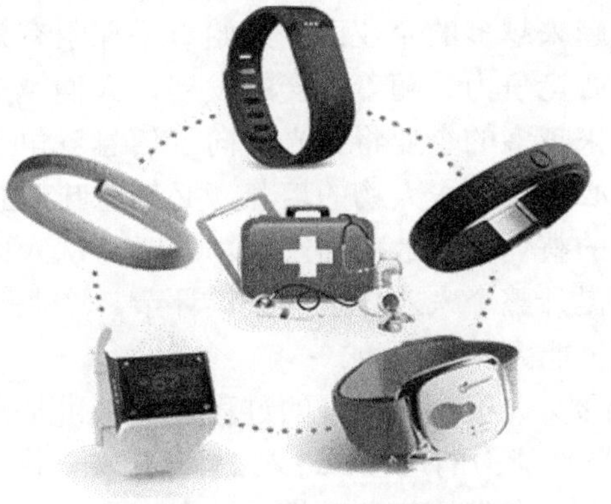

图 1-4 日趋发展的穿戴设备

随着经济全球化和信息网络化的不断深入，信息作为一种战略资源在发展中的地位愈加凸显，信息资源逐步成为企业的核心竞争力，是企业在转型阶段获取和保持优势的必要条件之一。企业信息资源管理是指企业为达到预定的目标，运用现代管理方法和手段对与企业相关的信息资源和信息活动进行组织、规划、协调和控制，以实现对信息资源的管理开发和有效利用。信息资源是企业信息资源管理的对象，也是企业管理其他方面的基础，它控制着企业人、财、物等所有其他资源，与企业的经营成败密切相关。企业的计划、组织、领导、控制和决策等活动需要精细化管理，离不开信息资源的支持。

企业管理层信息素养与一般人员信息素养内涵上应该有所区别，主要原因有二，一是企业管理层在信息化建设的过程中更多的责任是对信息化建设进行规划，负责信息化建设的重大决策、规划；二是由于身份、地位的原因，企业管理层对新技术操作层面的要求并不是很高，但是对建设好企业信息素养及信息应用环境的能力却提出了本质要求，主要说明如下。

1）企业人才建设的需要。21 世纪经济全球化的激烈竞争对人才提出了更高要求，高素质人才成为决定组织生死存亡的关键因素。对一个企业而言，人力资源是重要的组成部分。各部门员工的理论知识、实际经验、扎实的技能是企业取得竞争的优势所在。在这个时代下，一次性在学校“充电”用于一辈子的“放电”已经成为过去式，获取信息、加工信息、运用信息、创造信息已经成为人们终身的需要。在竞争如此激烈的当今社会，每一位员工都是该企业的一个很重要的形象，提高自身的信息素养，适应社会的发展，并在生活中不断学习来提高自己的各方面的素质，进而在自己的领域发挥个人能力，提高所在企业的绩效水平，推动企业核心竞争力的发展。

2）企业发展的需要。从根本上讲，企业之间的竞争是人才的竞争，近些年来，越来越多的企业已经意识到企业人力资源在现代的企业发展和生产过程中占有非常重要的地位，并且越来越多的企业已经开始着手探索有效的员工培训模式，旨在提高企业自身的核心竞争力。随着社会的发展，人们越来越高的需求成为企业生存的动力，所以越来越多的企业将目光投向了信息竞争当中。国家已经从人才战略高度提升国家核心科技领军人物的培养，必然意味着企业必须更加重视培养人才，以便适合中国的整体人才战略的发展。此时，从人力资源角度认为人才规划及培训体系建设是提升整个人才体系的关键环节。企业开始建立信息化架构，从而提高本企业的竞争能力和生存力。

3）社会发展的需要。人类社会发展的过程总体来讲是为了不断满足人们的需要，不断克服和改造自然能力的过程。进入 21 世纪，随着高新科技迅速发展的脚步，人类已经进入了丰富多彩的信息时代，社会本身就是一个不停运作的巨大的信息交流和传播系统。但是不论社会怎么变化，社会的发展，归根到底是靠人的实践能力来产生社会生产力，这就取决于人的素质状况。信息素养的提高会极大地促进人们的整体能力，进而促进社会的发展。

1.3 科学素养与信息素养应用的典型案例

美国前总统吉米·卡特（James Carter）于 1979 年 11 月在华盛顿召开的“美国图书馆和情报工作白宫会议”上的书面发言说，情报像我们呼吸空气一样，是国家资源。精确而有用的情报对国家和个人来说如同氧气对于我们的健康和幸福那样必要……情报经常提供必要的活力，它点燃了创造发明的天才的火焰，它帮助人们决策世界上日益复杂的各种问题。

1.3.1 人文和科技融合成就乔布斯及苹果的 DNA

人文与科技的交会产生了巨大的创造力，也构成了乔布斯及苹果公司的 DNA：诗意与工程紧密相连，艺术、创意和科技完美结合，设计风格既醒目又简洁，整合实现的端到端一体化操作系统。正如乔布斯所说，在我小的时候，一直都以为自己是个适合人文学科的人，但我很喜欢电子设备，然后我看到了我的偶像之一，宝丽来公司创始人埃德温·兰德（Edwin Land）说的一些话，是关于既擅长人文又能驾驭科学的人的重要性，于是我决定，我要成为这样的人。由此，不难理解乔布斯为什么致力于追求艺术和科技的交会点。正是乔布斯对其创业偶像的深刻理解，才使他不断地去有意识地吸收人文、科技知识。例如，他在高中时代既沉浸在极客的电子世界中，又喜欢文学和创造性的尝试，吸收了大量人文和科技知识。

1.3.2 “关上你的窗帘”——杰弗逊纪念大厦维修方案

美国华盛顿广场有名的杰弗逊纪念大厦，天长日久，墙面出现裂纹。为了保护好这幢大厦，有关专家进行了专门研讨。通过对墙体表面腐蚀痕迹的分析，专家们发现对墙体侵蚀最直接的原因，是每天冲洗墙壁所含的清洁剂对建筑物有酸蚀作用。接下来专家们逐一分析原因：为什么每天要冲洗墙壁→因为墙壁上每天都有大量的鸟粪→为什么会有那么多鸟粪→因为大厦周围聚集了很多燕子→为什么会有那么多燕子→因为墙上有很多燕子爱吃的蜘蛛→为什么会有那么多蜘蛛→因为大厦四周有蜘蛛喜欢吃的飞虫→为什么有那么多飞虫→因为飞虫在这里繁殖特别快→为什么飞虫在这里繁殖特别快→因为这里的尘埃最适宜飞虫繁殖→为什么这里最适宜飞虫繁殖→因为大厦开着的窗户阳光充足。结论是关上大厦的窗帘就可以了。杰弗逊纪念大厦至今完好地矗立在华盛顿广场上（图 1-5）。

图 1-5　杰弗逊纪念大厦建筑结构图

1.3.3 老鼠如何给猫挂上铃铛

有一则古老的寓言：某地的一群老鼠，深为附近一只凶狠无比、善于捕鼠的猫所苦。一天，老鼠群聚一堂，讨论如何解决这个心腹大患。思来想去，毕竟老鼠的能力有限，除掉猫是不可能的。老鼠王说：“既然不能除掉这只令我们厌恶的猫，那我们就讨论一下如何防范猫的偷袭吧。”此话一出，众老鼠七嘴八舌地议论了起来。突然，有一个建议博得了满堂喝彩：“给猫挂上一只铃铛！”是啊，只要给猫挂上了铃铛，我们老鼠自然就可以防患于未然了，妙！在一片叫好声中，老鼠王突然问道：“那么，谁去给猫挂上铃铛呢？”众老鼠面面相觑，不知所以（图 1-6）。

图 1-6　老鼠给猫挂铃铛讽刺漫画

1.3.4 “沙格型”汽车的梦魇

1985 年，马来西亚国营重工业公司和日本“三菱”汽车公司合资 2.8 亿美元生产了一款名为“沙格型”的汽车，公司将其隆重推出市场。马来西亚政府更是将此视为马来西亚工业的“光荣产品”，然而，出人意料的是，产品在推出后，销售量很快跌至低谷。这一现象引起了经济学家的格外关注，经过研究，他们认为“沙格型”汽车的一切配件都从日本运来，由于日元升值，使它的生产成本急涨，而马来西亚本身的经济并不景气，所以汽车的销售量很少。此外，最重要的因素是政府在决定引进这种车型时，主要考虑到的是满足国内的需要，因此，此款车所应用的技术并没有达到先进国家的标准，导致此车无法出口。由于在目标市场决策中出现失误，“沙格型”汽车为马来西亚工业带来繁荣的愿景就成了一个幻影。

1.3.5 “摧毁今天、创造明天”的贝尔研究所

美国贝尔电话公司的总裁做出成立贝尔实验室的决策后，有人问道，一个私营公司，花巨大投资建立实验室是否值得？这位总裁回答说，实验室的目的是“摧毁”本公司现有的技术和现有的产品，摧毁今天，创造一个不同的明天。贝尔实验室的使命是为客户创造、生产和提供富有创新性的技术。正是这种面向未来、不断创新的精神，使这个公司不断推出新产品，共获得 25 000 多项专利，平均每个工作日获得 3 项专利，并且造就了 11 个诺贝尔奖获得者的巨大成果，图 1-7 为贝尔总部外景。美国贝尔实验室是晶体管、激光器、太阳能电池、发光二极管、数字交换机、通信卫星、电子数字计算机、蜂窝移动通信设备、长途电视传送、

仿真语言、有声电影、立体声录音及通信网等许多重大发明的诞生地。

图 1-7　贝尔总部外景

1.4　图书馆素养

通过以上科学素养与信息素养的介绍，可以清晰地认识到科学素养和信息素养已经不仅仅是公民参与社会生活的一部分，而是一个国家乃至一个民族整体素质和科技创新能力的体现。那么，究竟如何提升科学素养和信息素养的水平？结合我国的国情，什么阶段是我们科学素养和信息素养养成的最佳阶段？毫无疑问，大学学习阶段是我们科学素养和信息素养养成的最佳阶段，而其中最关键的是大学生在大学学习阶段要养成良好的图书馆素养，图 1-8 为图书馆素养养成及在科技创新中的作用。

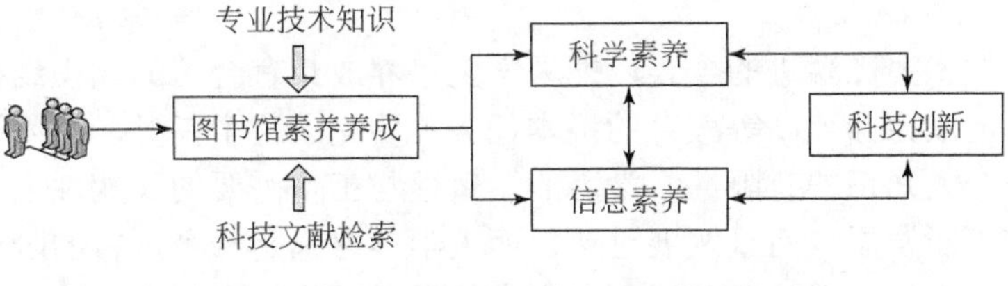

图 1-8　图书馆素养在科技创新中的作用

图书馆素养是信息素养的相关名词，指一个人使用图书馆各种服务的能力，也就是知道如何使用图书馆各式资源、设施与服务的技能，如馆藏目录的查询、参考资源的使用、电子数据库的检索、馆际互借的申请、学术交流与讨论、论文的撰写等。

1.4.1 图书馆素养的基本要求

图书馆素养的基本能力要求包含以下方面（图 1-9）。

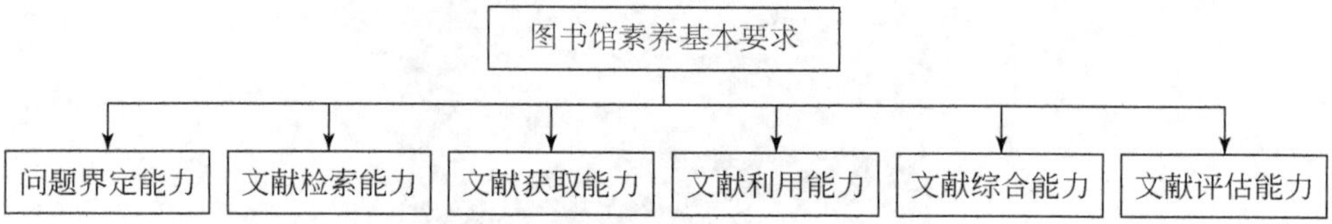

图 1-9　图书馆素养的基本能力要求

1）问题界定能力（task definition）：根据提出的问题，界定问题的研究内容及文献需求状况的能力。

2）文献检索能力（information seeking strategies）：针对已经界定的问题，确定检索工具、检索策略及文献类型的能力。

3）文献获取能力（location of and access to information）：通过检索工具及检索策略，在检索结果中获取相关文献的能力。

4）文献利用能力（use of information）：依据已经获取的文献信息，分析、整理、标引及利用相关文献的能力。

5）文献综合能力（synthesis）：根据文献的整理情况，整合、组织及重新组装文献，以满足问题研究需要的能力。

6）文献评估能力（evaluation）：根据问题提出及解决问题的过程，评估文献利用效率及问题解决效能的能力。

1.4.2 图书馆素养养成的重要作用

在科学技术突飞猛进的今天，把大学生培养成具有合理的知识结构和智能结构的人才，已成为当今高等教育的根本任务。要完成这个任务，必须认识到知识的无限性与个人知识的有限性、学习的短暂性与工作需要的长期性之间的矛盾。科学总是在不断发展，而且发展迅速，而大学学习只是一个短暂的阶段。如何利用大学这个宝贵的学习阶段获得更为丰富的知识，如何利用大学这个宝贵的学习阶段培养良好的图书馆素养，就成为每个大学生学习的主要任务。实践已经证明，一个人的知识多少和深浅程度，决定一个人才能的大小。凡有才能和建树的人，必有渊博的知识。

1. 借鉴前人经验，避免重复劳动

科学研究具有连续性和继承性，没有继承就没有创新。正如伟大的科学家牛顿所说："如果我比别人看得远些的话，那是因为我站在巨人的肩膀上。"这句名言极其深刻地概括了科学研究的连续性和继承性。图书馆素养养成的一个基本目的就是借鉴前人经验，避免重复劳动，避免重做别人已解决了的问题，避免重犯别人已经犯过的错误，少走弯路，提高研究效率。据欧洲专利局 2016 年统计，世界上 70%以上的科技信息首先在专利文献中出现，善于利用专利文献，可减少 60%的研发时间和 40%的科研经费。

1982 年，江西省、福建省两省科研机构准备协作研究甲型流感病毒膜蛋白的结构和功能，关键在于了解国外是否有同类研究。在文献检索中发现 1981 年 *Journal of Virology* 第 22 卷 11 期刊有该病毒膜蛋白的结构的论文，通过分析，该课题已引起国外重视，并取得了初步成果。我国起步较晚，没有必要花更多的钱和时间去进行这个课题的基础研究。

2. 进行调查研究，提供决策依据

日常工作和生活中，人们经常要做决策，一些重大决策关系到国家的兴衰、团体的成败和个人的前途，为此，必须进行科学决策。信息在决策中起重要作用，它是决策的前提和基础。正确的决策受多种因素的影响和制约，其决定因素在于决策者对决策对象有确切的了解和把握，对未来的行动和后果有正确的判断，这就取决于及时、准确、全面的信息掌握。

大庆油田由我国在 20 世纪 60 年代勘探，日本人从《中国画报》刊登的铁人王进喜的大幅相片上推断出大庆油田在东北三省偏北处，因为相片上的王进喜身穿大棉袄，背景是遍地积雪。接着，他们又从另一幅肩扛人推的照片，推断出油田距铁路线不远。他们从《人民日报》的一篇报道中看到一段话，王进喜到了马家窑，说了一声："好大的油海啊，我们要把中国石油落后的帽子扔到太平洋里去！"据此，日本人判断，大庆油田的中心就在马家窑。通过上述情报结合数据分析，日本人迅速设计出适合大庆油田开采石油所用的设备，当我国政府向世界各国征求开采大庆油田的设计方案时，日本人一举中标。

3. 跟踪研究动态，拓宽知识面

充分掌握文献可以开拓研究者的思路，深化对问题的认识，启发深层次的思考。经常查阅文献可"占领"文献的制高点，站在研究领域的最前沿，可跟踪了解国内外的最新研究成果和方法，并从中得到启发，寻找解决问题的可能答案，使所研究的课题站在更高的起点上。

我国著名科学家、汉字激光照排系统的发明人王选在回顾研究与发明时说道："我按照习惯，做一件事情，总是先研究国外的状况，熟悉一下最新的进展是什么，所以我就急着看文献，我看到的那些资料，基本上我都是第一读者，借杂志都有登记的，所以我知道从来没有人借过。看了以后马上就知道了美国当时流行的是第三代，数字存储方法，而中国随便一家都是落后的、过时的，也看到正在流行的第四代，用激光扫描的方法。"

4. 提高自学能力，助力科学研究

古语云："授人以鱼，三餐之需；授人以渔，终生之用。"21世纪是经济信息化、社会信息化的时代。终身教育、开放教育、能力导向学习成为教育理念的重要内涵，21世纪新型人才，应该具备信息技术应用能力、信息查询与获取能力、信息组织加工和分析能力。因此，图书馆素养是当代大学生必备的能力，是信息素养教育的重要内容。

微软公司曾做过一个统计：在每一名微软员工所掌握的知识内容里，只有大约10%是员工在过去的学习和工作中积累得到的，其他知识都是在加入微软后重新学习的。这一数据充分表明，一个缺乏图书馆素养的人是难以在微软公司这样的现代企业中立足的。

思考题

1. 什么是科学素养，提升国民科学素养有什么重要意义？
2. 什么是信息素养，信息素养考核的主要指标有哪些？
3. 什么是图书馆素养，大学生提升图书馆素养的重要作用是什么？

参 考 文 献

李培超，郑晓锦. 2015. 科学技术生态化 从主宰到融合. 长沙：湖南师范大学出版社.
马勇军，张笑梅. 2013. 中国传统文化与科学教育的互动研究. 北京：光明日报出版社.
彭奇志. 2013. 信息检索与利用. 北京：中国轻工业出版社.
宋凯. 2013. 大学生信息素养教程. 北京：国防工业出版社.

第 2 章　科技发展与文献传承

本章主要通过文献发展历史及文献发展传承的演变，结合信息技术发展各阶段对文献产生的变化，重点介绍文献的形成及发展过程在人类历史发展进程中的重要作用，彰显科技文献是现代社会科学技术飞速发展的助燃剂和推进剂。

科学技术作为人的一类社会活动，和其他类型的社会活动，如经济活动、政治活动、军事活动、教育活动、思想文化活动之间，无不存在着互动关系。科学技术与社会的互动，从总体上看有双向作用，一方面是科学技术能对其他社会活动产生的影响作用称为科学技术的社会功能；另一方面是其他社会活动对科学技术的制约作用，这类作用构成科学技术发展的社会条件。科学技术进步推进了社会文明，社会文明同样为科学技术进步提供了条件。发展科学技术的最终目的是社会发展，而社会发展也会促进科学技术的进步，两者相互促进、相互依赖、密不可分。

2.1　科学技术发展历史

科学和技术从其起源来说，是由社会物质生产的需要产生的。但是，科学和技术出现以后，就以独立的形态，按其本身特有的规律发展。生产、科学和技术三者一直存在密切联系，科学、技术的发展过程就是科学、技术和生产三者结合的过程。从整个发展过程来看，科学和技术的发展，经历四个基本阶段，这四个基本发展阶段就是科学、技术和生产结合形成一体化的过程，也就是科学技术成为直接生产力，而且是成为生产力的决定因素的历史过程（张期，1993）。现将四个阶段分述如下。

1）第一阶段：17 世纪以前，科学只是零散带有偶然性的发明和发现，即个别科学定理、定律或原理的发明和发现，这个阶段的科学与神学有联系，带有神秘色彩。这些定理、定律或原理，在现代已成为人们生活中的普通常识。在技术上，只是传统的、原始的手工技术。在这个阶段，科学和技术毫无联系，是完全分开的。

2）第二阶段：17～18 世纪，科学自身较完整的体系逐步完成。科学完整体系的标志主要在于运用较系统的理论（原理、定理），说明或解释自然现象和社会生产现象的本质及其联系。纯科学的物理学、化学、数学、天文学、地理学、生物学六大基础科学的理论体系逐步完成，并不断充实完善和发展。这一阶段的特点为科学是纯粹科学家的研究结果，科学与神学分离对立。科学与技术仍没有直接的内在联系，但已形成间接联系，科学在实践技术之后。

3）第三阶段：19～20 世纪初期，自然科学的基础理论已发展为完善的精密体系。这一阶段，科学发展的特点是运用基础理论解决课题，探索用于实践的途径。科学转化为生产技术，科学赶上技术，为技术提供依据，并走在技术的前面。科学工作成为一种特殊职业和专业工作，与直接生产劳动相区别的是，科学工作是不同社会分工的一部分。

4）第四阶段：20 世纪 50 年代以后，世界不断出现技术革命。这些技术革命是在科学的指导下，由于科学在一些领域中取得突破而实现的。现代技术离不开科学，现代科学面向实践和技术。实践的需要是科学发展的主要动力，有力地支持科学的发展。科学在技术和实践之前，展示着技术未来的发展方向，科学与技术紧密结合，成为不可分割的科学技术系统。

2.2 科技文明与文字起源

语言是思维的形式，而文字则是语言的具体表达。文字是人类文明最主要的载体，有了文字，人类的知识才能记录下来，才得以在空间和时间上广为传播，也正是借助于文字，人类多元化文明的融合才成为可能。

在距今 5000 年前后，科技文明在几个较大的河流沿岸先后出现了，这和阶级社会几乎同时出现。随着新石器时代后期的经济发展，越来越多的剩余产品和财富在部落首领、军事首领及掌管宗教活动的祭司手中集中起来，私有制开始出现。氏族内部贫富分化的加剧逐渐演变为阶级的分化，部落之间的频繁战争，使胜利者可以掳掠大批的奴隶，从而加速了氏族社会的解体和阶级社会的形成。阶级社会的出现，在历史上是个进步的现象，因为它的出现促进了社会生产的发展和科学技术的进步（史仲文和胡晓林，1998）。

首先，阶级的分化使一部分人能够脱离繁重的体力劳动，有闲暇的时间去从事别的活动，特别是以脑力活动的形式去总结广大奴隶的生产实践经验，并进行一些抽象的理论问题探索。尽管科学知识产生和存在于生产技术之中，生产技术又是由劳动者直接掌握的，但一般来说他们没有从事科学活动的可能。科学活动主要是一种脑力劳动，在那个社会中只能由那些对生产比较关心、与劳动者关系比较密切的脑力劳动者来进行。

其次，由于城市的发展和城市生活的需要，城市集中了大量手工艺人、商人和管理人员。房屋建筑、道路修建、车辆制造、手工艺品的制造和大量商品的交易等，都涉及数学、物理、化学及多种技术知识。这种社会需要必然会促进科学知识的积累和技术的发展，并加速它们的交流传播过程。

最后，由于有了一批专门从事脑力劳动的人，文字才得到了发展。文字是文明发展的重要条件。有了文字，人类的经验和智慧才摆脱了只能口头传达的局限，人类的知识和文化成果才能被记录和保存下来，在空间和时间上广为传播。

综上所述，以农业的发展为基础的河流文明和城市文明的出现，特别是由此而产生的阶级社会的形成及体力劳动和脑力劳动的分离，是人类社会历史发展中的一个重大转折，这个转折为古代科学技术的发展创造了基本条件。进入古代中期后，出现了以古希腊和中国春秋战国两个科学文化高峰为代表的世界四大文明地区科学技术的繁荣。

知识点一：世界最古老的五大文字体系如下。

苏美尔楔形文字：苏美尔人在两河流域创造了灿烂的文化，最有代表性的是形成于公元前 3000 年的楔形文字（图 2-1）。正如一位著名学者所说："文字不是一种深思熟虑后的发明物，而是伴随对私有财产的强烈意识而产生的一种副产品，文字始终是苏美尔古典文明的一个特征。"楔形文字是苏美尔人用两河流域的黏土制成写作材料，用削成三角形尖头的芦苇秆骨棒或木棒作笔印刻成的文字，由于字形像楔，故称之为楔形文字。除了楔形文字外，苏美尔人已能把五大行星和恒星区别开来，并将肉眼能看到的星辰划分为星座，以后又从星座中划分出黄道十二宫。此外，还有文学上的《吉尔伽美什史诗》，它长约 3500 行，是迄今所知世界最早的史诗。

图 2-1　苏美尔楔形文字

古埃及象形文字：5000 多年前，古埃及出现了象形文字，即埃及文字，埃及文字是最古老的文字，由法老王那默尔的铠甲关节板上的最早期象形刻记（公元前 3100 年）起到现在用在教堂内的古埃及文字，已经历了 5000 年以上（图 2-2）。后来被欧洲人称作 Hiérpglyphe——这是希腊语"神圣"与"铭刻"组成的复合词，意思是"神的文字"，即"神碑体"。通常书写在一种称作"纸草"（papyrus）的纸张上。古埃及人认为他们的文字是月神、计算与学问之神图特（Thoth）造的，和中国“仓颉造字”的传说很相似。古埃及语属于闪-含语系埃及-科普特语族，这个语族最早的语言是古埃及语，就是我们见到的象形文字所记载的语言，到大约 4 世纪，它演变为科普特语。现在，科普特语还用在宗教仪式上。

图 2-2　古埃及象形文字

中国古代甲骨文：甲骨文，又称“契文”“甲骨卜辞”“殷墟文字”“龟甲兽骨文”（图 2-3）。甲骨文记录和反映了商朝的政治和经济情况，主要指中国商朝后期（公元前 14 世纪～公元前 11 世纪）王室用于占卜吉凶记事而在龟甲或兽骨上镌刻的文字，内容一般是占卜所问之事或所得结果。殷商灭亡周朝兴起之后，甲骨文还被使用了一段时期，是研究商周时期社会历史的重要资料。甲骨文的形体结构已由独立体趋向合体，而且出现了大量的形声字。它上承原始刻绘符号，下启青铜铭文，是汉字发展的关键形态，被称为“最早的汉字”。现代汉字即由甲骨文演变而来。在总共十余万片有字甲骨中，含有 4000 多不同的文字图形，其中已经识别的有 2800 多字。

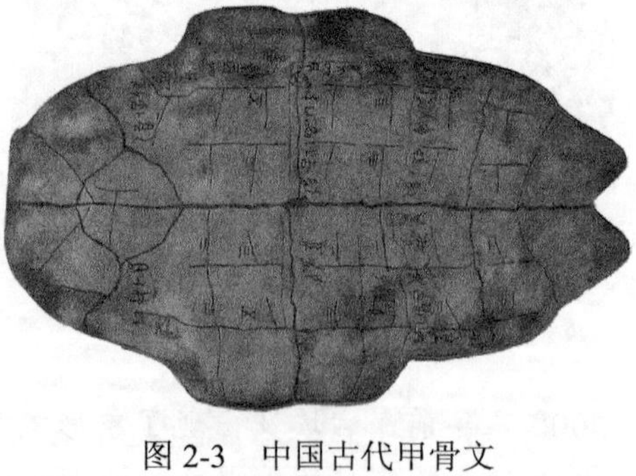

图 2-3　中国古代甲骨文

腓尼基字母文字：腓尼基字母是腓尼基人在楔形字基础上将原来的几十个简单的象形字字母化形成，时间约在公元前 1500 年（图 2-4）。现在的字母文字，几乎都可追溯到腓尼基字母，如希伯来字母、阿拉伯字母、希腊字母、拉丁字母等。

腓尼基字母是辅音字母，没有代表元音的字母或符号，字的读音须由上下文推断。相传，有一个叫卡德穆斯的腓尼基木匠，是远近皆知的聪明人，有一次，他在别人家里干活，需要一件工具，恰好忘记带来了。他随手拿起一片木头，用刀在上面划了点什么，然后让一个奴隶送给在家中的妻子。卡德穆斯的妻子看了木片，什么都没说，就递给了奴隶一件工具。奴隶惊呆了，认为他的主人是在用一种神秘的方式，通过木片表示出他需要的东西。据说，卡德穆斯在木片上划的就是腓尼基第一次出现的字母文字。许多人都知道了这件事情，来向卡德穆斯求教，卡德穆斯就将他发明的字母文字教给了其他人。这样腓尼基字母就逐渐传播开来。

图 2-4　腓尼基字母文字

南美洲玛雅文字：玛雅文字最早出现于西元前后，但出土的第一块记载着日期的，发现于蒂卡尔（图 2-5）。从此以后，玛雅文字只流传于以贝登和蒂卡尔为中心的小范围地区。5 世纪中期，玛雅文字才普及到整个玛雅地区，当时的商业交易路线已经确立，玛雅文字就是循着这条路线传播到各地。玛雅文字非常奇妙，它既有象形，也有会意，还有形声，是一种兼有意形和意音功能的文字，是象形文字和声音的联合体，玛雅雕刻文字既代表一个整体概念，又有各自独特的发音。玛雅文字是美洲留下的唯一文字记录，是世界上最早的五种文字之一。

图 2-5　南美洲玛雅文字

2.3 科技发展与图书馆繁荣

文献的产生是伴随着人类社会活动、语言的产生、文字的创造及书写材料的使用而产生的，图 2-6 为图书馆产生及发展。随着图书馆的出现，人类应用文献的方式和范围得到了跨越式的拓展，特别是 17 世纪以后，随着图书馆对社会公众的逐步开放，人类社会因文献的普遍应用，科学技术得到迅速的发展，出现了第一、第二、第三次工业革命，同时第一、第二、第三次工业革命带来的新技术也进一步推进图书馆及文献检索技术的发展，可以说在科学技术迅速发展的今天，社会公众应用文献的途径已经没有任何障碍，影响一个国家和一个民族科技技术及科技创新发展的瓶颈是我们如何合理、合法、有效地使用人类因社会活动产生的海量科技文献。

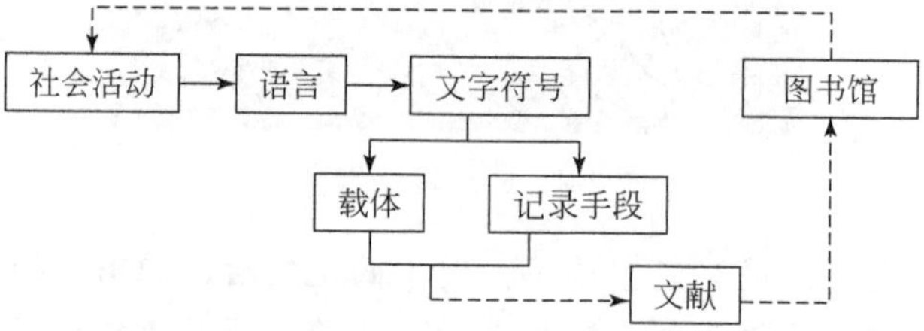

图 2-6　图书馆产生及发展

知识点二：古代文字和古代文献的演变如下。

古代文字的演变：远古人类互相交流依赖图像符号与口语。在一定的时空条件下，由于文化内涵的积累及相邻文化的冲击影响，人类认识到图像符号可以与语音结合，从而创造发明文字。文字是人类最重要的发明，借由文字的承载传扬，才有文明的诞生与成长。人类史上一共出现过四种独立创造的起源文字：中东的苏美尔楔形文字、北非的古埃及象形文字、中美洲的玛雅文字及中国的古代甲骨文。苏美尔文字与埃及文字是拼音文字的先河，甲骨文则是东亚文明的奠基石。当今世界文字主要分为形符文字与音符文字：形符文字以形音二元素造字表意；音符文字则只以字母或音节拼音造字表意。四种古代文字起源之初均为形符文字，除甲骨文外，所有其他古代形符文字均已成为死文字。目前，世界文字除了以形音相结合的汉字外，其他文字均为拼音为主的音符文字。

古代文献的演变：公元前 3600 年～公元前 3000 年，就有苏美尔人所谓的泥板文献（clay tablet）和埃及的纸草文献在使用，进而再发展到羊皮文献（parchment）、蜡版文献（waxed tablet）等。在中国古代，则分别有甲骨文献、金文文献、石刻文献、简牍文献、缣帛文献等多种图书的形态，直到中国和西方分别有纸和印刷术的发明以后，纸质图书的大量制造和印刷发行，古代泥板文献、纸草文献、蜡版文献、简牍文献、绢帛文献等才逐渐退出历史的舞台，人类文明也迎来了飞速发展的时期。

2.3.1 图书馆的发展历史

文献最早以图书馆（或档案馆）为承载形式存在，最早的图书馆出现在巴比伦、埃及和亚述，可追溯到公元前 3 世纪上半期。古代美索不达米亚的亚述王朝、古埃及的托勒密王朝就已经有收藏丰富科技文献的图书馆，如亚述巴尼拔图书馆、亚历山大图书馆等。

知识点三：亚述巴尼拔图书馆的介绍如下。

亚述巴尼拔图书馆是人类历史上已知最早的图书馆，图书馆因亚述国王亚述巴尼拔而得名，亚述巴尼拔是亚述末代国王，公元前 668 年～公元前 627 年在位。他自称为“伟大英明及世界之王”，他在位时不仅使亚述帝国的疆域达到了极限，而且还是一位尊崇文化、博学多才、爱书入迷的国王。在图书馆遗址的一块泥版上（图 2-7），亚述巴尼拔自述道：“我亚述巴尼拔，受到纳布智能神的启发，觉得有博览群书的必要。我可以从它学到射、御及治国平天下的本领……读书不但可以扩充知识和技艺，而且还可以养成一种高贵的气度。”因此，在他统治期间，在古都尼尼微修建了著名的亚述巴尼拔图书馆。

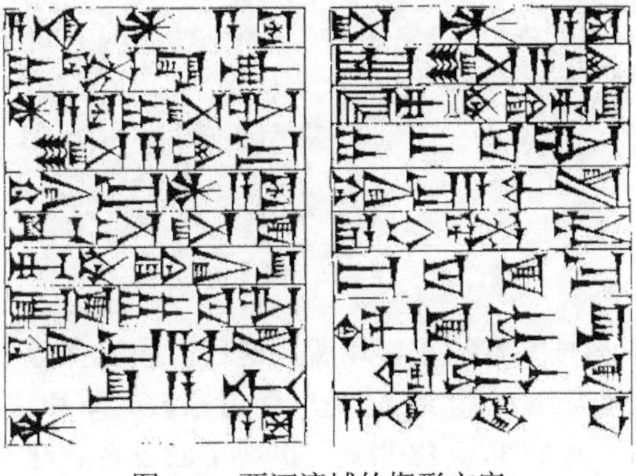

图 2-7　两河流域的楔形文字

文艺复兴时期，由于商业的扩展、纸张的普及、活字印刷术的发明、人们对古典作品的重视及科学技术普及的需求，识字人数的增加，科技文献收藏者的范围也随之扩大。欧洲各国中，首先在意大利先后建立了许多以收藏科技文献为主要目的的图书馆。

知识点四：宣纸与活字印刷术的介绍如下。

宣纸：民间传说，东汉安帝建光元年（121年），造纸家蔡伦死后，他的弟子孔丹在皖南以造纸为业，很想造出一种世上最好的纸，为师傅画像修谱，以表怀念之情。但年复一年难以如愿。一天，孔丹偶见一棵古老的青檀树倒在溪边。由于终年日晒水洗，树皮已腐烂变白，露出一缕缕修长洁净的纤维，孔丹取之造纸，经过反复试验，终于造出一种质地绝妙的纸来，这便是后来有名的宣纸。宣纸中有一种名叫"四尺丹"的，就是为了纪念孔丹，一直流传至今。"墨分五色"，宣纸和墨水实现了最佳结合，即一笔落成、深浅浓淡、纹理可见、墨韵清晰、层次分明，再加上耐老化、不变色、少虫蛀、寿命长等特点，故有"纸中之王、千年寿纸"的誉称。19世纪在巴拿马国际纸张比赛会上获得金牌。

活字印刷术：是印刷史上一次伟大的技术革命，是文献印刷史上的一次革命性、划时代的改革，北宋庆历年间（1041～1048年），中国的毕昇（约970～1051年）发明的泥活字标志着活字印刷的诞生。该印刷术通过使用可以移动的金属或胶泥字块，来取代传统的抄写或是无法重复使用的印刷版。活字印刷的方法是先制成单字的阳文反文字模，然后按照稿件把单字挑选出来，排列在字盘内，涂墨印刷，印完后再将字模拆出，留待下次排印时再次使用，图2-8为活字印刷的工艺流程。

图2-8　活字印刷术印刷流程

图书馆作为收藏科技文献的重要场所，通过收集以保存资料，供全体公民共同使用，其历史可以远溯到15世纪。但随着西方宗教改革和宗教战争的纷争不断，图书馆遭到严重破坏。直到17～18世纪，出现了西方普遍建立国家图书馆和大学图书馆的时代，也是在这个时期，法国加布里埃尔·诺迪（Gabriel Naude）关于学术图书馆的概念"系统地展示所有记录下来的知识，向所有学者开放"得到确立，图书馆的发展进入了现代图书馆的发展阶段，如何促进读者利用图书馆馆藏文献资源、如何提高读者利用图书馆的能力、如何提高读者科学素养和信息素养，逐渐成为图书馆发展的主旨和主要原动力。

知识点五：学术图书馆的介绍如下。

学术图书馆（academic library）是为高等教育机构，如学院（college）或大学（university）提供服务的图书馆，即学院图书馆或大学图书馆。学术图书馆主要为大学的两项基本任务，即教学与科研活动提供学术支撑服务：一是支持学校的课程教学，帮助老师更好地组织课程教学；二是支持大学师生的研究。我们在小学或中学阶段学习过程中接触到的图书馆不能称为学术图书馆，只能称为学校图书馆（school library）。

2.3.2 我国图书馆的发展历史

我国最早的文字是 3500 年前殷商时代的甲骨文。有了文字，刻写绘制出来的载体就成了书，即是我国最早的图书。古书《周易・系辞上》记载了“河出图，洛出书”的传说，由此可见古书是有图有文的，但是“图书”二字并没有合在一起用。“图书”二字的合用，出自《史记・萧相国世家》，据该篇记载，萧何曾“收秦丞相御史律令图书藏之”。自甲骨文产生后，便先后出现了甲骨的书，青铜的书，石头的书、竹（南方）木（北方）简的书，缣帛的书，纸质的书，等等。

1. 我国古代图书馆发展历史

我国最早的图书馆在殷商时代已开始萌芽，殷人已经能将甲骨文按“三册”“祝册”分类方法加以保存。春秋战国时代，诸子百家，著书很多，就有专门藏书的地方。据《史记》记载，周朝已有了“藏室”，即正式的藏书机构，并且配备了“守藏室之史”，即柱下史，相传道家始祖老子曾任过此职。

秦始皇统一中国后，在咸阳阿房宫设立了宫廷图书馆，聚全国之书，并设御史，负责掌管。但是，秦朝“焚书坑儒”，图书受到了严重的摧残，可以说是中国图书史上的一个分水岭，我国图书的收藏由以前“百家争鸣”式的收藏，逐渐转变为“独尊儒术”式的收藏，严重阻碍了中国古代科学技术的发展。

西汉初年，“广开献书”之路，注重搜集，官家藏书逐渐增多。汉高祖刘邦令萧何搜集秦朝官方所藏图书，建立了我国历史上第一所国家图书馆，即石渠阁。后来又建立了天禄阁，搜集各地文献图书。汉武帝时，宫廷内外，都设有藏书处所，并拟定了藏书规则。汉成帝时，建有“在禄阁”，专门藏书，并命刘向、刘歆（与刘向为父子关系）加以整理，编成我国最早的藏书目录《七略》《别录》，开创了我国藏书的整理和书目编制的先河。

知识点六：《七略》的介绍如下。

《七略》分为辑略、六艺略、诸子略、诗赋略、兵书略、术数略、方技略七部，是中国第一部官修目录，也是世界上第一部目录学著作。西汉古文经学家、天文学家、目录学家刘歆在公元前6年～公元前5年间编成，为汉朝政府当时新校本图书的总目录。公元前26年，汉成帝刘骜命光禄大夫刘向领导政府的校书工作，由刘向校经传诸子诗赋，步兵校尉任宏校兵书，太史令尹咸校数术，侍医李柱国校方技。校定本既成，概由刘向写一叙录，随书奏上。刘向所写叙录单行录出后，汇编为《别录》，计有20卷。公元前6年刘向死，汉哀帝刘欣命刘歆继承父业，将新校本集中于天禄阁，综合编目成《七略》。

魏晋时代社会动乱，但图书的搜集、整理仍在向前推进。魏秘书郎郑默曾对皇家藏书进行了校定、整理，编出了《中经》(国家藏书目录)，开创了图书分类上的“四分法”。晋元帝时，著作郎李充造《四部目录》，确立了经、史、子、集四分法体系，一直沿用了1000多年。

隋唐五代经济、文化有比较大的发展，尤其是雕版印刷术的发明，使图书馆也进入了大发展时期。隋朝皇帝下诏访求遗书，建东部观文殿，积累了丰富的文献图书。唐代经济文化发达，图书出版量大大增加，拥有藏书丰富的弘文馆、崇文馆，秘书监魏徵等人校正整理图书，修成《隋书·经籍志》，记载了我国上古和中古时期的图书事业发展情况。

宋代活字印刷的发明，促进了图书馆事业的蓬勃发展。宋代图书馆沿用了五代时期的史馆、昭文馆、集贤馆，连同宫廷藏书的“秘阁”，合为四馆，后来，又以史馆、昭文馆、集贤馆为基础建立了崇文馆。其中汇涵前三馆扩充改建的崇文馆，著名文学家欧阳修曾两次任“馆阁校勘”，并参与编辑大型书目《崇文总目》。元代的崇文院是有名的图书馆，设有书监。明代皇家图书馆有文渊阁、皇史及内阁等。清代在内阁翰林院、国子监、皇史宬等都有收藏文献古籍的图书馆。

宋、元、明、清图书出版量不断增加，陆续出现了一些大型图书，如宋太宗赵光义主持编撰的《太平御览》、明成祖朱棣主持编撰的《永乐大典》、清太祖康熙皇帝主持编撰的《古今图书集成》等。乾隆皇帝为了编纂《四库全书》，下旨搜罗来的全国图书，堆积如山，不计其数，仅编入在《四库全书》中的书籍就达3460多种，7.9万多卷，在大型丛书《四库全书》编成以后，还在北京及各地修建了收藏《四库全书》著名的七阁，即文渊阁、文津阁、文源阁、文溯阁、文宗阁、文汇阁、文澜阁进行分地珍藏。

知识点七：《四库全书》的介绍如下。

《四库全书》是在乾隆皇帝的主持下，由纪昀等360多位高官、学者编撰，3800多人抄写，费时13年编成。丛书分经、史、子、集四部，故名四库。共有3460多种书，7.9万卷，3.6万册，约8亿字，基本上囊括了中国古代所有图书，故称“全书”。当年，乾隆皇帝命人手抄了7部《四库全书》(图2-9)，下令分别藏于紫禁城文渊阁、沈阳市文溯阁、圆明园文源阁、承德市文津阁、扬州市文汇阁、镇江市文宗阁和杭州市文澜阁七阁珍藏。然而由于民族矛盾，《四库全书》的编修过程中，全国图书都要进献检查，不仅不利于清朝的文献被禁毁，而且前人涉及契丹、女真、蒙古、辽、金、元的文字都要进行篡改，查缴禁书竟达 3000 多种，15 万多部，总共焚毁的图书超过 70 万部，《四库全书》编撰过程中禁毁书籍与四库所收书籍一样多，可以说《四库全书》的编撰是对中华文化一次变相的浩劫。

图 2-9　四库全书印刷原本

我国古代的图书馆大体可以分为四个体系，即官府藏书、书院藏书、私人藏书、寺观藏书。但古代图书馆名称却很多，如府（西周的故府、盟府）、宫（秦朝的阿房宫）、阁、观（东汉的东观）、殿（隋朝的观文殿）、院、斋（清朝的知不足斋）、堂、楼（清朝的铁琴铜剑楼）等。

我国图书的产生与收藏已经有了 5000 多年的历史，但由于它经历了漫长的“封建藏书楼”时代，图书成为一种贵重的商品或者身份的象征，长期束之高阁，严重桎梏了我国文明的传播和科学技术的发展。

2. 我国近、现代图书馆发展历史

我国近代图书馆的产生与西方资本主义在我国的发展有着密切关系，因为工业生产要求工人有较多的劳动知识和劳动技能，图书馆在一定程度上承担了工人的劳动培训任务，使图书馆不再被特权阶层独享，图书馆真正进入了劳动者的生活。

清末维新变法运动以后，一些学堂、校馆、书局先后设立藏书室，传播新思想。1902 年，浙江省徐树兰仿西方图书馆章程，创建了民间第一所向社会开放的古越藏书楼。1904 年，我国第一所正式公共图书馆湖北省图书馆诞生了，正式用了“图书馆”的名字。1910 年，清朝政府颁布了我国第一部由中央政府制定的图书馆法规《京师图书馆及各省图书馆通行章程》，在此基础上成立的京师图书馆——现今为中国国家图书馆的前身。

知识点八：图书馆名称的由来如下。

1879年，日本将设于1872年的“東京書籍館”更名为“東京図書館”，确立采用“図書館”一词，日本原称“文庫”的藏书机构，在明治维新以后也统一改称为“図書館”。1896年，孙家鼐在上海《时务报》译文《古巴岛述略》中引入“図書館”三字为“图书馆”见于中国报刊之始。1902年，清朝颁行的《奏定学堂章程》中有“大学堂当附属图书馆一所……设图书馆经营官”，是为“图书馆”一词见于官方文书的开始。1904年，我国第一所正式公共图书馆湖北省图书馆诞生了，正式用了“图书馆”的名字。

“五四”新文化运动以后，我国近代图书馆有了较大发展。许多省、市、县建立了公共图书馆，私立和专业的图书馆也相继诞生。到了1936年，全国有据可查的图书馆就有5196座，藏书量达2600多万册，这是新中国成立前图书馆的“黄金时代”。但到1949年，由于多年战争的影响，全国图书馆仅391座。

新中国成立后，我国的图书馆事业虽然经历了一些波折，但还是取得了巨大的成就，形成了公共图书馆、高校图书馆、科学和专业图书馆、其他图书馆等构成的图书馆体系。在跨越新世纪的信息时代，图书馆又面临新的发展机遇，数字图书馆、虚拟图书馆、电子图书馆、移动图书馆等新名词的出现和讨论，成为现代图书馆的一大景观。

2.4 图书馆的发展演变

在人类历史发展的进程中，社会为了有效地保障和促进知识交流，逐步形成了一系列的社会机构，从事交流、组织、协调和控制。图书馆就是其中的一个重要社会机构，它是人类社会生活发展阶段的产物（武婧，2014）。

2.4.1 图书馆的历史演变

图书馆在发展历史过程中，主要经历了以藏为主、藏用兼顾、以用为主、素养教育四个阶段（图2-10）。

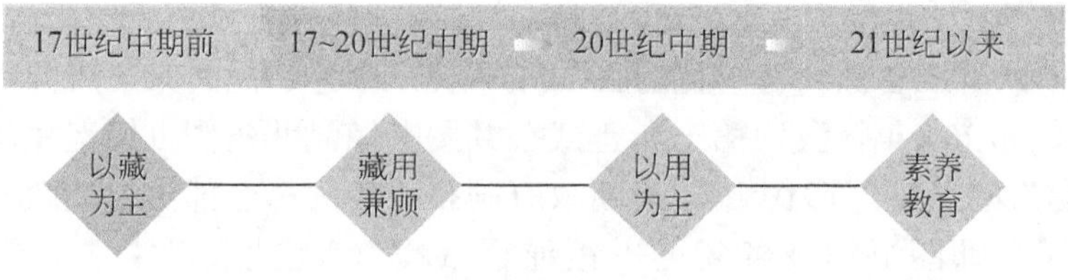

图2-10 图书馆历史发展及演变

1）第一阶段：17 世纪中期前，因社会处在封建王朝统治的时期，皇权和神权成为社会的主要统治力量,“知识”成为皇家贵族或神学院统治社会的主要途径，图书馆也必然成为皇家贵族、神学院的私有场所，皇家贵族或神学院通过图书馆收藏用于统治需要的文献典籍，并服务于皇家贵族或神学院，也成为社会的必然。

2）第二阶段：17 世纪中期，随着西方特别是英国、法国等国家的封建社会被资本主义社会所代替，资本主义的扩张需要科学技术、商品经济的迅速普及，图书馆在其发展的历史上，逐渐由皇家贵族、神学院的私人场所演变为服务公众、服务社会进步的公共学习场所。可以说，图书馆功能的改变一定程度上为 18 世纪工业革命提供了源源不断的知识驱动，图书馆的主要功能也从以藏为主转变为藏用兼顾，图书馆在人类社会进步中的重要作用，得到了社会的逐步认可。

3）第三阶段：20 世纪以来，特别是第一次世界大战之后，不管是战胜国，还是战败国，都意识到科学技术在国家强盛或军事竞备的重要性。西方发达国家陆续把科学技术发展提升到国家战略层面，图书馆因承载着科学技术和知识传承，其建设的热度空前高涨，不管是国家、大学、城市还是社区，纷纷建设属于自己的图书馆，大量收藏涉及人类历史、社会人文及科学技术相关文献，服务于社会及科学技术快速发展。20 世纪可以说是图书馆发展的黄金时期，图书馆和人类社会进步、科学技术发展相得益彰、互相依存。

4）第四阶段：随着 20 世纪 60 年代计算机的发明和 80 年代网络在西方国家的逐步普及，迎来了 21 世纪信息的大爆炸时代，各种信息充斥在人类生活的方方面面，信息的触手可及也让生活在信息爆炸时代的人们无所适从。“信息的巨人，知识的矮子”不仅仅是一句玩笑话，而是人类必须要面对的现实，试想一下现在有几个大学生能准确地解释什么是“DNA”“物联网”“大数据”，人们已经逐渐依赖于 Google、Baidu 的搜一搜，而疏懒于知识的学习，“尽信网则不如无网”应该是我们每个人都经历的尴尬，如何帮助人们对庞大的信息进行判别、评估和利用，是 21 世纪图书馆必须要面对的课题和承担的责任，信息素养的高低不仅仅决定人们利用信息的能力，同时也是一个国家、一个民族强盛的重要标杆。

知识点九：信息素养的介绍如下。

信息素养的本质是全球信息化需要人们具备的一种基本能力，信息素养这一概念是美国信息产业协会主席保罗·泽考斯基 1974 年提出的，1989 年美国图书馆协会给出了信息素养简单定义，即能够判断什么时候需要信息，并且懂得如何去获取信息，如何去评价和有效利用所需的信息。信息素养是一种对信息社会的适应能力，美国教育技术 CEO 论坛 2001 年第 4 季度报告提出，21 世纪的能力素质，包括基本学习技能（读、写、算）、信息素养、创新思维能力、人际交往与合作精神、实践能力。信息素养作为 21 世纪能力素质的一个方面，主要包含了技术和人文两个层面的意义，从技术层面来讲，信息素养反映的是人们利用信息的意识和能力；从人文层面来讲，信息素养反映人们面对信息的心理状态或修养。

总之，如何在信息的海洋中，汲取各自需要的知识，成为21世纪人类社会生活的必备技能。如何在纷杂的科技文献资源中检索到自己需要的科学知识或科技文献，也已成为科技工作者立足21世纪的基本技能。大学生在大学阶段应努力培养良好的信息素养和科技文献检索能力，为未来的发展之路奠定信息素养和图书馆素养基础。

2.4.2 我国图书馆的类型

1. 国家图书馆

国家图书馆是由国家开办的、面向全国的、担负着国家总书库职能的图书馆。国家图书馆是国家的藏书中心、书目中心、图书馆研究中心、馆际互借中心和国际书刊交换中心，它代表了一个国家图书馆事业的发展水平。国家图书馆收录的古今中外文献资料品种丰富，量多质优。它承担着为中央国家领导机关、科研教育单位和社会公众服务的任务。图2-11为中国国家图书馆外景。

图 2-11 中国国家图书馆外景

2. 公共图书馆系统

公共图书馆是面向社会公众开放的图书馆，担负着为大众服务和为科学研究服务的双重任务，其中为大众服务、普及科学文化知识、提高全民科学文化水平是它的首要任务（徐云和张倩，2015）。公共图书馆的藏书非常广泛，大多比较综合，内容涉及各个学科，通俗性、学术性兼顾，服务对象包括各种类型、各个层次、各年龄段、各种文化程度、各种民族的读者，特别注意对少年儿童、老年人和残疾人的服务，业务活动除书刊借阅、参考咨询外，还经常举办文化艺术展览或科普讲座等活动。我国的公共图书馆是由国家开办的文化教育机构，包括省、直辖市、自治区图书馆和各市县图书馆。图2-12为盐城市图书馆外景。

图 2-12 盐城市图书馆外景

3. 科学、专业图书馆系统

科学、专业图书馆属于专门性图书馆，其服务对象主要是各种专业人员，主要任务是为科学研究和生产技术开发服务。在我国，科学、专业图书馆种类多、数量大、馆藏文献专业性程度高，是直接为科学研究和生产技术服务的图书馆。它们往往是按专业和系统组织起来的，在一个专业或系统内，形成了一个上下沟通、联系紧密的图书馆体系，同时是本专业的信息中心，即图书馆与信息中心一体化。图 2-13 为中国科学院文献情报中心设计效果样图。

图 2-13　中国科学院文献情报中心设计效果样图

4. 高校图书馆系统

高校图书馆是学校的文献信息中心，是为教学和科研服务的学术性机构，它与师资、实验设备共同被视为现代化大学的三大支柱（毕宏和陈怡冰，2015）。高校图书馆的藏书综合性和专业性兼顾，学术性较强，但藏书品种受本校专业设置的影响较大。它的主要职责是通过提供文献信息资源和服务，保证所属大学完成其教学、科研任务。

盐城工学院图书馆简介：盐城工学院图书馆成立于 1996 年，由原盐城工业专科学校图书馆和盐城职业大学图书馆合并而成。图书馆下设 6 个部门，即办公室（兼文献检索课程组）、教育部科技查新中心（参考咨询部）、技术服务部、文献资源建设部、读者服务一部、读者服务二部，设有迎宾大道校区（北校区）图书馆和希望大道校区（南校区）图书馆两个分馆，图 2-14 为盐城工学院希望大道校区图书馆外景图，馆舍总面积达 4.7 万 m^2，阅览座位 4000 多个，馆藏印刷型文献 170 万多册，购买国内外各类科技文献资源数据库近 40 个。

图 2-14　盐城工学院图书馆外景

2.4.3　图书馆的主要信息服务

1. 参考咨询

《中国大百科全书》对参考咨询的解释是，“参考咨询是图书馆馆员对读者在利用文献和寻求知识、情报方面提供帮助的活动”。它以协助检索、解答咨询和专题文献报道等方式向读者提供事实、数据和文献线索。许多图书馆设有专门的参考咨询部门（图 2-15），配备具有一定专业知识、工作经验丰富的专职参考馆员开展此项工作。随着信息环境的变化，咨询服务的方式与手段

图 2-15　图书馆参考咨询服务台

也发生更大变化。目前，各类图书馆普遍通过网络形式解答用户咨询，如设立网上咨询台、常见问题专栏（frequently asked questions，FAQ），在线实时咨询、E-mail、聊天软件、微信、微博等，开展数字参考咨询（也称网络参考咨询、虚拟参考咨询）、实时参考咨询、联合数字参考咨询。这种咨询服务通过网络实现用户与图书馆馆员的互动、实时同步，突破时空限制为用户提供方便、快捷的服务。

2. 科技查新

科技查新是指具有科技查新资质的信息咨询机构根据委托人提供的课题项目内容（包括科研立项、成果鉴定、科技奖励评审、专利申请等）进行的情报评估。科技查新机构按照《科技查新规范》对查新内容的新颖性进行文献检索及分析，最终出具科技查新报告。科技查新的目的是避免科研课题重复立项，以及客观正确地判别科技成果的新颖性。我国科技查新机构需要省级以上科技管理部门的认证备案，从事科技查新服务的机构主要是各省情报研究所和获教育部认定的 102 所高校教育部科技查新工作站。图 2-16 为教育部授予盐城工学院科技查新工作站资质铜牌。

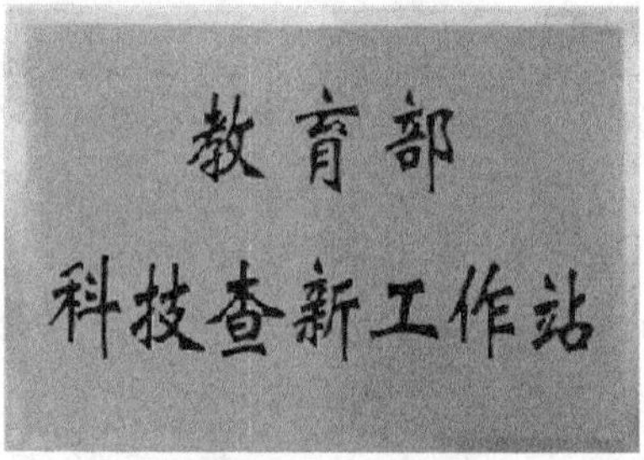

图 2-16　教育部科技查新工作站铜牌

对于科研工作者来讲，申请科技查新的过程包括：①向具有科技查新资质的机构提出查新请求；②填写科技查新委托书；③针对科技查新项目的技术背景、技术要点、创新点等与科技查新人员沟通交流，提供相关材料，以便科技查新的顺利进行；④获得科技查新报告。通常科技查新服务部门也提供论文发表、收录和被引用情况的检索服务，并出具检索证明。

3. 用户教育与培训

图书馆开展多层次、全方位的知识讲座与培训，帮助读者更好地利用馆藏资源与服务及网络学术资源，提高自身信息素养。许多文献服务机构在网上建立用户培训平台，举办定期、不定期的讲座与培训，根据读者需要进行有针对性的辅导，开展信息素质教育等。国内高校图书馆大都承担了以培养、提高学生信息素养为目标的检索课教学任务。公共图书馆针对当前热点问题或根据读者需求，聘请专家、学者作专题讲座。图 2-17 为盐城工学院举办数据库专题讲座现场。

图 2-17　数据库指导讲座现场

4. 文献传递与馆际互借

文献传递与馆际互借是文献信息服务机构为弥补馆藏文献的不足，根据合作馆之间的互借协议，通过复印、扫描、邮寄、E-mail 等方式为本馆读者向其他图书馆申请获取本馆未收藏的文献，是一种共享文献资源的服务。这种服务分为返还式（即馆际互借，interlibrary loan）和非返还式（即文献传递，document delivery）两种，它可以跨系统、跨地区、跨国界传递文献。例如，国内一些著名大学图书馆与英国图书馆文献提供中心（British Library Document Supply Center，BLDSC），美国的 OCLC①、UMI②公司等订立原文网上有偿传递协议。

目前，国内主要的文献传递系统有中国高等教育文献保障系统（China Academic Library & Information System，CALIS）馆际互借/文献传递服务网、国家科技图书文献中心（National Science and Technology Library，NSTL）、中国科学院文献情报中心（National Science Library，Chinese Academy of Sciences，CSDL）、中国高校人文社会科学文献中心（China Academic Humanities and Social Sciences Library，CASHL）等。如需使用它们的文献传递服务，需要向所在单位图书馆的文献传递部门提出申请，由相关的馆员进行处理后将需求信息发送给收藏馆，后者根据收到的请求将文献传递给需求馆。国内的主要网络文献传递，均使用图书馆购买的读秀知识库进行文献传递。

“智慧乃至高无上之力量，服务乃人生意义之弘扬”，图书馆资源的利用最终体现的是智慧与服务。对于个人来说，图书馆是信息提供与知识服务的重要支持力量。充分利用图书馆的资源与服务，可以取各馆之长为我们信息需求所用，让图书馆真正成为个人学习、工作和生活中取之不尽，用之不竭的知识信息宝库。

思考题

1. 图书馆的历史演变分为哪几个阶段，请分别进行说明。
2. 高校图书馆的定义及在大学教学科研中承担的作用。
3. 请通过网络了解国家图书馆、地方图书馆、科学及专业图书馆、高校图书馆各自文献收藏特色、情报服务特色。

参 考 文 献

毕宏，陈怡冰. 2015. 大学生信息素养教程. 大连：大连海事大学出版社.

史仲文，胡晓林. 1996. 新编世界科技史(上)世界古代中期科技史. 北京：中国国际广播出版社.

武婧. 2014. 信息资源检索与毕业论文写作. 沈阳：东北大学出版社.

徐云，张倩. 2015. 医学信息检索. 武汉：华中科技大学出版社.

张期. 1993. 现代经济系统结构的控制与调节. 广州：中山大学出版社.

① OCLC，即 Online Computer Library Center，联机计算机图书馆中心。

② UMI，即 The Answer Company TM，有问必答。

第3章 文献检索及基本概念

本章主要通过信息、知识、文献、情报概念及相互之间的关系、科技文献加工深度、科技文献出版类型进行详细讲解，着重说明科技文献各自具备的类型特征及在科学技术活动中的作用，为科技文献的检索与利用奠定科技文献知识基础。

3.1 信息、知识、文献及情报

我们所处的是一个前所未有的层次上不断产生、传递和利用信息情报的时代。因此，有人称我们的时代为信息时代。那么，究竟什么是信息、什么是知识、什么是情报，它们与本书大量讨论的科技文献检索有什么关系，这是我们首先需要了解的问题。

3.1.1 信息的定义及特征

从字面上理解，信即信号，息即消息，通过信号带来消息就是信息。信息具有差异和传递两要素。没有差异不是信息，如两端加相同电压的导线没有电流通过，即不产生信息；同样，即使有差异但不经过传递，也不形成信息。信息是物质存在的反映，不同的物质各自发出不同的信息，根据发生源的不同，一般可分为自然信息、生物信息、机器信息和人类信息四大类（毕玉侠，2015）。本书述及的“信息”一词属于“人类信息”的范畴，信息本身是看不见、摸不着的，它必须依附于一定的物质形式，即载体，如文字、文献、声波、电磁波等。

1. 信息的定义

1948 年，信息论创始人、美国贝尔实验室的数学家克劳德·香农（Elwood Shannon）在《通讯的数学理论》一文中首次提出：“信息是关于环境事实的可通信的知识，信息通过各种形式，包括数据、代码、图形等反映出来……”。

1948 年，诺伯特·维纳（Norbert Wiener）在《控制论》一书中，从社会学的角度对信息进行定义，认为“信息是人与外界相互作用的过程中所交换的内容的总称”。这是一种推广了的概念，是信息从物质（能量）到生命再到思维（认识）的推广，从而使信息变成了无所不包的“内容”。这些定义是从信息内涵和控制论对其属性所做的描述。

信息是一种十分广泛的概念，它在自然界、人类社会及人类思维活动中普遍存在。不同事物有不同的特征，这些特征通过一定的物质形式（如声波、电磁波、图像等）给人带来某种信息，图 3-1 为信息在自然界存在的数字模拟图。例如，人的大脑通过感觉器官所接收到的有关外界及其变化的消息，就是一种信息。因此，信息可以定义为生物及具有自动控制功能的系统，通过感觉器官和相应的设备与外界进行交换的一切内容。

图 3-1　信息在自然界存在的数字模拟图

2. 信息的特征

1）依附性。信息既不是物质，也不是能量，它存在于客观事物中，必须依赖一定的载体才能体现出来，如语言、文字、声音、图像等。

2）价值性。信息的价值是对客观事物属性反映的深度和真实程度的认识，但信息对不同认识水平的人所产生的作用和有效性也不相同。

3）时效性。信息的时效性是信息的重要特征，是指信息从发出、接收到进入利用的时间间隔及其效率。信息的时效性与信息的价值性密不可分。任何有价值的信息都是在一定的条件下起作用的，如时间、地点、事件等，离开一定的条件，信息将会失去应有的价值。

4）传递性。信息可以进行空间和时间上的传输，传输速度越快，效用越大。科技的发展使传播信息的网络覆盖面越来越大，从而使信息得以迅速扩散。信息的可扩散性与信息传递技术的发展密切相关，信息的扩散速度与传递技术的发展成正比，即传递技术发展得越快，信息扩散的速度就越快。随着信息传播手段和技术的提高，信息的扩散性已表现得越来越突出。

5）共享性。信息能够同时为多个使用者所利用，信息扩散后，信息载体本身所含的信息量并没有减少。这是信息与实物、能量等的根本区别。通过传递，信息迅速为大多数人所接收、掌握和利用，并会产生出巨大的社会效应。正因为信息的这一特性，社会才为保护信息开发者的合法权益，补偿其在开发整理某些信息过程中付出的代价，制定了专利制度和知识产权制度。

6）可加工性。信息的可加工性指的是信息是可以加工处理的，如信息的有序化、压缩、提取和再生。信息通过标引、分类、组织等有序化处理后，便于检索；通过筛选、分析、综合、归纳、总结等，可以发现信息中蕴含的规律；通过录放机、计算机等设备可以提取存储在磁带、磁盘中的信息；搜集到的信息经过处理后可以用语言、文字、图像等形式再生等。

7）无限性。信息的无限性指无限的信息量可以基于有限的物质，或有限的物质可以包含无限的信息量。

3. 信息的分类

信息的分类很多，从不同角度有不同的划分，实用的划分方法有以下五种：按层次分类，信息可分为语法信息、语义信息和语用信息；按符号数分类，信息可分为二元信息和多元信息；按内容分类，信息可分为自然信息和社会信息；按内容的表现形式分类，信息可分为文献型、数据型、声像型及多媒体型；按传递方向分类，信息可分为前馈信息和反馈信息（乔好勤等，2008）。

3.1.2 知识的定义及特征

提到知识，大家首先想到的可能是“知识就是力量”，为什么呢？知识是人们在社会实践中积累起来的经验，是对客观世界物质形态和运动规律的认识。人们在社会实践中不断接受客观事物发出的信号，经过人脑的思维加工，逐步认识客观事物的本质，这是一个由表及里、由浅入深、由感性到理性的认识过程。所以，知识来源于信息，是通过信息传递并对信息进行加工的结果（图 3-2）。可以看出，知识是信息的一部分。

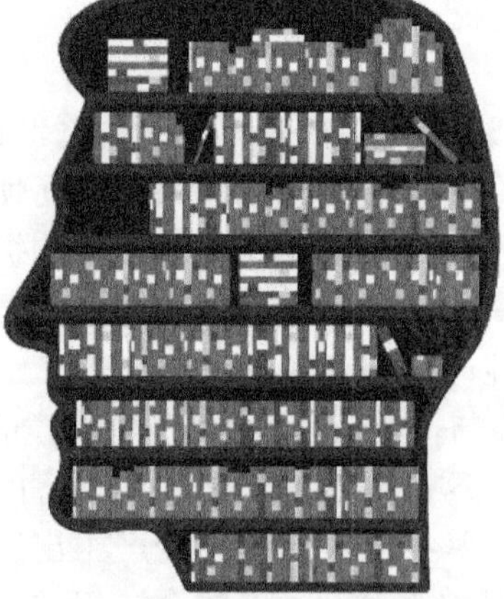

图 3-2　知识在人类大脑存在的模拟

1. 知识的定义

1980 年版的《辞海》中将“知识”定义为“人们在社会实践中积累起来的经验”，并指出“从本质上说，知识属于认识的范畴”。简言之，认识的结果就是知识。它包括两种：一是个人知识——存储于大脑、依赖于人的记忆；二是社会知识——书本记录。《现代汉语词典》中将“知识”定义为“人们在改造世界的实践中获得的认识和经验的总和”。有些学者综合了以上说法，认为“知识是人们通过学习、发现及感悟所得到的对世界认识的总和，是人类经验的结晶”。尽管以上说法可以被认为是我国关于“知识”的权威定义，但它们还是极其简单、朴素而且不完整的。

根据 *Webster's Dictionary* 1997 年的定义，知识是通过实践、研究、联系或调查获得的关于事物的事实和状态的认识，是对科学、艺术或技术的理解，是人类获得的关于真理和原理的认识的总和。总之，知识是人类积累的关于自然和社会的认识和经验的总和。我们认为，这一定义基本概括了人类经过实践积累而逐渐形成和深化的对“知识”的较为全面的理解。

从广义上来讲，知识是人类社会实践活动的经验总结，同时，也是人类社会包括人工环境、人工智能所创造的一切经验形态、智慧形态的总和，并且都外化为知识信息。因此，知识就是经验和信息，其表现形式是人类社会经验和信息的符号系统。从狭义上来讲，知识是人类社会实践创造活动的产物，是一切思想体系、理论体系、工具体系的总和。可以说，知识是现实世界的数字符号系统，是思想、理论、工具、逻辑的数字符号系统（韩经纶，2006）。

知识是人类社会实践经验的总结，是人的主观世界对于客观世界的概括和如实反映。知识是人类通过信息对自然界、人类社会及思维方式与运动规律的认识，是人的大脑通过思维重新组合的系统化的信息的集合（李贵成和张金刚，2016）（图 3-2）。因此，人类不仅要通过信息感知、认识和改造世界，而且要根据所获得的信息组成知识。

2. 知识的特征

1）实用性。虽然知识有不同的定义，但是其共同的特征是具有实用性，知识必须能应用才能称为知识。

2）无体性。知识通常通过人力资本与技术才能具体呈现，如传统的书面、文件、口耳相传、物质实体、组织制度乃至无边的信息网络均成为信息与知识传播的重要渠道。

3）无穷性。知识是一种资源，经由创造、分享、累积，可以不断发展。因此，与其他资源不同的是，知识是无穷无尽的，其他资源会越用越少，知识是越用越多，有无限潜能。

3. 知识的分类

1997 年，经济合作与发展组织在《以知识为基础的经济》报告中将知识分为两类，具体如下。

1）编码知识，又称显性知识，指经过人的整理和组织后，可以编码化和度量，并以文字、公式、计算机程序等形式表现出来，还可以通过正式的、系统化的方式（如出版物、计算机网络等）加以传播，便于其他人学习和掌握。编码知识帮助人们解决“知道为什么”（know why）、“知道是什么”（know what）等问题。

2）意会知识，又称隐性知识，是与人结合在一起的经验性的知识，很难编码化并将其文字化或者公式化，它们在本质上以人为载体，因此难以通过常规的方法收集到它，也难以通过常规的信息工具进行传播。意会知识帮助人们解决“知道怎样做”（know how）、“谁知道如何做”（know who）等问题。

3.1.3 文献的定义及特征

文献是用文字、图形、符号、声频、视频等技术手段记录人类知识的一种载体。文献不仅包括各种图书和期刊，而且包括会议文献、科技报告、专利文献、学位论文、科技档案等各种类型的出版物，甚至包括用声音、图像及其他手段记录知识的全部现代出版物。图 3-3 为文献存在的形式。

图 3-3　文献存在的形式

在我国，“文献”一词最早见于《论语・八佾》，“子曰：夏礼吾能言之，杞不足徵也；殷礼吾能言之，宋不足徵也。文献不足故也。足，则吾能徵之矣”。

古人一般把书面记载的有关典章制度的文献资料和口头相传的言论资料，统称为文献。最早以“文献”一词作为书名的是元代马端临编撰的《文献通考》一书。而宋代理学家朱熹的解释则是“文，典籍也；献，贤也”。即记载知识的书籍为“文”；有学问的人为“献”。

国际标准化组织（International Organization for Standardization，ISO）的《文献情报术语国际标准（草案）》（ISO/DIS5217）对文献的解释是“在存储、检索、利用或传递记录信息的过程中，可作为一个单元处理的，在载体内、载体上或依附载体而存储有信息或数据的载体。”

随着科学技术的进步，记录和传递知识的载体、形式、手段越来越多。我国国家标准《文献著录》（GB/T 3792.1—2009）这样定义文献：“记录有知识的一切载体。”由此可见，文献由三个要素组成，知识、载体、记录方式三位一体，不可分割，缺少其中任何一个都不能构成文献。

3.1.4 情报的定义及特征

情报是被传递的知识，是针对特定对象的需要传递的并且在生产实践和科学研究中起继承、借鉴或参考作用的知识。情报是知识的一部分，即被传递的部分。知识要转化为情报，必须经过传递、为使用者所接受、发挥其使用价值。

1. 情报的定义

关于情报的定义，国内外学术界还没有定论。《牛津英语词典》把情报定义为“有教益的知识的传达”“被传递的有关情报特殊事实、问题或事情的知识”，英国的情报学家克劳德·布鲁克斯（Claude Brooks）认为“情报是使人原有的知识结构发生变化的那一小部分知识”，苏联情报学家米哈依洛夫（A.H.Maxaaos）所采用的情报定义为“情报——作为存储、传递和转换的对象的知识”，日本《情报组织概论》一书的定义为“情报是人与人之间传播着的一切符号系列化的知识”，我国情报学界也提出了类似的定义，有代表性的是，“情报是运动着的知识，这种知识是使用者在得到知识之前不知道的”；“情报是传播中的知识”；“情报就是作为人们传递交流对象的知识”。图 3-4 为情报在科研工作中实际应用流程。

2. 情报的特征

1）知识性。人们在生产和生活活动中，通过各种媒介手段（书刊、广播、会议、参观等），随时都在接收、传递和利用大量的感性和理性知识。这些知识中就包含着人们所需要的情报。情报的本质是知识，可以说，没有一定的知识内容，就不能成为情报。

2）传递性。情报的传递性是说知识要变成情报，还必须经过运动。钱学森认为情报是激活的知识，也是指情报的传递性。人的脑海中或任何文献上无论储存或记载着多少丰富的知识，如果不进行传递交流，人们无法知道其是否存在，就不能成为情报。情报的传递性表明，情报必须借助一定的物质形式才能传递和被利用。这种物质形式可以是声波、电波、印刷物或其他，其中最主要的是以印刷物等形式出现的文献。

3）效用性。运动着的知识也不都是情报，只有那些能满足特定要求的运动的知识才可称之为情报。例如，每天通过广播传递的大量信息，是典型的运动的知

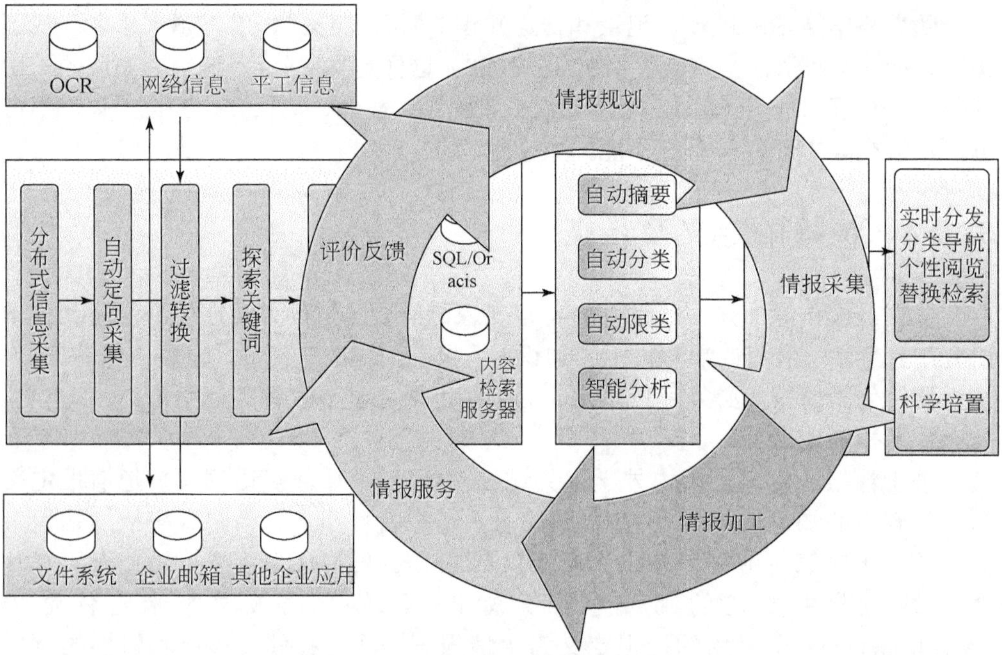

图 3-4　情报在科研工作中实际应用流程

识。但对大多数人来说，这些广播内容只是消息，而只有少数人利用广播的内容增加了知识或解决了问题，这部分人可将其称之为情报。

知识点一：信息、知识、文献及情报的简要定义如下。

信息：人类可感知自然界一切的活动。知识：经过人类大脑处理、固化的有序列的信息。文献：记录知识的一切载体。情报：在一定时间范围内，为完成既定的目的，传递、收集的信息、知识及文献的总和。

3.1.5　信息、知识、文献及情报之间的关系

通过以上对信息、知识、情报与文献的定义分析，可以认为信息是宇宙间的一切运动状态及对其的报道。宇宙间时时刻刻都在产生着信息，人们正是通过对这些不同信息的获取来认识不同事物，并由此生产新的知识。知识是经人脑思维加工而成为有序化的人类信息。文献则是被物化了的知识记录，是被人们所认知并可进行长期管理的信息。情报是人们为解决特定问题而被活化了的更为高级、更为实用的知识。情报蕴含在文献之中，但不是所有文献都是情报，而所有情报几乎都是知识。文献又是储存传递知识、情报和信息的介质，它们之间的逻辑关系是一种包含关系。

1. 信息与知识的关系

信息经人脑加工形成知识。只有将自然现象和社会现象的信息经过加工，上升为对自然和社会发展客观规律的认识，这种再生信息才构成知识。信息可以被认为是一种可传播的知识。知识是信息的一部分，而信息是“流动的”知识，它是构成知识的原料，这些原料经过人脑接受、选择、处理，就能组合成新的知识。

2. 知识与文献的关系

知识被记录在载体上，形成文献。文献与知识既是不同的概念，又是密切的联系。文献必须包含知识内容，文献从内涵上讲是一种客体化、固态化的信息，它把人脑中的信息、知识、经验等主观知识通过符号系统物化于一定的载体上。然而，知识和文献还是有区别的，知识与文献之间不能画等号。因为知识包括隐性知识和显性知识两部分，文献记录的知识仅仅是显性知识，即客观知识。这样看来，文献也只是知识的一个子集，属于知识的一部分。

3. 信息与文献的关系

文献经过传递、传播，应用于理论与实际而产生信息。文献是信息重要的有机组成部分，是信息多种存在形式中重要的一种。但它毕竟不是全部的信息资源，信息与文献相比，其外延要宽广得多，信息可涵盖文献。而知识内容只是记录在物质载体上，才能构成文献。知识是文献和信息成为资源的关键所在，即知识是二者的实质内容。

4. 信息与情报的关系

情报是具有特定传递对象的特定知识或有价值的信息。信息包含了情报，情报是知识中的一部分，文献是情报的一种载体。像信息与知识、文献的关系一样，情报与信息也是既有联系又有区别的，图 3-5 为信息、知识、文献及情报之间的关系。

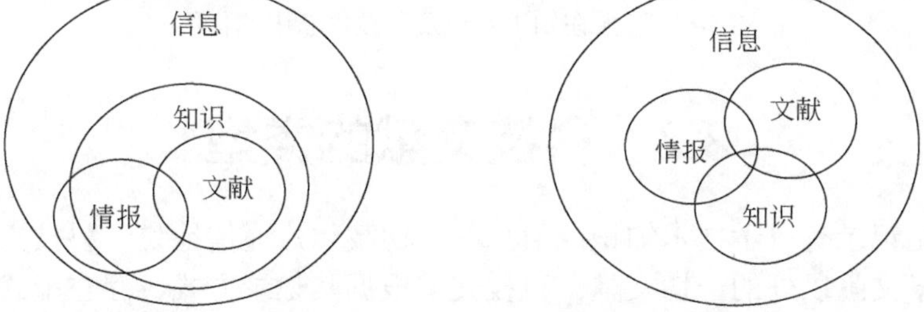

(a) 广义概念基础上三者间关系　　(b) 狭义概念基础上三者间关系

图 3-5　信息、知识、文献及情报之间的关系

总体来说，信息是基础，是起源，它包含知识、文献和情报，是知识、文献、情报共同的本质联系纽带。文献则是信息、知识、情报的存储载体和重要的传播工具，是重要的知识源、情报信息源，它是信息、知识、情报存储的重要方式（袁

豪杰和颜先卓，2004）。文献不仅是情报传递的主要物质形式，也是吸收利用情报的主要手段。

知识点二：信息、知识、文献及情报的关系如下。

宇宙间时时刻刻都在产生着信息，人们正是通过对这些不同信息的获取来认识不同事物，并由此生产新的知识；知识是经人脑思维加工而成为有序化的人类信息；文献则是被物化的知识记录，是被人们所认知并可进行长期管理的信息；情报是为解决特定问题而被活化了的更为高级、更为实用的信息与知识；情报蕴含在文献之中，但不是所有文献都是情报，而所有情报几乎都是知识；文献又是储存传递知识、情报和信息的介质，它们之间的逻辑关系是一种包含关系。图 3-6 为情报在知识发现及科技创新中的作用。

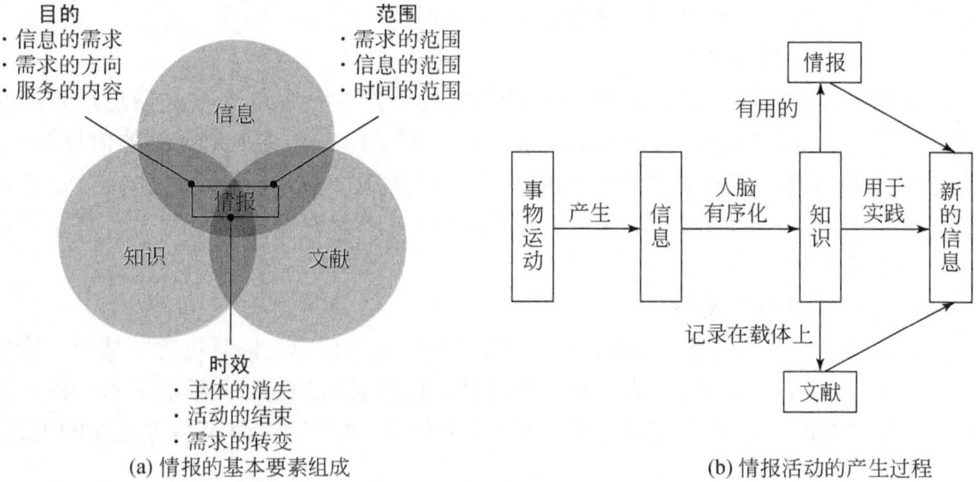

图 3-6　情报在知识发现及科技创新中的作用

3.2　科技文献的类型

文献是记录有科学技术知识或信息的一切载体，通俗地说，科技文献就是除了社会科学文献以外的一切文献。科技文献根据其记录方式、存在形式及文献级别的不同，分别从载体性质、加工深度和出版类型三个方面进行分类。

3.2.1　按照载体性质分类

1. 印刷型文献

印刷型文献是文献存在的最基本方式，加工方法包括：刻划、铅印、油印、胶印、石印等各种资料，图 3-7 为铅印文献实体图。这种文献是以书刊存储科学知识的方法，以纸张为存储介质，以印刷、复印等为记录手段生产出来的文献形式。其优点是直接读取，便于阅览和流通，价格便宜，传递范围广。缺点是印刷型文献过于笨重，信息存储密度低，空间占比大，难以实现利用的现代化。

图 3-7　铅印文献实体图

2. 缩微型文献

缩微型文献是以感光材料为载体的文献，以缩微照相技术制成的文献信息复制品，又可分为缩微胶卷和缩微平片。按其外形分为卷片型和品片型（条片、缩微平片、缩微卡片等），图 3-8 为缩微型胶片实体图；按其穿透力可分为透明体和不透明体。其主要优点是体积小、重量轻、储存量大。存储相同信息，普通缩微平片比印刷型节省空间 98%；每卷长 30.5m、宽 16mm 或 35mm 的胶卷可存储几千页甚至上万页资料；超缩微平片每张可存 1000～3200 页；全息缩微平片存储量高达 22.5 万页。此外，缩微型文献具有成本低、便于保存、易于检索复制、易于放大等优点。其缺点是查阅时需使用专门的阅读器，并且由于阅读器的光学放大减小了文献信息的反差，因此阅读较吃力。

图 3-8　缩微型胶片实体图

3. 电子型文献

电子型文献又称机读型文献，是以数字化形式，把文字、图像、声音、动画等多种形式存储在光、磁等非印刷型介质中，以光、电信号作为传输工具，并通过计算机网络、广播电视网络和其他外部设备等再现的信息资源，图 3-9 为计算机存储电子文献漫画。电子型信息资源是现代信息技术发展的产物，包括 Internet 上获取和利用的各种信息资源的总和，如光盘数据库、电子图书、电子期刊、全文资料、图书馆目录、参考工具书、多媒体信息、计算机软件、Web 信息资源、

BBS 信息资源、FTP[①]信息资源、Gopher 信息资源、用户服务组信息资源等。其优点是存储密度高、存取速度快、可交流程度高、方便利用，但需要配置计算机设备和电力、软件等外部环境。

图 3-9 计算机存储电子型文献漫画

4. 声像型文献

声像型文献又称直感型文献或视听型文献，以磁性材料或感光材料为存储介质，以磁记录或光学技术为手段直接记录声音、视频图像而形成的文献信息，如唱片、录音录像带、幻灯片、电影等，图 3-10 为声像型胶卷实体。其优点是直观、生动，但成本较高且不易检索和更新。声像型文献可以闻其声、见其形，给信息接收者多通道地感知事物和摄入信息，更有助于理解知识、加深印象并获得长久记忆。

图 3-10 声像型胶卷实体

在上述 4 种文献信息资源中，除印刷型文献外的其他 3 种类型的文献信息都在迅速发展，并将在信息高速公路中“一展身手”。而相伴人类几千年之久的印刷型文献，无论在漫长的岁月里，还是在高科技的今天均未被淘汰，并且也在继续发展，如激光照排缩短了印刷型文献的出版周期，仍为文献信息的主流，这说明

① FTP，即 file transfer protocol，文件传输协议。

它自有存在的价值和发展的动力。

3.2.2 按照加工深度分类

根据文献内容、性质和加工情况可将文献区分为一次文献、二次文献、三次文献、零次文献。

1. 一次文献

一次文献又称原始文献，是人们直接以自己的生产、科研、社会活动等实践经验为依据生产出来的文献，其所记载的知识、信息比较新颖、具体、详尽。一次文献在整个文献中数量最大、种类最多，所包括的新鲜内容最多、使用最广、影响最大，如图书、期刊、专利文献、科技报告、会议文献、学位论文等，这些文献具有创新性、实用性和学术性等明显特征，图 3-11 为一次文献实体。

图 3-11　一次文献实体

一次文献具有以下特点：①内容有独创性，是作者的工作经验、观察或实际研究成果，该种文献内容具有先进性和新颖性，反映有关领域最新研究成果；②文献内容叙述具体、详尽，可供研究；③数量庞大、分散在各种期刊、媒体、会议论文集、图书、连续性出版物、特种文献之中，寻找困难（张联民，2012）。

2. 二次文献

二次文献又称工具文献，是对一次文献进行加工整理后的产物，即对无序的一次文献的外部特征（如题名、作者、出处等）进行著录，或将其内容压缩成简介、提要或文摘，并按照一定的学科或专业加以有序化处理而形成的文献形式，如目录、文摘杂志（包括简介式检索刊物）、数据库检索平台等，图 3-12 为二次文献实体。它们都可用作文献检索工具，能比较全面、系统地反映某个学科、专业或专题在一定时空范围内的文献线索，是积累、报道和检索文献资料的有效手段。

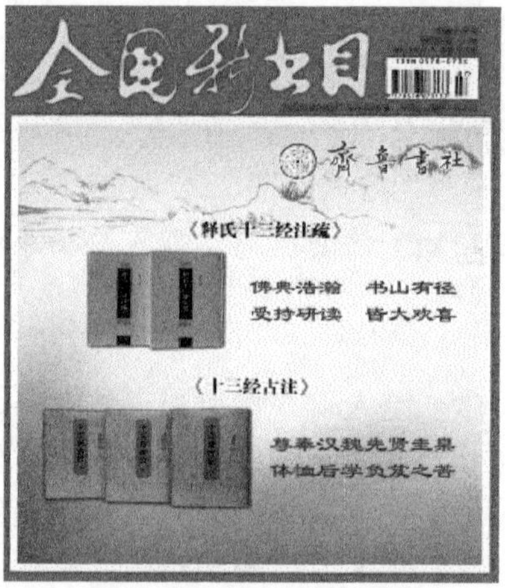

图 3-12　二次文献实体

二次文献具有以下特点：①浓缩性，是对原始文献内容的浓缩，二次文献是情报工作的重要工具，成为一种信息文体，是随着科技、文化的发展，为适应信息的急剧增加而出现的；②汇集性，二次文献经过情报工作者加工，把有关内容汇集在一起，能比较全面地反映某个学科、专业或专题在一定时空范围内的文献线索；③系统性，由于二次文献是经过情报工作者加工，所以它能系统地反映某个学科、专业或专题在一定时空范围内的最新研究成果（陈刚，2015）。

3. 三次文献

三次文献又称综述性文献，是选用大量有关的文献，经过综合、分析、研究而编写出来的文献。它通常是围绕某个专题，在利用二次文献检索搜集大量一次文献的基础上，对其内容进行深度加工而成。人们常把这类文献称为“情报研究”的成果，包括综述、专题述评、学科年度总结、进展报告、数据手册、进展性出版物及文献指南等，图 3-13 为部分综述性文献实体。三次文献也称三级文献，是对现有成果加以评论、综述并预测其发展趋势的文献，属于这类文献的有综述、述评、进展、动态等，在文献调研中，可以充分利用这类文献，在短时间内了解所研究课题的研究历史、发展动态、水平等，以便能更准确地掌握课题的技术背景。

三次文献具有以下特点：①综合性，三次文献是在大量有关文献的基础上，经过综合、分析而成。综合性就是将大量分散的有关特定课题的信息、事实和数据进行综合、评价、筛选，以简练的文字扼要叙述出来，内容十分概括。它可以是纵向综合，如某学科的过去、现状和将来的综述；也可以是横向的综合，如对各产业部门同类产品的比较综述等。②针对性，三次文献是为了特定的目的，搜集大量相关的文献进行分析、综合而编写出来的，因此，具有很强的针对性，即

图 3-13　三次文献（综述性文献）实体

针对特定用户的信息需求，为特定的目的服务。③科学性，三次文献是在已有的知识成果的基础上，对特定专业课题的总结和综述，因此，其观点比较成熟，内容比较可靠，有材料、有事实、有数据、有建议、有结论，具有较高的科学性，一般可直接提供参考、借鉴和使用，因而普遍为科研人员和管理者所重视，如循证医学中的系统评价和实践指南（周晓政，2012）。

4. 零次文献

记录在非正规物理载体上的未经任何加工处理的源信息叫作零次信息，如书信、论文手稿、笔记（图 3-14）、实验记录、会议记录等，这是一种零星的、分散的和无规则的信息。零次信息的载体形式就称之为零次文献，这是近 20 年来被逐步认识和重视的一类文献，它具有原始性、新颖性、分散性和非检索性等特征。

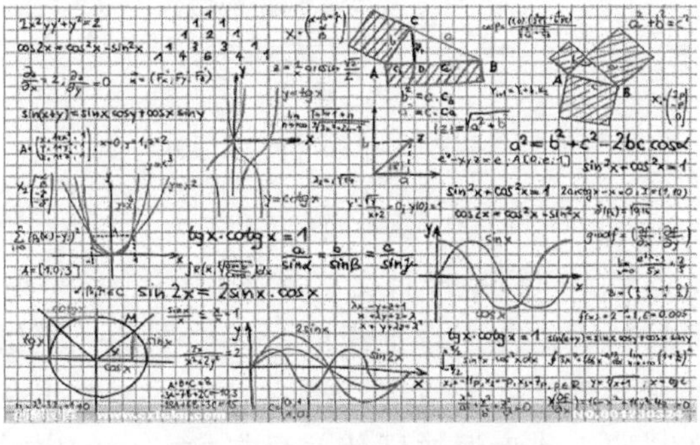

图 3-14　零次文献实体

知识点三：一次文献、二次文献、三次文献之间的关系如下。

一次文献也称原始文献，是指人们根据自己的科学实验、生产实践的成果而撰写的文献，一般指期刊、科技报告、会议文献、学位论文、专利文献等；二次文献也称检索工具，是指对一次文献加工、整理后形成的各种检索工具，如目录、题录、文摘等，它不对一次文献提供评论，仅仅提供一次文献的检索线索；三次文献是指在利用大量一次文献的基础上，对其内容进行综合、分析、研究和述评而撰写出来的文献，分为综述研究类和参考工具类两种类型。一次文献、二次文献、三次文献之间的关系：从一次文献到二次文献、三次文献就是一个由博到约、由分散到集中、由无组织到系统化的过程，也是科技文献资源的层次结构由无序走向有序、由一种有序结构演变为另一种完善的有序结构的过程。

3.2.3 按照出版类型分类

按文献的出版形式可将文献分为图书、连续出版物及特种文献三大类型，按照文献出版的类型可将文献分为图书、期刊、报纸、学位论文、会议文献、专利文献、标准文献、研究报告/科技报告、政府出版物、产品样本及档案 11 种类型，具体文献出版类型结构说明如图 3-15 所示。

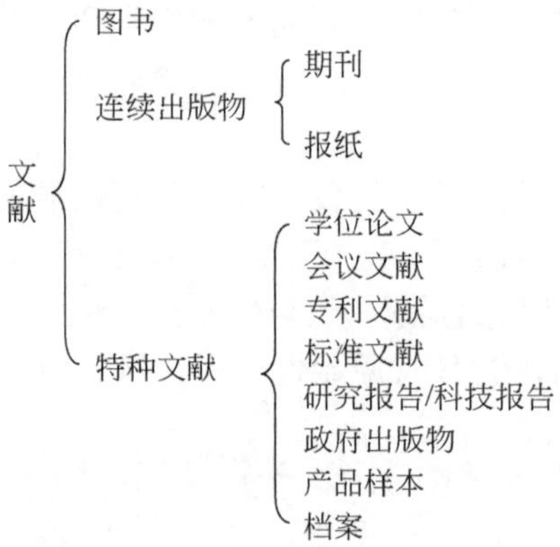

图 3-15　科技文献按照出版形式分类

1. 图书

图书，通常在狭义上的理解是带有文字和图像的纸张的集合。书通常由墨水、纸张、羊皮纸或其他材料固定在书脊上组成，组成书的一张纸称为一张，一张的一面称为一页。但随着科学技术的发展，狭义图书的概念也在扩展，制作书的材料也在改变，如现在科研工作者通过现代信息技术使用的电子格式的电子书。在文献信息学中，书被称为专著，以区别于杂志、学术期刊、报纸等连续出版期刊，图 3-16 为纳米学科学术专著实体。

联合国教育、科学及文化组织对图书的定义为：凡由出版社（商）出版的不包括封面和封底在内 49 页以上的印刷品，具有特定的书名和作者名，编有国际标准书号（international standard book number，ISBN），有定价并取得版权保护的出版物称为图书。

图 3-16　纳米学科学术专著实体

国际标准书号由国际 ISBN 中心管理，包括四部分，分别是国家码、出版社码、书序码及校验码，校验码可以是 0～9 及 X（10）。国际物品编码协会（European Article Number，EAN）针对书籍的条码由依据国际标准书号，前面再加上 978，再计算一个新的校验码。例如，王琦主编的《公路工程施工技术》一书的国际标准书号为 ISBN 978-7-5023-9744-9，前缀 978 代表图书，中间一部分与 ISBN 相同，最后一位是校验码。

科技类图书的特点：主题突出，内容系统全面，论述全面深入，知识成熟稳定，系统阐述某一特定领域技术的起源、理论沿革及科学特征，适合于某一特定领域技术的理论学习及科学技术参考。但由于图书出版周期较长，传递情报的速度缓慢，所以从科技文献检索过程来看，科技图书一般不作为科研工作者进行科学研究的主要检索对象，但若要较全面、系统地获取某一专题的知识，参阅科技图书是行之有效的方法。

2. 期刊

期刊是一种定期发行的连续出版物，其中包含各种文章内容，是一种介于书籍和报纸之间的出版物，大多数期刊的收入来源都是广告和读者的购买。此外，期刊都具有一个固定的名称，并且用卷、期或年、月顺序编号出版，图 3-17 为期刊实体。通常期刊的出刊周期大都分为周刊、旬刊、双周刊、半月刊、月刊、双月刊、季刊、年刊。大多数的期刊会在封面上标示期刊的名称、出版年卷期、国际标准连续出版物编号（international standard serial number，ISSN），并且采用彩色印刷，封面通常为软皮封面。

图 3-17 期刊实体

国际标准连续出版物编号是根据国际标准 ISO3297 制定的连续出版物国际标准编码，其目的是使世界上每一种不同题名、不同版本的连续出版物都有一个国际性的唯一代码标识。该编号是以 ISSN 为前缀，由 8 位数字组成，8 位数字分为前后两段各 4 位，中间用连接号相连，如 ISSN 1095-9203，前 7 位数字为顺序号，最后一位是校验码。

科技期刊的特点：是一种发表自然科学及技术论文的连续出版物，其主要特征是连续性、时效性、创新性、渗透性等。科技期刊在科技情报来源方面占有重要地位，占整个科技信息来源的 65%～70%。它与专利文献、科技图书一同被视为科技文献的三大支柱，是科研工作者从事科学研究最主要的科技文献资源，是科研工作者进行科技创新最重要的科技文献资源，也是科技查新工作利用率最高的科技文献资源。

3. 报纸

报纸通常是以刊载新闻和新闻评论为内容，散页印刷、不装订、没有封面的连续出版物。报纸一般有固定名称，面向公众定期、连续发行。现代报纸每日出版一次，称为日刊；每周出版一次，称为周刊。这种意义上的报纸只出现在现代社会，古代社会的“报纸”或不是纸质的，或不是印刷的，或非定期、连续发行，一定意义上也不是面向公众的。

现代报纸的直接起源是德国 15 世纪开始出现的印刷新闻纸（单张单条的新闻传单）。一般把 1615 年创刊的《法兰克福新闻》视为第一张“真正的”报纸，因为该报有固定名称，每周定期出版一次，每张纸上印有数条而不是单条新闻（但是该报是单面印刷）。“报纸”的英文“newspaper”一词最早出现于 1665 年英国第一家报纸《牛津公报》上。1650 年在德国莱比锡出现最早的日报《新到新闻》，但是日报成为报纸的主角，是在 18 世纪以后。日报的普及标志着一个国家或地区的新闻业得以成熟，因为日报的连续出版对信息的采集和发送、印刷技术、新闻人员的素质和管理人员的水平，都提出了较高的要求。

科技报纸是用以刊载科技新闻为主要内容，面向公众、定期、连续发行的出版物，分综合性和专业性两大类。科技报纸涉及的主要内容：①宣传国家科技方针政策；②提供科研与生产沟通渠道；③反映科技工作者呼声和需求；④介绍最新科技产品及科技成果；⑤传递最新的科技信息及科技动态；⑥面向公众普及科技知识；⑦刊登科技咨询及科技分析报告；⑧定期发表学术交流信息；等等。

科技报纸的优点：介绍先进科学技术、传播科技信息、交流科学方法、开发智力资源、培养科技人才、促进科研成果转化为生产力、普及科技知识、提高全民族科学技术文化水平。科技报纸的缺点：科技报纸因其报道性的属性，决定科技报纸只以信息报道为主，而不可能报道科学研究的本身内容，所以科技报纸只能作为科研过程中科技发展动态的依据文献，而不能作为科研过程中重要的科研支撑文献。图 3-18 为报纸实体。

科技日報

圆梦飞天

我国科技发展的伟大里程碑

图 3-18　报纸实体

知识点四：科技图书、科技期刊、科技报纸在科研工作中的作用如下。

科技图书系统阐述某一特定领域技术的起源、理论沿革及科学特征，是科技工作过程中重要的参考性文献；科技期刊历史地、系统地反映某一学科、某一研究课题的发展过程，及时介绍科技新知识、新技术、新工艺、新观点、新进展、新理论，是科技工作过程中最重要的研究性文献；科技报纸具有反映科技工作者呼声和要求、介绍科技成果、传递科技信息、普及科技知识、进行科技咨询、开展学术交流、推销科技商品等功能，作为重大科技事件及重要科技数据等信息来源的权威依据，是科技工作过程中的重要的报道性文献。

4. 学位论文

学位论文是指高等学校或研究机构的学生为取得本科生或研究生学位，在导师指导下完成的科学研究、科学试验成果的书面报告。学位论文分为学士论文、硕士论文、博士论文三种。学位论文选题新颖，理论性、系统性较强，阐述详细，参考文献多、全面，有助于对相关文献进行追踪检索。

学位制度起源于中世纪的欧洲。1180 年巴黎大学授予第一批神学博士学位，图 3-19 为博士学位帽及证书实体。由于各国教育制度规定授予学位的级别不同，学位论文也相应有学士学位论文、硕士（或副博士）学位论文、博士学位论文之分，其中硕士、博士学位论文具有较高的学术价值，图 3-20 为硕士学位论文。21 世纪初期，世界上每年产生的硕士和博士学位论文约 100 万篇，学位论文除少数在答辩通过后发表或出版外，多数不公开发行，只有一份复本被保存在授予学位的大学的图书馆中以供阅览和复制服务。为充分发挥学位论文的参考作用，一些国家的大学图书馆将其制成缩微胶卷或电子数据库，编成目录、索引，并形成专门的学位论文数据库。

图 3-19　博士学位帽及证书实体

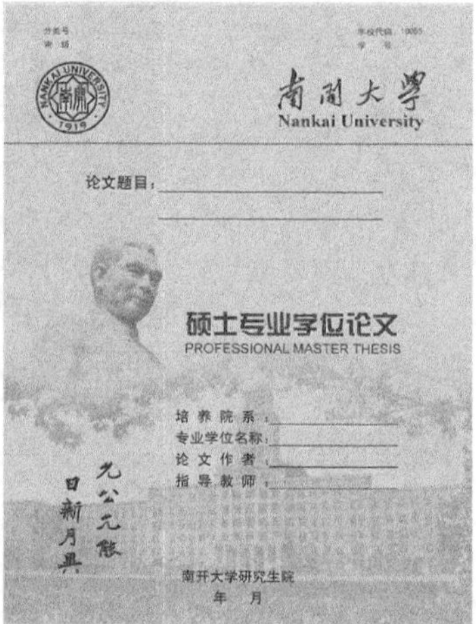

图 3-20　硕士学位论文

学位论文的特点：①完成论文的独立性；②论证对象的专业性；③研究内容的学术性；④论证过程的科学性；⑤揭示规律的创新性；⑥研究成果的应用性；⑦知识结构的系统性，⑧表述格式的规范性；⑨论文篇幅的规模性；⑩内容表达的可读性。

5. 会议文献

会议文献是指在学术会议上宣读和交流的论文、报告及其他有关资料。会议文献没有固定的出版形式，有些刊载在学会、协会的期刊上，作为专号、特辑或增刊，有些则发表在专门刊载会议录或会议论文的期刊上，多数以会议录的形式出现。会议录是会后将论文、报告及讨论记录整理汇编而公开出版或发表的文献，图 3-21 为会议论文实体。

图 3-21　会议论文实体

会议文献的特点：传递情报比较及时，内容新颖，专业性和针对性强，种类繁多，出版形式多样。它是科技文献的重要组成部分，一般是经过挑选的、质量较高、能及时反映科学技术中的新发现、新成果、新成就及学科发展趋向，是一种重要的情报源，会议文献中重要组成部分——会议论文正常能及时反映某个领域最新的研究进展及研究方向。因此，会议论文有时也被称为科技工作过程中的"点子文献"，或科技创新过程中的"点子文献"。

6. 专利文献

专利文献是包含已经申请或被确认为发现、发明、实用新型和工业品外观设计的研究、设计、开发和试验成果的有关资料，及保护发明人、专利所有人和工业品外观设计、实用新型注册证书持有人权利的有关资料的已出版或未出版的文件（或其摘要）的总称。专利文献是专利制度的产物。专利制度是为推动科技进步和生产力发展，由政府审查和公布发明内容并运用法律和经济手段保护发明创造所有权的制度。

世界上最早建立专利制度的是威尼斯，1416 年 2 月 20 日，它批准了第一件有记载的专利。17 世纪末～18 世纪初，西方各国相继颁布了专利法。19 世纪后期，出现了国际性专利组织，缔结了各种国际条约和协定。20 世纪 80 年代初，全世界有 130 多个国家建立了专利制度，包括发明证书制度，每年公布的专利说明书约 100 万件（反映 30 万～35 万项新发明），并以每年 9 万件的速度递增。80 年代中期，全世界已通报的专利说明书累计总量已达 3000 万件。大多数国家已采用《国际专利分类法》对专利文献进行分类并标注 IPC①类号。英国德温特出版公司出版的《世界专利文摘》《世界专利索引》（world patents index，WPI）每年用英文报道世界范围的专利 60 多万件，是专利文献的重要检索工具。中国自 1985 年 4 月 1 日实施专利法以来，也形成了自己的专利文献体系，它主要由《发明专利公报》《实用新型专利公报》《外观设计专利公报》及与前两者相对应的专利说明书组成（图 3-22，图 3-23）。

图 3-22　中国专利法实体

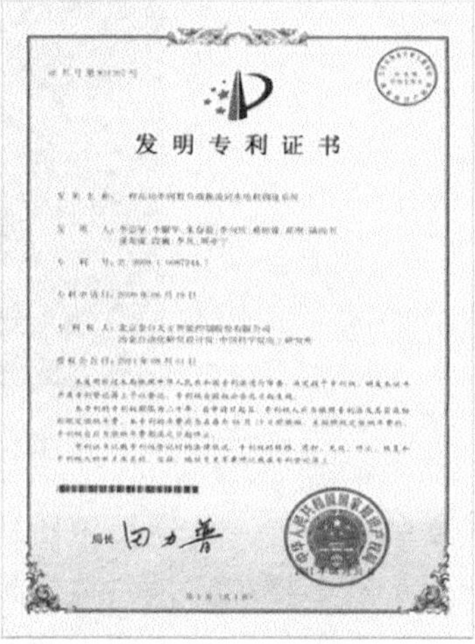

图 3-23　发明专利证书

专利文献的特点有：①寓技术、法律和经济情报于一体。从专利文献中可了解发明技术的实质、专利权的范围和时限，还能根据专利申请活动的情况，觉察正在开拓的新技术市场及它对经济发展的影响。②内容新颖，出版迅速。各国专利法均规定申请专利的发明必须具有新颖性，特别是由于大多数国家采用了先申请原则，即分别就同样发明内容申请专利的，专利权将授予最先申请者。这就促使发明者在完成发明构思后迅速申请专利。③内容可靠。发明说明书等有关文件的撰写大多是由受过专门训练的代理人与发明人共同完成的，而且还可经过专利局的严格审查。④内容详细，格式规范化（图 3-24）。各国专利说明书基本上是按照国际统一的格式印刷出版，著录项目都有统一的识别代码，国家名称也有统一的代号。这样，即便不懂原文也能识别该说明书的一些特征，给查找专利文献提

① IPC，即 international patent classification，国际专利分类。

供了方便。⑤重复性。造成专利文献大量重复的原因有二：一是同一项发明用各种语言向多个国家申请专利的现象屡见不鲜；二是不少国家专利局在受理和审批专利申请的过程中，对发明说明书要先后公布几次，这一特性虽有助于评价发明的重要性、弥补馆藏的不足，但也给收藏和管理增加了负担。

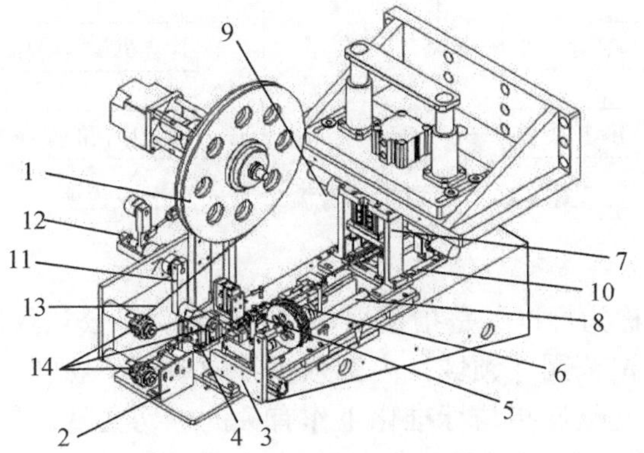

图 3-24　某项专利文献附图

知识点五：专利的三个“类型”、三个“人”、三个“日”、三个“号”，具体如下。

专利的三个“类型”：发明专利、实用新型及外观设计，发明专利的法律保护年限为20年，实用新型及外观设计的法律保护年限为10年。专利的三个“人”：申请人（专利权人）、发明人及代理人，申请人（专利权人）是其发明创造的制造、使用、销售的唯一所有人，对其申请的专利享有独占的权利。专利的三个“日”：申请日、公开日及授权日，公开日为专利通过知识产权局初步审查后对社会公开的日期，专利获得授权后（授权日），追溯专利的权利期限起始日为申请日。专利的三个“号”：专利号、申请号及授权号，专利申请获得授权后申请号成为专利号（专利号=ZL+申请号），授权号为专利授权证书的编号。

知识点六：专利号（申请号）的组成如下。

专利号（申请号）由四部分数字组成（图 3-25）。2004 年之前申请专利的专利号（申请号）由 8 位数字+小数点位数组成，前 2 位数字代表申请年份，第 3 位数字代表专利类型（“1” 表示发明，“2” 表示实用新型，“3” 表示外观设计，“8” 表示 PCT[①]发明专利申请，“9” 表示 PCT 实用新型专利申请），第 4～8 位数字代表年度专利申请顺序号，小数点位数为专利号（申请号）计算机校验码。2004 年之后申请的专利号（申请号）有 12 位数字+小数点位数组成，前 4 位数字代表申请年份，第 5 位数字代表专利类型（“1” 表示发明，“2” 表示实用新型，“3”

① PCT，即 patent cooperation treaty，专利合作条约。

表示外观设计，“8”表示 PCT 发明专利申请，“9”表示 PCT 实用新型专利申请），第 6～第 12 位数字代表年度专利申请顺序号，小数点位数为专利号（申请号）计算机校验码。

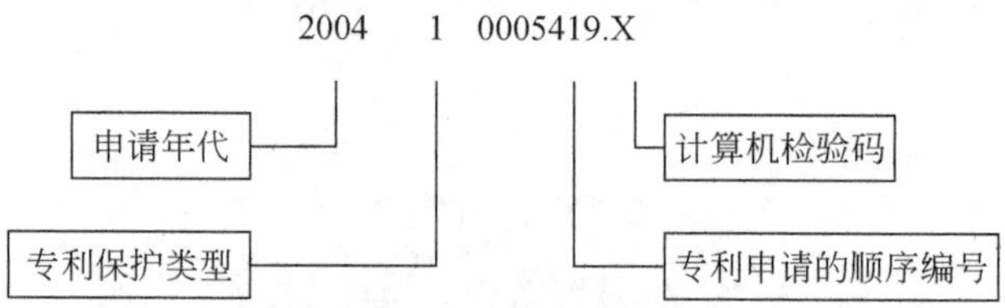

图 3-25 专利申请号编号方式及组成说明

7. 标准文献

标准文献（简称为标准）是指按规定程序制订，经公认权威机构（主管机关）批准的一整套在特定范围（领域）内必须执行的规格、规则、技术要求等规范性文献。广义的标准文献泛指与标准化工作有关的一切文献，包括标准形成过程中的各种档案、宣传推广标准的手册及其他出版物、揭示报道标准文献信息的目录、索引等。

在公元前 1500 年的古埃及纸草文献中即有关于医药处方计量方法的标准，是现存最早的标准。现代标准文献产生于 20 世纪初，1901 年英国成立了第一个全国性标准化机构——英国标准学会（Britain Standard Institute，BSI），同年，世界上第一批国家标准问世。此后，美国、法国、德国、日本等国相继建立全国性标准化机构，出版各自的标准，如美国国家标准学会（American National Standards Institute，ANSI）、法国标准化协会（Association Francaise de Normalisation，AFNOR）、德国标准化学会（Deutsches Institut für Normung，DIN）、日本工业标准调查会的日本工业标准（Japanese Industrial Standards，JIS）等。我国于 1957 年在国家技术委员会下设标准局，次年颁布第一批国家标准（GB），图 3-26 为中华人民共和国标准化法印刷本。国际标准化机构中最重要、影响最大的是 1947 年成立的国际标准化组织、1906 年成立的国际电工委员会（International Electrotechnical Commission，IEC）和 1865 年成立的国际电信联盟（International Telecommunication Union，ITU），它们制定或批准的标准具有广泛的国际影响。

图 3-26 中华人民共和国标准化法印刷本

标准的分类为：①标准按性质可划分为技术标准和管理标准，技术标准按内容又可分为基础标准、产品标准、方法标准、安全和环境保护标准等，管理标准按内容分为技术管理标准、生产组织标准、经济管理标准、行政管理标准、管理业务标准、工作标准等。②标准按适用范围可划分为国际标准、区域性标准、国家标准、行业标准、地方标准和企业标准。③标准按成熟程度可划分为强制性标准、推荐性标准、试行性标准和标准草案（指导性文件）等。

标准的特点有：①每个国家对于标准的制订和审批程序都有专门的规定，并有固定的代号，标准格式整齐划一。②它是从事生产、设计、管理、产品检验、商品流通、科学研究的共同依据，在一定条件下具有某种法律效力，有一定的约束力。③时效性强，它只以某时间阶段的科技发展水平为基础，具有一定的陈旧性，随着经济发展和科学技术水平的提高，标准不断地进行修订、补充、替代或废止。④一个标准一般只解决一个问题，文字准确简练。⑤不同种类和级别的标准在不同范围内贯彻执行。⑥标准文献是一系列相关标准形成的合集，一个标准正常嵌套多项标准。

知识点七：国际通用标准编号如下。

国际通用标准编号格式：标准代号+专业类号+标准号。其中，标准代号大多采用缩写字母，如 IEC 代表国际电工委员会、API[①]代表美国石油协会、ANIS 代表美国、GB 代表中国等；专业类号因其所采用的分类方法不同而各异，有字母、数字、字母数字混合式三种形式，主要区分标准所属具体类别（我国标准编号中没有专业类别号）；标准号由顺序号+年代号组成，顺序号与年代号中的连接符因国家及地区不同稍有差异，如“-”“:”等。

8. 研究报告/科技报告

行业研究报告是从事行业投资之前，对行业各种相关因素进行具体调查、研究、分析，评估项目可行性、效果效益程度，提出建设性意见、建议、对策等，为行业投资决策者和主管机关审批的研究性报告。以阐述对行业的理论认识为主要内容，重在研究行业本质及规律性认识的研究，独特的看法、创新的见解、深刻的哲理、严密的逻辑和个性化的语言风格是其内在特点，对研究者的逻辑分析能力和思维水平有较高的要求，同时还要具有较高的专业理论素养。图 3-27 为研究报告。

科技报告是在科研活动的各个阶段，由科技人员按照有关规定和格式撰写的，以积累、传播和交流为目的，能完整而真实地反映其所从事科研活动的技术内容和经验的特种文献。它具有内容广泛、翔实、具体、完整，技术含量高，实用意

① API，即 American Petroleum Institute，美国石油协会。

义大且便于交流，时效性好等其他文献类型所无法相比的特点和优势。做好科技报告工作可以提高科研起点，大量减少科研工作的重复劳动，节省科研投入，加速科学技术转化为生产力。图 3-28 为科技报告。

图 3-27　研究报告

图 3-28　科技报告

研究报告的分类：①实证性研究报告，如学术调查报告、实验报告、经验总结报告等。主要是用事实说明问题，材料力求具体典型、翔实可靠、格式规范。这类报告要求通过有关资料、数据及典型事例的介绍和分析，总结经验，找出规律，指出问题，提出建议。这类研究报告既注重理论，又重视实践，往往跟接触性的研究方法有关。②文献性研究报告，主要以文献情报资料作为研究材料，以非接触性研究方法为主，以文献的考证、分析、比较、综合为主要内容，着重研究学术领域某一方面的信息、进展、动态，以述评、综述类文章为主要表达形式。一般在学术史研究、文献评论研究中使用较多。③理论性研究报告，以阐述对某一事物、某一问题的理论认识为主要内容，重在研究对象本质及规律性认识的研究。独特的看法、创新的见解、深刻的哲理、严密的逻辑和个性化的语言风格是其内在特点。理论性研究报告没有实证研究过程，因此对研究者的逻辑分析能力和思维水平有较高的要求，同时还要具有较高的专业理论素养。

知识点八：研究报告的撰写如下。

研究报告主要分为实证性研究报告、理论性研究报告和文献性研究报告三种：①实证性研究报告，如教育观察报告、调查报告、实验报告、教育经验的总结报告等。这类报告都以对事实直接研究所得的材料为基础，所以报告中事实材料是主要的构成。此类研究报告中必须包括研究方法与过程的说明，用确凿的事实与科学的操作作为研究结果与结论可靠性的“坚强后盾”，是这类报告最显著的特点。

②理论性研究报告，即理论性学术论文。该类论文以阐述对某一事物、问题的理论性认识为主要内容，要求能提出新的观点或新的理论体系，并阐述新旧理论之间的关系。论文向人们展示的是论点及理论体系形成的思维过程。深刻的哲理性和逻辑力量，是此类论文独具的"魅力"。③文献性研究报告，即用文献的方法进行研究的报告。这类报告以文献情报资料作为研究对象，通过对文献情报资料的整理、分析，比较与综合，向人们展示某一学术研究领域的历史脉络、研究现状、发展趋势及关注方向。明确的历史传承及发展脉络，科学展示事物发展的客观过程是此类研究报告独具的"特色"。

9. 政府出版物

政府出版物是指各国政府及其所属机构出版的，具有官方性质的文献，又称官方出版物。各国对政府出版物尚无一致定义，大致可分为两类：一类是行政性文件，包括会议记录、司法资料、条约、决议、规章制度及调查统计资料等；另一类是科技性文献，包括研究报告、科普资料、技术政策文件等。政府出版物数量巨大，内容广泛，出版迅速，资料可靠，是重要的信息源。政府出版物在出版前后，往往用其他形式发表，内容有时与其他类型的文献（如科技报告）有所重复，有专门用来检索政府出版物的工具书。借助于政府出版物，可以了解一国的科技政策、经济政策等。

在科学研究与科技创新过程中，特别是在科学研究立项依据及科技创新可行性研究等方面，需要大量的事实事件及统计数据作为支撑，政府出版物作为官方重要事件及核心数据的发布渠道，正好为事实事件及统计数据提供权威参考。因此，在所有政府出版物中，政府年鉴（图 3-29）及统计分析报告（图 3-30）是科技工作者在科学研究及科技创新中使用比较普遍的科技文献资源。

图 3-29　年鉴文献

图 3-30　统计文献

3.3 科技文献检索的原理和意义

当今社会，科技信息技术日新月异，科技文献信息资源浩如烟海。科技工作者对科技信息资源的获取、加工、处理及对信息工具的掌握和使用，特别是在文献浩瀚的数据海洋中，检索及获取科学研究及科技创新服务的科技文献资源，是科技工作者必须具备的专业技能和职业素质。

3.3.1 科技文献检索的概念

科技文献检索是指将科技文献按一定的方式组织和存储起来，并根据用户的需要找出有关科技文献的过程，即从众多的科技文献信息源中，迅速而准确地查找出符合特定需要的科技文献或科技文献线索的过程。

科技文献检索广义上包括文科技文献的存储加工和信息检索两个方面。存储加工是指对一定数量的揭示科技文献特征的信息或从科技文献中摘出的知识、信息进行组织、加工、整序并将其存储在某种载体上，编制成检索工具或组织成检索系统。信息检索就是根据需要，利用一定的检索工具和检索手段，把所需的科技文献线索或知识、信息从检索系统中查找出来的过程。通常所说的科技文献信息查询或信息检索只是名称的后一半，即“狭义”的科技文献检索。存储加工和信息检索从严格意义上讲是不可完全分割的两个概念，存储是为了检索，而检索以存储为前提，它们是相互依附、共生共存，如果信息检索标志与文献存储标志相比能够取得一致，就叫“匹配”，就可得到“命中文献”。

3.3.2 科技文献检索的原理

科技文献检索是信息检索的一种，是指依据一定的方法、按照一定方式将科技文献组织、存储在某种载体上，并利用相应的方法或手段从中查出符合用户特定需要的科技文献的全过程（高新陵和吴东敏，2013）。因此，科技文献检索的全过程包括存储和检索两个过程（图 3-31）。

存储过程就是按照检索语言将原始文献信息进行处理，为检索提供经过整序的文献信息集合的过程。文献信息存储在检索工具中形成的文献信息特征标志与信息检索提问标志要相一致。具体来讲，文献信息的存储包括对文献信息的著录、标引及编排正文和所附索引等。文献信息的著录是按照一定的规则对文献信息的外表特征和内容特征简明扼要地表述。文献信息的外表特征包括文献信息的作者、来源、卷期、页次、年月、号码、文种等。文献信息的内容特征包括题名、主题词和文摘。文献信息的标引是就文献信息的内容按一定的分类表或主题词表给出分类号或主题词。

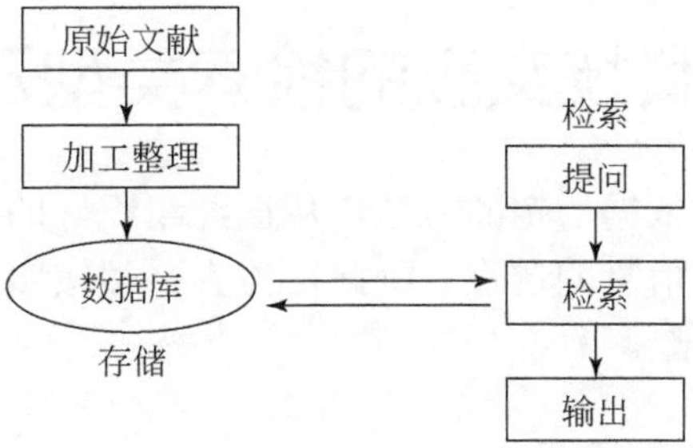

图 3-31　数据存储与检索

检索过程则是按照同样的检索语言（主题词表或分类表）及组配原则分析课题，形成检索提问标志，根据存储所提供的检索途径，从文献信息集合（数据库）中查找与检索提问标志相符的信息特征标志的过程。

3.3.3　科技文献检索的意义

科技文献检索是文献信息工作的重要组成部分，是科学研究的前期工作。科技文献检索的意义主要体现在以下 4 个方面。

1）掌握科学的科技文献检索方法，充分利用和掌握有效的科技文献信息资源，有利于举一反三，扩大知识视野，学好专业知识和技能。

2）掌握科学的科技文献检索方法，是获取新知识的捷径，可以把学生引导到超越教学大纲的更广的知识领域中去，不断更新知识，适应社会发展的需求。

3）掌握科学的科技文献检索方法，可以缩短查阅科技文献的时间，获取更多的文献信息，提高工作效率，有利于科学研究及科技创新等工作开展，推动技术的发展。图 3-32 为实体文献阅读与检索漫画。

图 3-32　实体文献阅读与检索漫画

4）掌握科学的科技文献检索方法，有利于为企业提供竞争情报和相关信息，为决策做参考。

3.4 科技文献的检索类型及方式

科技文献检索是指依据一定的方法，从已经组织好的有关大量科技文献集合中查出特定的科技文献信息的过程。因此，检索必须按照存储的统一思路和方法才能得到良好的检索结果。

3.4.1 科技文献检索的类型

按科技文献检索的内容划分，科技文献检索可划分为文献检索、事实检索、数据检索、概念检索、图像检索、全文检索、超文本检索、多媒体检索等。

1）文献检索：是信息检索的主要形式，即检索的对象是文献，包括图书、期刊、论文的信息或全文，如“有关赤潮对海洋贝类的影响有哪些文献”等之类的问题。图 3-33 为科技人员常用中文类科技文献检索平台。

图 3-33 科技人员常用中文类科技文献检索平台

文献检索是最典型和最重要的，也是最常利用的科技文献检索类型。掌握文献检索的方法，就能以最快的速度，在最短的时间内，以最少的精力了解前人和别人取得的经验和成果。

2）事实检索：是以特定的事实或事件为检索对象。事实内容包括大量的科学事件和社会事件，如“世界上最高的山是什么”“五一国际劳动节的来历”等问题。图 3-34 为生活中常用事实信息获取途径。

图 3-34 生活中常用事实信息获取途径

3）数据检索：以数据为对象的检索，如查找数学公式、数据图表、某一材料的成分、材料的性能等，是一种确定性检索。图 3-35 为常用科研类数据信息获取途径，解决诸如“水的密度有多大”“2016 年全国图书的出版数量”等之类的问题。

图 3-35　常用科研类数据信息获取途径

4）概念检索：就是查找特定概念的含义、作用、原理或使用范围等解释性内容或说明，如“图书的定义”“三聚氰胺是什么”等。图 3-36 为常用知识类信息获取途径。

图 3-36　常用知识类信息获取途径

5）图像检索：以图形、图像或图文信息为检索内容的信息检索。如“2015 年 3 月交通违章情况”等。图 3-37 为常用图片资源获取途径。

图 3-37　常用图片资源获取途径

6）全文检索：检索系统存储的是整篇文章或整本图书或从文献的全文中进行某项检索，是一种检索途径。图 3-38 为中文科技类图书常用检索平台。

图 3-38　中文科技类图书常用检索平台

7）超文本检索：是对网络中每个节点所存信息进行检索，超文本检索强调中心节点之间的语义连接结构，依靠专业系统提供工具，作图示穿行和节点展示，提供浏览式查询，如 Google、Baidu 等。图 3-39 为常用搜索引擎。

图 3-39　常用搜索引擎

8）多媒体检索：是以文字、图像、声音等多媒体信息为检索内容的信息检索，如检索某部电影或某首歌曲。图 3-40 为常用知识类视频获取途径。

图 3-40　常用知识类视频获取途径

知识点九：科技文献检索的类型如下。

按科技文献检索的内容划分，科技文献检索可划分为文献检索、事实检索、数据检索、概念检索、图像检索、全文检索、超文本检索、多媒体检索等。

3.4.2　科技文献检索的方式

科技文献检索从检索方式上可分为手工检索和计算机检索（魏振枢，2016）。

1. 手工检索

手工检索是指以手工操作的方式，利用印刷型的检索工具来进行信息检索。早期有检索卡片，现在使用最多的是检索刊，如书本式目录、文摘、索引、卡片柜等。图 3-41 为图书馆纸质文献借阅，图 3-42 为早期图书馆目录柜。它们定期地将最新收集到的文献信息加以汇总、组织并进行报道。手工检索的技术要求不高，以人的劳动为本，由人来翻阅，由人来进行比较、选择，完成匹配。手工检索工具能提供的检索点比较有限，检索结果往往不尽人意。其优点是便于控制检索的准确性，缺点是检索速度慢、工作量较大。因此，手工检索尽管效率较低，但由于低廉的检索费用、较高的检索质量和一次文献获得率，仍是信息检索不可完全替代的重要方式之一。

图 3-41　图书馆纸质文献借阅

图 3-42　早期图书馆目录柜

2. 计算机检索

计算机检索是利用计算机技术与远程通信技术来实现信息的采集、处理、存储、传递和检索。检索过程是人与机器合作，通过实时交互的方式从计算机存储的大量数据中自动分拣出用户所需要的信息资源，计算、比较、选择的匹配任务是由计算机来执行的，而人则是整个检索方案的设计者和操纵者。图 3-43 为计算机检索的漫画。计算机检索系统的构成主要包括计算机主机设备、外部存储器、输入/输出设备、终端设备、通信网络等设施，还需要通信软件、操作系统、应用程序、检索的软件系统等。其优点是检索速度快、能够多元检索，检索的全面性较高；其缺点主要是需要配置计算和计算机网络进行科技文献的检索，要求检索者拥有较高的科技文献信息检索知识。计算机检索是科技文献检索的最主要方式。

图 3-43　计算机检索漫画

3. 手工检索与计算机检索的比较

计算机检索与手工检索相比，其科技文献资源检索本质没有发生改变，变化的只是检索手段、检索对象、文献资源的表达方式、存储文献信息资源的结构和匹配方法。即用计算机资源检索能够识别的代码替代了传统的文献信息资源，用便于快速存取的文档方式替代了查阅纸质载体索引、文摘的方式，搜索信息资源的方式也由手工方式转变为机器自动匹配，形成一个表示用户信息需求的字符串与计算机内存储的大量字符串（信息集合）进行比较和逻辑运算的过程。计算机检索明显优于手工检索（表 3-1）。

表 3-1　手工检索和计算机检索的比较

项目	手工检索	计算机检索
总体特征	手翻、眼看、大脑判断	检索策略、机器查寻、数据匹配
检索速度	较慢	很快
检索功能	简单	多样，可链接全文，可打印结果，可进行定题文献服务等
检索方式	单一	灵活方便，可进行各种组合检索
检索点	较少	较多
检索范围	有限	覆盖多学科和多种文献类型，范围较大
检索限制	受时空限制	不受时空限制
更新周期	长	短
对用户要求	专业知识、工具书使用法	专业知识、计算机检索知识
检索效果	查准率高	查全率高，通过逻辑组配可提高查准率
检索费用	低	高
综合效率	低	高

思考题

1. 分别说明信息、知识、文献及情报的定义并阐述它们之间的关系。

2. 分别说明一次文献、二次文献、三次文献的定义并阐述它们之间的关系。

3. 分别说明图书、期刊及其他类型文献在科研过程中的不同作用，并详细说明。

参 考 文 献

毕玉侠. 2015. 药学信息检索与利用. 北京：中国医药科技出版社.

陈刚. 2015. 翻译论文写作与答辩指南. 杭州：浙江大学出版社.

高新陵，吴东敏. 2013. 科技文献信息与科技创新. 南京：河海大学出版社.

韩经纶. 2006. 知识管理. 天津：南开大学出版社.

李贵成，张金刚. 2016. 信息素养与信息检索教程. 武汉：华中科技大学出版社.

乔好勤，冯建福，张材鸿. 2008. 文献信息检索与利用. 武汉：华中科技大学出版社.

袁豪杰，颜先卓. 2004. 现代信息检索与利用. 北京：北京邮电大学出版社.

张联民. 2012. 文献检索与利用. 苏州：苏州大学出版社.

周晓政. 2012. 医药信息检索与利用 第 2 版. 南京：东南大学出版社.

第 4 章 检索语言与检索策略

本章主要通过科技文献检索语言、科技文献检索系统及工具、科技文献检索策略、科技文献检索评价等内容的学习，通过具体知识点的补充，帮助读者充分认识到科技文献检索技术的重要性。

语言是一种人们用以交流沟通的重要工具，用于人与人之间的通信活动。人与计算机对话，需要有计算机语言；人与检索系统对话来实施检索，则需要有检索语言。检索语言是由一整套概念及其相应的符号表示的标志系统构成的。

4.1 科技文献的检索语言

检索语言的作用是标引文献内容、数据和其他信息，把信息的内容特征及其外表特征简明有效地揭示出来；是连接标引人员和检索人员的思想桥梁，是标引人员和检索人员之间共同遵循的标准语言（高新陵和吴东敏，2013）。它保证了文献信息存储的集中化和系统化，并使众多的文献信息高度标准化、集中化和系统化，避免检索的漏检和误检，使有规律的检索成为可能。

4.1.1 科技文献检索语言的概念

检索语言是一种人工语言，它是各种信息组织、存储和信息检索时所用的一种语言。无论是传统的手工检索系统，还是现代的计算机检索系统，都是通过一定的检索语言组织起来的，并为检索系统提供一种统一的、标准的用于信息检索的专用语言。也就是说，信息资源在存储过程中，其内容特征和外部特征按照一定的语言来表达，那么检索文献信息的提问也必须按照统一的语言来表达。为了使检索过程快速、准确，检索用户与检索系统需要统一的标志系统。这种在文献信息的存储与检索过程中共同使用、共同理解的统一的标志就是检索语言。因其使用场合不同，检索语言也有不同的称谓。例如，在存储科技文献的过程中用来标引科技文献，就叫科技文献标引语言；用来索引科技文献信息时，则叫科技文献索引语言；在检索科技文献过程中又称为科技文献检索语言。

4.1.2 科技文献检索语言的类型

检索语言的类型很多，按描述文献特征的不同，检索语言可分为描述文献外表特征的检索语言和描述文献内容特征的检索语言（图 4-1）。描述文献外表特征的检索语言包括题名（书名、篇名）、作者姓名、号码（专利号、报告号、标准号等）和引文语言（被引用作者姓名和被引用文献的出处）等；描述文献内容特征的检索语言包括分类检索语言、主题检索语言和代码检索语言三种。

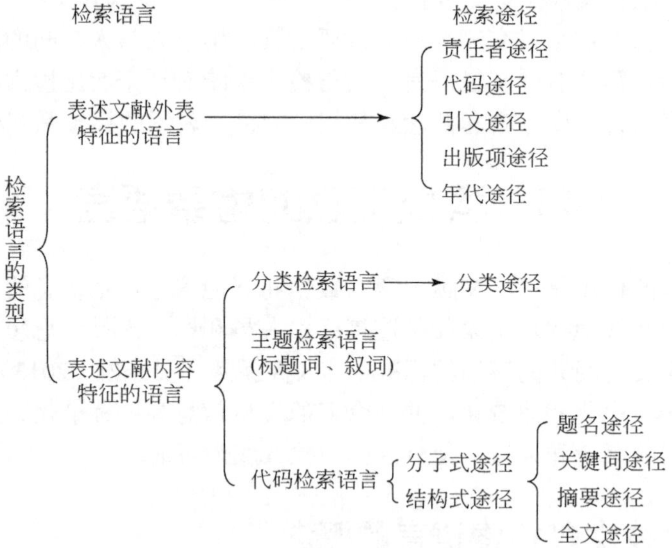

图 4-1 科技文献检索语言类型结构

1. 分类检索语言

分类检索语言是一种按科学范畴和体系来划分事物的检索语言，按其所属的学科性质进行分类和排列，以阿拉伯数字或拉丁字母和数字混合作为类目标志符号，以类目的从属关系表达复杂概念及其在系统中的位置，以及概念与概念之间关系的一种检索语言。分类检索语言的具体表现形式就是分类法。

分类检索语言又分为体系分类检索语言、组配分类检索语言和混合式分类检索语言。目前使用最广泛的是体系分类检索语言。

（1）体系分类检索语言

体系分类检索语言是以学科的分类为基础，概括文献的内容特征及某些外表特征，运用概念划分的方法，按知识门类的逻辑次序，从总到分、从一般到具体、从简单到复杂进行层层划分，从而产生许多不同级别的类目，层层隶属，形成一个严格按学科门类划分和排列的等级制体系。体系分类检索语言是一种直接体现学科知识分类的等级制概念的标志系统，是通过对概括性文献信息内容特征进行分类的检索语言。

体系分类检索语言广泛用于图书、资料的分类和检索，它是图书情报界使用最普遍的一种检索语言，它的具体体现形式就是图书分类法。世界比较著名的分类法有 IPC、DDC①、LC②、ICS③，我国目前比较流行的有《中国图书馆分类法》（表 4-1）、《中国科学院图书馆图书分类法》、《中国人民大学图书馆图书分类法》等。现今公共图书馆及高校图书馆普遍使用《中国图书馆分类法》对馆藏图书进行分类标引。

表 4-1 《中国图书馆分类法》基本类标引

基本部类	基本大类	基本部类	基本大类
马克思主义、列宁主义、毛泽东思想、邓小平理论	A 马克思主义、列宁主义、毛泽东思想、邓小平理论	自然科学	N 自然科学总论
哲学	B 哲学、宗教		O 数理科学和化学
社会科学	C 社会科学总论		P 天文学、地球科学
	D 政治、法律		Q 生物科学
	E 军事		R 医药、卫生
	F 经济		S 农业科学
	G 文化、科学、教育、体育		T 工业技术
	H 语言、文字		U 交通运输
	I 文学		V 航空、航天
	J 艺术		X 环境科学、安全科学
	K 历史、地理	综合性图书	Z 综合性图书

（2）组配分类检索语言

组配分类检索语言也称为组配分类法，是为了适应现代信息资源标引和检索的需要发展起来的分类法。它运用概念可分析和综合的原理，将可能构成文献主题的概念分析成为单元和分面，设置若干标准单元的类表。使用时，先分析标引对象的主题，根据主题分析的结果通过相应概念类目的组配表达主题内容，以这些类目的标志组合，表示该项主题在分析体系中的次序。例如，中华网搜索引擎（图 4-2）就是以组配分类法建立起来的检索系统，它将网页信息或网站内容按照

① DDC，即 Dewey decimal classification，杜威十进分类法。
② LC，即 library of congress classification，美国国会图书馆分类法。
③ ICS，即 international classification standards，国际标准分类法。

不同的标准划分为若干的元素，即分面；划分出来若干个特征概念，即类目。每一个分面的类目与其他分面的类目组配，形成许多组配类目，达到细分的目的。它设计了两个方面，一个是地域面，分为省级行政区、城市两级类目；另一个是主题面，一级类目为工商经济、社会文化、教育就业、旅游交通、新闻媒体，生活服务等，一级类目下分出若干个二级类目，用户可以从地域面入手，也可以从主题入手。分面组配体系的优点是类目专指度高，具有较高的查准率，但编制类目体系困难。

图 4-2　中华网搜索引擎

（3）混合式分类检索语言

混合式分类检索语言也称为混合式分类法，它是介于体系分类检索语言和组配分类检索语言之间，既应用概念划分和概念原理，又应用概念分析和综合的原理而编制的分类法。根据侧重面不同，有体系分类法和组配分类法之分。体系和组配分类法的特点是在等级分类体系的基础上又采用分面组配的方法，以达到细分主题的目的，来满足信息查询和检索的需要。混合式分类法是体系和组配相互融合为一体，因此拥有二者的优点。现在的一些比较好的网站，如网易（图 4-3）、新浪等都是采用的这种分类体系。

图 4-3　网易图标

2. 主题检索语言

主题检索语言也称为主题词语言，是经过选择，用表达文献信息内容的词语作为概念标志，并将概念标志按字顺排列组织起来的一种检索语言。经过选择的词语叫主题词，主题词表是主题词语言的体现，词表中的词语是文献内容的标志和查找文献的依据。根据词语的选词原则、组配方式、规范方法，它又可分为标题词检索语言、叙词检索语言、关键词检索语言、单元词检索语言等。

（1）标题词检索语言

标题词检索语言也称为标题词语言，又称为标题法。它是主题检索语言最早的一种类型，也是一种很规范的自然语言，即经过标准化处理的表达文献所论述或涉及的事物概念的词、词组或短句作为标志的一种检索语言。例如，一篇关于计算机的设计和另一篇计算机维修的文章，都可以直接用“计算机”来做标题词，它们在标题词系统中都是按“计”字排列集中在一起的；一篇关于路桥设计和另一篇关于路桥维护的文章，都可以直接用“路桥”来做标题词，它们在标题词系统中都是按“路”字排列集中在一起的。

标题词是从文章的中心思想出发，以文章的主题概念作为标目，它的划分标记是规范化的词，将这些词按字母顺序排列，构成标题词表。检索时通过字母顺序直接提供按主题检索文献的途径，如《中国分类主题词表》《工程标题词表》《美国国会图书馆标题表》等。

（2）叙词检索语言

叙词检索语言又称为叙词语言，是从文献中优选出来，经严格规范化处理的名词或名词词组，通过组配来标示文献内容或主题的一种检索语言。叙词语言就是以叙词作为文献检索标志和查找依据的一种检索语言。它不仅表达文献内容特征，而且词与词之间的语义关系较为严密。

（3）关键词检索语言

关键词检索语言也称为关键词语言，是指出现在文献标题、文摘、正文中对表达和揭示文献内容具有实质意义的词语、关键词作为一种检索语言。关键词用作文献内容的标志和查找目录、索引的依据，不需要规范化，也不需要关键词表作为标引和查找图书资料的工具。

关键词语言的基本原理是直接以自然语言的单词作为表达文献和提问的标志。因而，关键词语言不必编制专门的词表，不进行词汇控制，也不显示词间关系，可利用计算机进行自动抽词标引，极大地提高标引的速度，缩短检索系统的报道时滞，符合在文献数量激增的背景下快速检索文献的需要。由于关键词能直观、深入地揭示信息中所包含的知识，而且符合人们的思维方式，因此，关键词法在信息组织中得到了广泛的应用。网上各种各样的搜索引擎和数据库大多采用了关键词法组织信息资源，如网易、搜狐等，中国科技期刊数据库等也使用了关键词法来组织信息。但由于关键词法的词语不规范，影响了文献信息的查全率和查准率。

在关键词语言发展的进程中，出现了多种关键词索引形式，大体可分为两类：一类是带上下文的关键词索引，包括题内关键词和题外关键词索引等；另一类是不带上下文的关键词索引，包括单纯关键词索引、简单关键词索引。

（4）单元词检索语言

单元词是规范的自然语言，它是指从文献中抽取出来最基本的、不能再分割的单元词语的一种检索语言，又称元词。它从文献内容中抽出，经过规范，能表达一个独立的概念。单元词之间具有灵活的组配功能，用来标引文献的主题概念，所以又称其为后组式检索语言。例如，“计算机”和“软件”是表达两个独立的概念。可是“计算机软件”又可以组合成一个复合概念。因此单元词的组配仅限于字面上的组配。单元词表比较简单，只有一个字顺表，较完备的单元词表是由一个字顺表和一个分类词表组成。常用的单元词语言检索工具有《美国化学专利单元词索引》和《世界专利索引》等。

3. 代码检索语言

代码检索语言是对文献所论述事物的某一方面的特征，用某种代码系统加以描述和标引的语言，如化学物质的分子式、化学物质登记号、基因符号等。

知识点一：科技文献检索语言的类型如下。

科技文献检索语言的类型很多。按描述文献特征的不同，检索语言可分为描述文献外表特征的检索语言和描述文献内容特征的检索语言。描述文献外表特征的检索语言包括题名（书名、篇名）、作者姓名、号码（专利号、报告号、标准号等）和引文语言（被引用作者姓名和被引用文献的出处）等；描述文献内容特征的检索语言包括分类检索语言、主题检索语言和代码检索语言三种。

知识点二：主题检索语言的分类及其区别如下。

主题检索语言也称为主题词语言，是经过选择，用于表达文献信息内容的词语作为概念标志，并将概念标志按字顺排列组织起来的一种检索语言。经过选择的词语叫作主题词，主题词表是主题词语言的体现，词表中的词语是文献内容的标志和查找文献的依据。根据词语的选词原则、组配方式、规范方法，它又可分为标题词检索语言、叙词检索语言、关键词检索语言、单元词检索语言等。标题词检索语言是经过标准化处理的表达文献所论述或涉及的事物概念的词、词组或短句作为标志的一种检索语言。叙词检索语言是从文献中优选出来，经严格规范化处理的名词或名词词组，通过组配来标示文献内容或主题的一种检索语言。关键词检索语言是出现在文献标题、文摘、正文中对表达和揭示文献内容具有实质意义的词语、关键词作为一种检索语言。单元词检索语言是从文献中抽取出来最基本的、不能再分割的单元词语的一种检索语言。

4.2 科技文献检索的系统及工具

检索系统是为了满足各种各样的信息需求而建立的一整套信息的收集、整理、加工、存储和检索的完整系统。它是由一定的检索设施和加工整理好并存储在相应载体上的文献集合及其他必要设备共同构成的（张树忠和黄继东，2012）。检索系统与检索工具一道，共同服务于信息检索。

4.2.1 科技文献检索系统

科技文献检索系统是为了满足各种各样的科技文献信息需求而建立的一整套科技文献信息的收集、整理、加工、存储和检索的完整系统。它是由一定的检索设施和加工整理好并存储在相应载体上的科技文献集合及其他必要设备共同构成的。科技文献检索系统与科技文献检索工具一道，共同服务于科技文献信息检索。科技文献检索系统按科技文献信息的存储和检索设备划分，可分为手工检索系统和计算机检索系统。

1）手工检索系统，是用手工方式来处理和查找文献的工具系统，是传统的检索系统，其内容千差万别，种类繁多，结构各异，但组成方法基本相同。手工检索系统由手工检索设备（书本式目录、文摘、索引、卡片柜等）、检索语言、文献库等构成，以人工方式查找和提供文献信息服务。

手工检索系统具有操作简单，费用低廉，查准率高等优点，但耗时较多，效率较低。在中国，手工检索系统将与计算机检索系统长期共存，互相补充，在科技情报交流中发挥其应有的作用。

2）计算机检索系统，是指用电子计算机和数据库存储、检索文献信息资料的系统。其组成包括计算机、数据库、管理软件和通信网络检索终端，数据库是其核心。所有用于文献检索的电子计算机可以联成一个庞大的网络，进行国内外联机检索，现今计算机检索系统已普通为网络检索系统。但仅有计算机和网络还不行，还必须依赖数据库才能检索到文献信息。

计算机检索系统可充分利用现代信息技术，快速、迅捷地获取用户所需要的科技文献信息，但因计算机检索系统需要将检索者的意图反映在检索策略上，检索策略的得当与否直接影响检索结果，因此在检索策略的编制过程中，概念的选择、数据库的选择和策略的制定直接决定科技文献检索的成败。

4.2.2 科技文献检索工具

科技文献检索工具是经过对科技文献信息一系列的判断、选择、组织、加工等处理后形成供检索用的工具与设备。科技文献检索工具首先是以各种原始文献为素材，在广泛收集并进行筛选后，分析和揭示其外形特征和内容特性，给予书目性的描述和来源线索的指引，形成一定数量的文献信息单元；其次根据一定的框架和顺序加以排列或形成可供检查的卡片或工具，或以图书的形式出版，或以期刊的形式连续出版（是二次文献），使科研人员从中了解本专业学科或领域的进展情况及科学技术发展的全貌。同时，还可以了解图书、期刊等各类文献的出版情况及其在一些图书信息部门的收藏情况，易于利用。任何检索工具都有存储和检索两个方面的职能，存储的广泛、全面和检索的迅速、准确是对文献检索工具的基本要求。

1. 科技文献检索工具特征

1）详细而又完整地记录文献线索和所收录文献的各种特征，读者可根据这些线索查找所需文献。

2）每条描述记录要标明可供检索用的标志，如分类号、主题词、文献序号、代号代码等。

3）提供多种必要的检索手段和检索途径，如分类索引、主题索引、作者索引、代码索引等，便于读者从各种途径方便地进行检索。

4）出版形式多样性，可以是图书、期刊、卡片、缩微品、磁带、磁盘、光盘等，兼备对文献信息的揭示报道、存储累积和检索利用的功能。

5）在体例编排结构上，从实用易检出发，可以结合文字特点和学科特点对所选的款目按分类排组或按主题、叙词、关键词等的字序排组，并利用“参照”关联相关部分。此外，又辅以适宜的辅助工具，以便同主体的排列相辅相成。

2. 科技文献检索工具种类

由于检索工具的著录特征、报道范围、载体形式和检索手段等的不同，检索工具有多种划分方法。

1）按检索手段划分。检索工具按检索手段可分为手工检索工具、机械检索工具、缩微文献检索工具与计算机检索工具。

2）按物质载体形式和种类划分。检索工具按物质载体形式和种类可分为书本式检索工具、卡片式检索工具、缩微型检索工具和机读式检索工具。

3）按收录的学科范围划分。检索工具按收录的学科范围可分为综合性检索工具、专业性检索工具和单一性检索工具。

4.2.3 典型科技文献检索工具

1. 超星数字图书馆

概要：“超星数字图书馆”为目前世界上最大的中文在线数字图书馆，提供大量的电子图书资源，其中包括文学、经济、计算机等50多类，数百万册电子图书，近千万篇论文，全文总量近20亿页，数据总量超1 000 000GB，大量免费电子图书，超16万集的学术视频，拥有超过35万授权作者，5300位名师，1000万注册用户并且每天仍在不断的增加与更新。

起源：超星数字图书馆成立于1993年，是国内专业的数字图书馆解决方案提供商和数字图书资源供应商。图4-4为盐城工学院超星数字图书馆主界面。超星数字图书馆是国家“863”计划中国数字图书馆示范工程项目，2000年1月，在互联网上正式开通。它由北京世纪超星信息技术发展有限责任公司投资兴建，目前拥有数字图书80多万种。

学科范围：涉及自然科学、工程技术、生物医学、社会科学、艺术与人文等全学科领域。

检索途径：超星数字图书馆可通过关键词或按图书分类查找图书。关键词检索：超星数字图书馆提供了包括书名、作者、主题词、全文四个检索字段，同时可根据需要，选择相应的图书分类进行关键词字段的检索。分类查找：超星数字

图 4-4　盐城工学院超星数字图书馆主界面

（http://www. sslibrary.com）

图书馆按照《中国图书馆分类法》对所收录图书进行分类加工，分类检索可根据其分类导航逐级展开，选中某学科类别后，即在概览区显示该学科的图书名称列表。

浏览方式：用户可通过安装超星浏览器或网页直接浏览等方式进行文献阅读。

文献类型：图书、全文。

收录年限：1977 年至今。

2. CNKI 检索平台

概要：CNKI[①]检索平台（中国知网），又名《中国知识资源总库》网络资源平台，是全球信息量最大、最具价值的中文网站。CNKI 检索平台是新闻出版总署首批批准的互联网出版平台，可以二次出版所有传统出版方式已经出版过的内容，也可以直接通过网络进行一次出版，出版形式多种多样，包括文本、图片、音频、视频、动画、软件、网络课程、科学数据等多种媒体方式。目前，CNKI 检索平台已集结了 7000 多种期刊、近 1000 种报纸、18 万本博士/硕士论文、16 万册会议论文、30 万册图书及国内外 1100 多个专业数据库。其中博士/硕士论文、会议论文及部分数据库为一次出版，期刊、图书、报纸等为二次出版。

① CNKI，即 China national knowledge infrastructure，中国知识基础设施工程。

起源：CNKI 工程是以实现全社会知识资源传播共享与增值利用为目标的信息化建设项目，由清华大学、清华同方股份有限公司发起，始建于 1999 年 6 月，图 4-5 为 CNKI 检索平台主界面。

图 4-5　CNKI 检索平台主界面

（http://www.cnki.net）

学科范围：涉及自然科学、工程技术、生物医学、社会科学、艺术与人文等全学科领域。

检索途径：CNKI 检索平台提供基本检索、高级检索、专业检索、分类导航等多种检索途径，在文献检索过程中除支持文献特征各字段的检索外，还提供文献全文字段的检索。在各文献类型之间还提供跨库检索，可实现多种类型文献的一站式检索。

浏览方式：文献浏览除 CAJ Viewer 专用文献浏览器，还提供 PDF[①]格式文献的浏览（其中硕博士论文不提供 PDF 格式浏览）。

文献类型：期刊论文、博硕士论文、会议论文、报纸、年鉴、百科、专利、标准、成果等，是一个集合多类型全文文献的综合检索平台。

收录年限：现刊 1994 年至今；过刊（世纪期刊）1979～1993 年；学位论文

① PDF，即 portable document format，便携式文档。

2007 年至今。

3. 万方数据知识服务平台

概要：万方数据知识服务平台（Wanfang Data Knowledge Service Platform）是在原万方数据资源系统的基础上，经过不断改进、创新而成，集高品质信息资源、先进检索算法技术、多元化增值服务、人性化设计等特色于一身，是国内一流的品质信息资源出版、增值服务平台。万方数据知识服务平台收集中外学术期刊论文、学位论文、中外学术会议论文、标准、专利、科技成果、特种图书等各类信息资源，资源种类全、品质高、更新快，具有广泛的应用价值。万方数据知识服务平台还提供检索、多维知识浏览等多种人性化的信息揭示方式及知识脉络、科技查新咨询、论文相似性检测、引用通知等多元化增值服务。

起源：北京万方数据股份有限公司成立于 2000 年，是由中国科学技术信息研究所以万方数据（集团）公司为基础，联合中国文化产业投资基金、中国科技出版传媒股份有限公司、北京知金科技投资有限公司、四川省科技信息研究所和科学技术文献出版社发起组建的高新技术股份有限公司。图 4-6 为万方数据知识服务平台检索主界面。

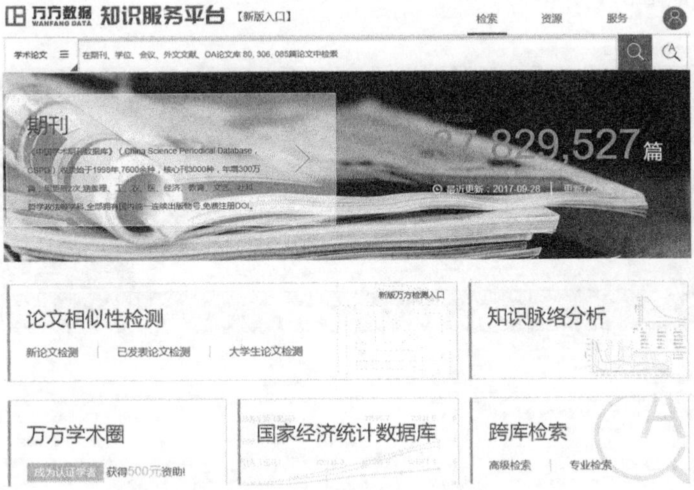

图 4-6　万方数据知识服务平台检索主界面

（http://www.wanfangdata.com.cn）

学科范围：涉及自然科学、工程技术、生物医学、社会科学、艺术与人文等全学科领域。相对于 CNKI 检索平台，中文医学学科期刊文献的收集是其重要的学科特色。

检索途径：万方数据知识服务平台提供基本检索、高级检索、专业检索、分类导航等多种检索途径。在各文献类型之间还提供跨库检索，可实现多种类型文献的一站式检索。相对于 CNKI 检索平台，万方数据知识服务平台不提供文献全文的检索。

浏览方式：统一提供的 PDF 格式文献浏览。

文献类型：期刊论文、博硕士论文、会议论文、专利、标准、成果、地方志、法律法规、企业及产品名录等，是一个集合多类型全文文献的综合检索平台。

收录年限：期刊 1997 年至今，中华医学会期刊 1998 年至今，博硕士学位论文 2007 年至今，会议论文 1997 年至今，法律法规 1949 年至今。

4. 中文科技期刊服务平台

概要：中文科技期刊服务平台（维普资讯网）源于重庆维普资讯有限公司 1989 年创建的《中文科技期刊全文数据库》，其全文和题录文摘版一一对应，经过近 30 年的推广使用和完善。《中文科技期刊服务平台》收录了中国境内历年出版的中文期刊 12 000 多种，全文 3000 多万篇，引文 4000 多万条，分 3 个版本（全文版、文摘版、引文版）和 8 个专辑（社会科学、自然科学、工程技术、农业科学、医药卫生、经济管理、教育科学、图书情报）定期出版发行。《中文科技期刊数据库》已经成为文献保障系统的重要组成部分，是科技工作者进行科技查新和科技查证的必备数据库（图 4-7）。

图 4-7　维普期刊资源整合服务平台检索主界面

（http://qikan.cqvip.com）

平台起源：重庆维普资讯有限公司前身为中国科技情报所重庆分所数据库研究中心，主导产品《中文科技期刊数据库》是经新闻出版总署批准的大型连续电子出版物。公司 2000 年所建立营运网站——维普资讯网，已经成为全球著名的中文信息服务网站，以及中国最大的综合性文献服务网站。

学科范围：涉及自然科学、工程技术、生物医学、社会科学、艺术与人文等全学科领域。相对于 CNKI 检索平台、万方数据知识服务平台，期刊收集的范围及数量是其重要的平台特色，但检索功能较 CNKI 检索平台、万方数据知识服务平台有所欠缺。

检索途径：可提供快速检索、传统检索、高级检索、专业检索、分类检索、期刊导航、二次检索等检索方式，关键词检索字段包括题名、关键词、刊名、作者、第一作者、机构、题名、文摘、分类号九个检索字段。

浏览方式：提供统一 PDF 文献浏览格式。

文献类型：期刊、全文。

收录年限：1989 年至今。

5. 中国人民大学复印报刊资料全文数据库

概要：中国人民大学复印报刊资料全文数据库由中国人民大学书报资料中心提供，该中心成立于 1958 年，是国内最早从事搜集、整理、存储、编辑人文社会科学信息资料的学术出版机构，逐渐形成了在我国人文社会科学学术信息出版领域中的强势品牌地位。“复印报刊资料”以其涵盖面广、信息量大、分类科学、筛选严谨、结构合理完备，成为国内最有权威的具有大型、集中、系统、连续和灵活五大特点的社会科学、人文科学专题文献资料宝库。从 1995 年开始，已经发展了 100 多个专题，涉及马列、哲学、社科总论、政治、法律、经济、文化、教育、体育、语言、文学、艺术、历史、地理及其他。图 4-8 为中国人民大学复印报刊资料全文数据库检索主界面。

学科范围：涉及马列、哲学、社科总论、政治、法律、经济、文化、教育、体育、语言、文学、艺术、历史、地理等学科领域，是一个以收集社科研究内容为主的全文型数据库。

检索途径：可通过关键词或按学科分类查找相关期刊全文。关键词检索包括主题词、标题词、关键词、作者及作者简介、摘要、全文等检索字段，同时可根据需要，选择相应的图书分类进行关键词字段的检索。

浏览方式：统一提供的网页 TXT 文献浏览格式。

文献类型：报纸、期刊、全文。

收录年限：1995 年至今。

6. 读秀中文学术搜索

概要：读秀中文学术搜索拥有海量数据库资源，是全球最大的中文文献资源

图 4-8 中国人民大学复印报刊资料全文数据库检索主界面

（http://ipllb.exuezhe.com）

服务平台，有 280 万种中文图书元数据，160 万种图书原文，6 亿页资料，占 1949 年以来全部出版中文图书的 95%以上。读秀中文学术搜索的检索系统是一个立体深度的检索系统，它提供了书目、章节、全文三个检索频道，实现了目录和全文的垂直搜索，使读者在最短时间内获得深入、准确、全面的文献资源（图 4-9）。读秀中文学术搜索的图书检索系统不但能显示图书的详细信息，还提供图书的原文显示，使读者能清楚地判断是否是自己需要的图书，提高了信息检准率和读者查书、借书的效率。

图 4-9 读秀中文学术搜索平台主界面

（http://www.duxiu.com）

读秀知识库除图书文献外，还提供期刊、报纸、学位论文、会议论文、专利、标准等文献的检索，它集文献搜索、试读、文献传递、参考咨询等多种功能为一体，读者可以通过这个平台获取本馆印刷版图书、电子版图书的收藏信息，也可以了解其他馆的收藏信息，并能通过文献传递来获取他们需要电子图书、学术论文、标准、专利等其他电子文献。

学科范围：全学科。

检索途径：可通过关键词或按学科分类查找相关图书全文。关键词检索包括主题词、标题词、关键词、作者及作者简介、摘要、全文等检索字段，同时可根据需要，选择相应的图书分类进行关键词字段的检索。

浏览方式：统一提供的网页在线浏览格式。

文献类型：图书、期刊、学位论文、会议论文、专利、标准等，是一个文献传递平台。

获取方式：机构已购买文献提供直接下载链接，机构未购买文献可通过文献传递获取。

7. Web of Science

概述：美国《科学引文索引》（science citation index，SCI）于 1957 年由美国科学信息研究所（Institute for Scientific Information，ISI）在美国费城创办，是由美国科学信息研究所 1961 年创办出版的引文数据库。科学引文索引、工程索引（the engineering index，EI）、科技会议录索引（conference proceedings citation index，CPCI）是世界著名的三大科技文献检索系统，是国际公认的进行科学统计与科学评价的主要检索工具，其中以 SCI 最为重要，创办人为尤金·加菲尔德。Web of Science 是大型综合性、多学科、核心期刊引文索引数据库，包括科学引文索引（science citation index，SCI）、社会科学引文索引（social sciences citation index，SSCI）和艺术与人文科学引文索引（arts & humanities citation index，A&HCI）三大引文数据库（图 4-10）。Web of Science 核心合集数据库收录了 12 000 多种世界权威的、高影响力的学术期刊，内容涵盖自然科学、工程技术、生物医学、社会科学、艺术与人文等领域，最早回溯至 1900 年。Web of Science 核心合集收录了论文中所引用的参考文献，并按照被引作者、出处和出版年代编成独特的引文索引。

学科范围：涉及自然科学、工程技术、生物医学、社会科学、艺术与人文等全学科领域。

浏览方式：提供统一 PDF 文献浏览格式。

文献类型：期刊、会议论文，索引型文献，结合相关单位已购买相关外文期刊全文自动链接下载。

收录年限：1980 年至今。

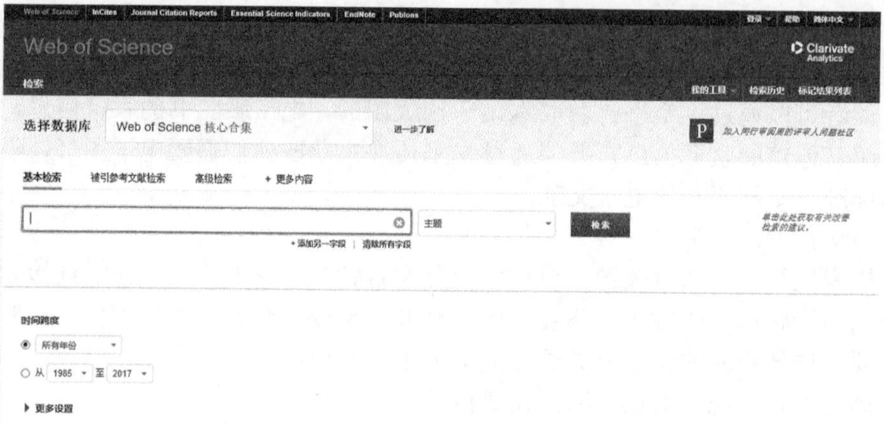

图 4-10　Web of Science 数据检索平台主界面

（http://www.webofknowledge.com）

8. Engineering Village

概述：美国工程索引是世界著名的检索工具，由美国工程信息公司（engineering information，EI）编辑出版发行，该公司始建于 1884 年，是世界上最大的工程信息提供者之一，早期出版印刷版、缩微版等信息产品，1969 年开始提供 EI Compendex 数据库服务。Engineering Village 是由美国工程信息公司在因特网上提供的网络数据库，它的核心产品 Engineering Index（工程索引）闻名于世。20 世纪 90 年代以来，随着网络通信技术的发展，美国工程信息公司开始提供网络版 Engineering Index 数据库 EI Compendex Web，图 4-11 为 Engineering Village 数据库检索平台主界面。同时开始研究基于 Internet 环境下的集成信息服务模式，1997 年左右推出的 EI Village 是以 EI Compendex Web 为核心数据库，将世界范围内的工程信息资源组织、筛选、集成在一起，向用户提供“一步到位”的便捷式服务。EI Compendex Web 数据库除了收录 1969 年以来的 EI Compendex 数据（每年收录 2600 多种工程期刊、会议录和科技报告）以外，还包括 1990 年以来的 EI Page One 数据（在 EI Compendex 的 2600 种期刊基础上扩大收录范围，每年收录 5600 种工程期刊、会议录和科技报告）。

学科范围：涉及核技术、生物工程、运输、化学和工艺、光学、农业和食品、计算机和数据处理、应用物理、电子和通信、材料、石油、航空和汽车工程等学科领域。

浏览方式：提供统一 PDF 文献浏览格式。

文献类型：期刊、会议论文、科技报告等，索引型文献，可结合相关单位已购买相关外文期刊全文自动链接下载。

收录年限：1969 年至今。

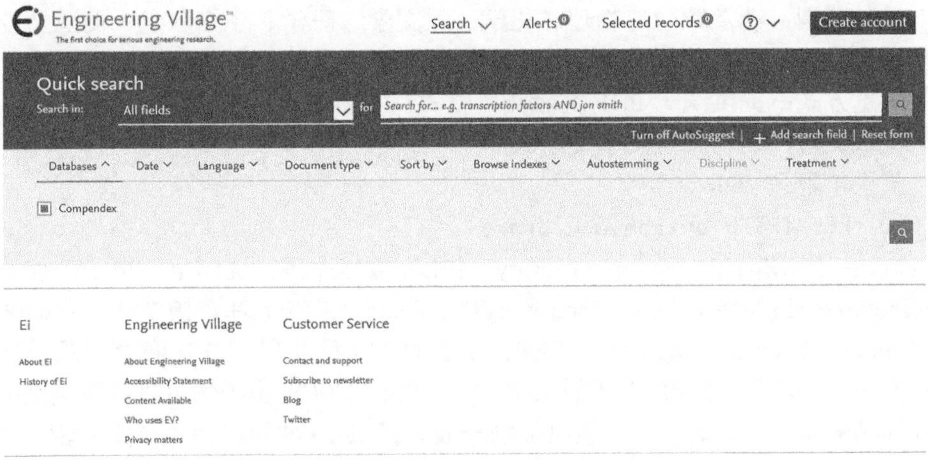

图 4-11 Engineering Village 数据库检索平台主界面

（http://www.engineeringvillage.com）

9. Elsevier ScienceDirect

概述：Elsevier 是荷兰一家全球著名的学术期刊出版商，每年出版大量的学术图书和期刊，大部分期刊被 SCI、SSCI、EI 收录，是世界上公认的高品位学术期刊。ScienceDirect 系统是 Elsevier 公司的核心产品，自 1999 年开始向用户提供电子出版物全文的在线服务，包括 Elsevier 出版集团所属的 2500 多种同行评议期刊和 11 000 多种系列丛书、手册及参考书等，数据库收录全文文章总数已超过 1500 多万篇。图 4-12 为 ScienceDirect 数据检索平台主界面。

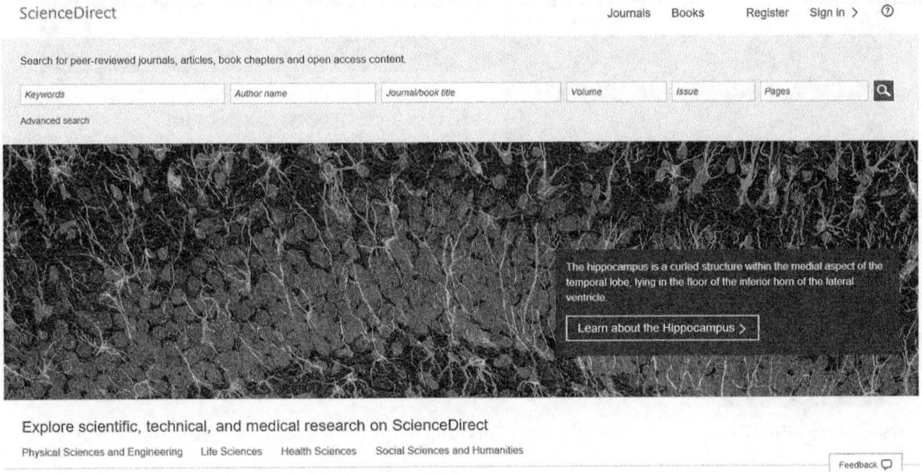

图 4-12 ScienceDirect 数据库检索界面

（http://www.sciencedirect.com）

学科范围：涉及数学、物理、化学、天文学、医学、生命科学、商业及经济管理、计算机科学、工程技术、能源科学、环境科学、材料科学等学科领域。

浏览方式：提供统一 PDF 文献浏览格式。

文献类型：期刊、全文型文献。

收录年限：1998 年至今。

10. IEEE/IET Electronic Library

概述：IEEE/IET Electronic Library（IEL）数据库提供美国电气电子工程师协会（Institute of Electrical and Electronics Engineers，IEEE）和英国电气工程师学会（Institute of Electrical Engineers，IEE）出版的 219 种期刊、7151 种会议录、1590 种标准的全文信息。IEEE 下属的 13 个技术学会的 18 种出版物可以浏览全文，且数据回溯的年限也比较长，其他出版物一般只提供 1988 年以后的全文检索。部分期刊还可以看到预印本（accepted for future publication）全文。IEL 收录了当今世界在电气工程、通信工程和计算机科学领域中近 1/3 的文献，在电气电子工程、计算机科学、人工智能、机器人、自动化控制、遥感和核工程领域的期刊影响因子和被引用量都名列前茅，图 4-13 为 IEEE Xplore Digital Library 数据库检索平台主界面。IEEE 每年在全球举办超过 900 场的学术会议，涉及电气电子、通信和计算机、能源、自动化控制等学科领域。

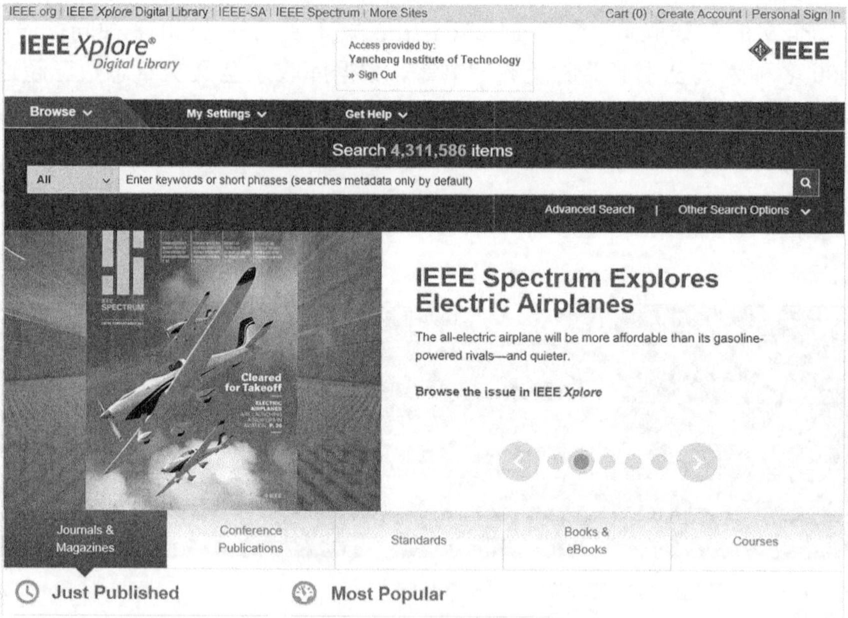

图 4-13　IEEE Xplore Digital Library 数据库检索主界面

（http://ieeexplor.ieee.org）

学科范围：涉及电气电子、航空航天、计算机、通信工程、生物医学工程、机器人自动化、半导体、纳米技术、电力等技术领域。

浏览方式：提供统一 PDF、TXT 文献浏览格式。

文献类型：期刊、图书、科技报告等，全文型文献。

收录年限：1988 年至今。

11. Wiley Online Library

概述：约翰·威立父子出版公司（John Wiley & Sons）创始于 1807 年，是全球第二大期刊出版商，在化学、生命科学、医学及工程技术等领域学术文献的出版方面颇具权威性。Blackwell Publishing 则是全球三大学术出版社之一，与世界各地 600 多个学会协会组织和专业机构合作出版学术期刊。2010 年 8 月，Wiley 正式向全球推出了新一代在线资源平台“Wiley Online Library”以取代已使用多年并获得极大成功与美誉的“Wiley Inter Science”，图 4-14 为 Wiley Online Library 数据检索平台主界面。同时，所有的内容和许可都已转移至新的平台，确保为用户和订阅者提供无缝集成访问权限。Wiley Online Library 收录了来自 1500 多种期刊、10 000 多本在线图书及数百种多卷册的参考工具书、丛书系列、手册和辞典、实验室指南和数据库的 400 多万篇文章，并提供在线阅读。

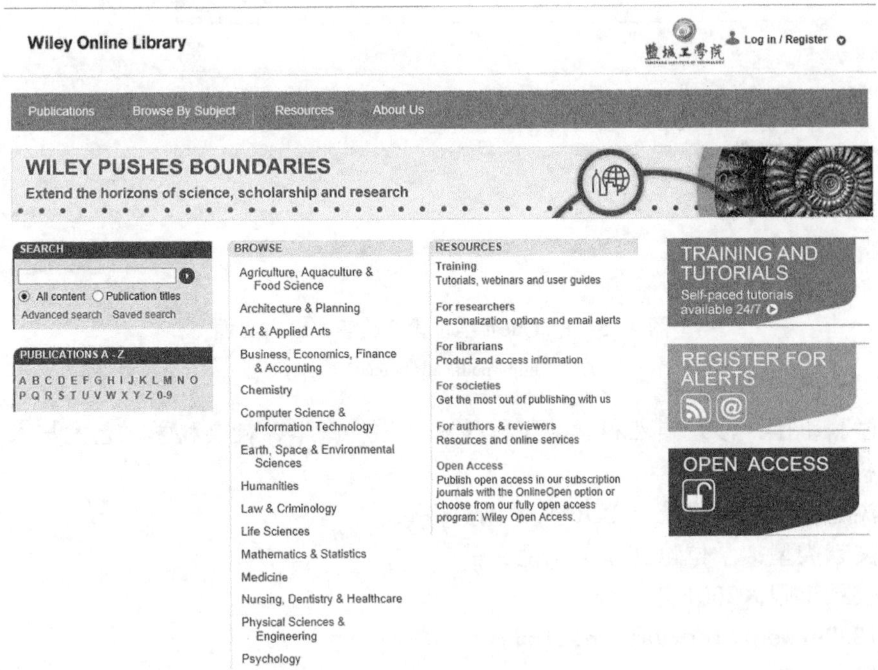

图 4-14 Wiley Online Library 数据库检索平台主界面

（http://onlinelibrary.wiley.com）

学科范围：涉及生命科学、健康科学、自然科学、社会与人文科学等全面的学科领域，其中尤以收录材料学科、化学学科相关文献资源为其数据库特色。

浏览方式：提供统一 PDF、TXT 文献浏览格式。

文献类型：期刊、图书等，全文型文献。

收录年限：1997 年至今。

12. PQDT 学位论文全文数据库

概述：PQDT（ProQuest Dissertations & Theses）是美国 ProQuest 公司[原 University Microfilms（UMI）公司]出版的博硕士论文数据库，原名 PQDD（ProQuest Digital Dissertations），是 DAO（Dissertation Abstracts Ondisc）光盘数据库的网络版。它已收录了欧美 1000 多所大学的 200 多万篇学位论文，每年约增加 4.5 万篇论文摘要，是目前世界上最大和最广泛使用的学位论文数据库。图 4-15 为 ProQuest 学位论文检索平台主界面。

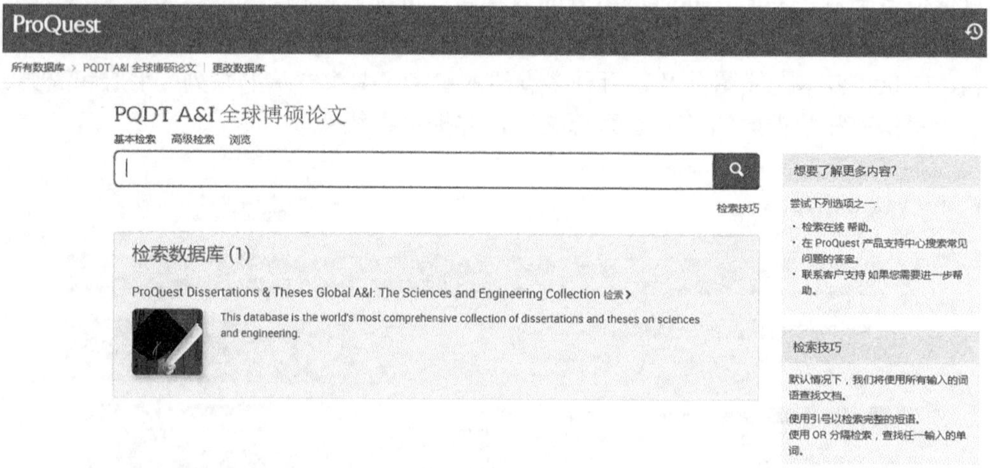

图 4-15　ProQuest 学位论文检索平台主界面

（http://pqdt.calis.edu.cn）

学科范围：涉及自然科学、工程技术、生物医学、社会科学、艺术与人文等全学科领域。

浏览方式：提供统一 PDF 文献浏览格式。

文献类型：学位论文，全文型文献。

收录年限：2001 年至今。

13. Derwent Innovations Index

概述：Derwent Innovation Index（德温特专利索引，DII）将 Derwent World Patents Index 和 Patents Citation Index 有机地整合在一起，用户不仅可以通过它检

索专利信息，而且可以通过这个数据库检索到专利的引用情况。图 4-16 为 Derwent Innovation Index 数据库检索主界面。DII 覆盖了全世界 1963 年以后的约 1000 万项基本发明和 2000 万项专利。每周增加来自全球 40 多个专利机构授权的、经过德温特专利专家深度加工的 20 000 篇专利文献。同时，每周还要增加来自 6 个主要的专利授权机构的被引和施引专利文献，大约有 45 000 条记录。这 6 个专利授权机构是世界知识产权组织（World Intellectual Property Organization，WIPO）、美国专利及商标局（United States Patent and Trademark office，USPTO）、欧洲专利局（European Patent Office，EPO）、德国专利商标局（Deutsche Patent und Markenamt，DPMA）、英国知识产权局（United Kingdom Intellectual Property Office，UKIPO）和日本专利局（Japan Patent Office，JPO）。

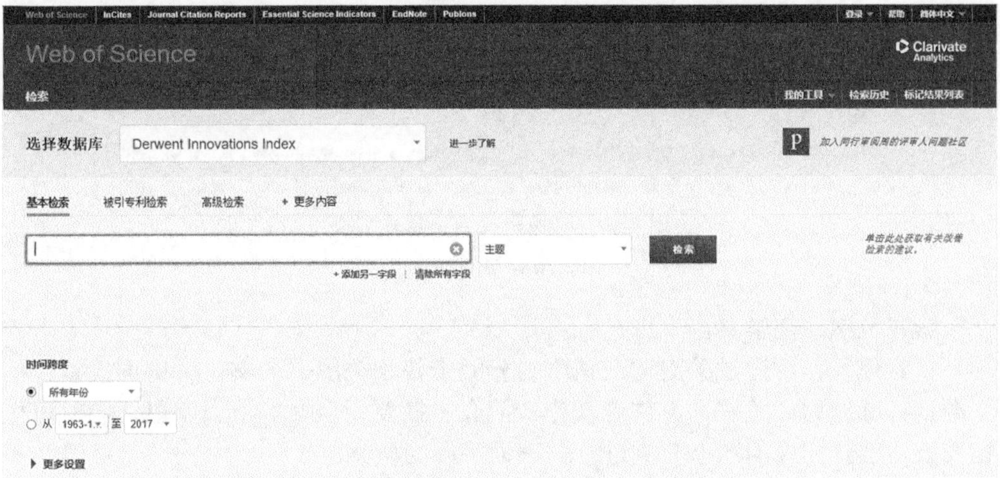

图 4-16　Derwent Innovation Index 数据库检索主界面

（http://www.webofknowledge.com）

学科范围：主要涉及化学、电子与电气和工程三大领域。

浏览方式：提供统一 TXT 文献浏览格式。

文献类型：专利，索引型文献。

收录年限：1950 年至今。

14. 读秀外文百链

概要：读秀外文百链是读秀学术搜索的外文文献资源检索平台。在原读秀学术搜索资源的基础上，增加了 Elsevier SDOL①、IEEE CS②、ACS③、

---

① SDOL，即 Sciencedirect Online，是 Elsevier 公司的电子期刊库。

② CS，即 Computer Society，计算机学会，是 IEEE 下的一个分会。

③ ACS，即 American Chemical Society，是美国化学学会的电子期刊库。

EBSCO①、ASP②等外文科技文献资源，提供图书、期刊、报纸、学位论文、会议论文、专利、标准等外文文献的检索，它集文献搜索、试读、文献传递、参考咨询等多种功能为一体，读者通过平台提供的文献传递功能，可实现图书、期刊、报纸、学位论文、会议论文、专利、标准等外文文献资源的获取。图 4-17 为读秀外文百链检索界面。

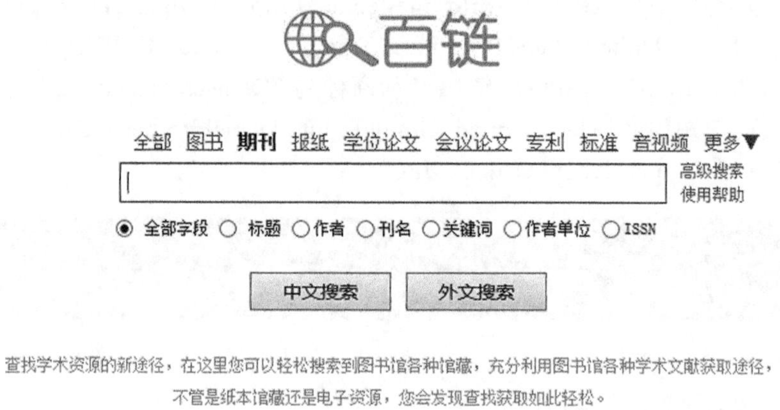

图 4-17　读秀外文百链检索界面

（http://www.blyun.com）

学科范围：全学科。

检索途径：可通过关键词或按学科分类查找相关图书全文。关键词检索包括主题词、标题词、关键词、作者及作者简介、摘要、全文等检索字段，同时可根据需要，选择相应的图书分类进行关键词字段的检索。

浏览方式：统一提供的网页在线浏览格式。

文献类型：图书、期刊、学位论文、会议论文、专利、标准等，文献传递平台。

获取方式：机构已购买外文文献提供直接下载链接，机构未购买外文文献可通过文献传递获取。

4.3　科技文献的检索策略

科技文献的检索策略是指检索者为实现检索目标所做的安排和部署，包括课题分析、检索工具的选择、检索方法、检索途径等。检索策略几乎包括全部与检索有关的基本知识的应用，指导整个检索过程（李明理和刘巧英，2013）。因此，检索策略的优劣主要取决于检索人员的知识水平和业务能力，这也是影响检索效

① EBSCO，即 E.B.Stephens Company。

② ASP，即 Academic Search Premier，美国学术期刊集成数据库。

率的主观原因。

4.3.1 计算机检索算符

在科技文献检索工具中，虽然因各检索工具在平台建设过程中个性功能要求提供给信息用户的检索功能不尽相同，但是大多科技文献检索工具均提供简单检索、高级检索及专业检索等检索途径。在科技文献检索的过程中，高级检索及专业检索作为科技文献检索最主要的检索途径，主要使用到布尔逻辑算符、位置算符、截词算符、字段限制、加权检索等检索技术把检索词构造成检索式来实现计算机信息检索。计算机检索算符组成结构如图 4-18 所示。

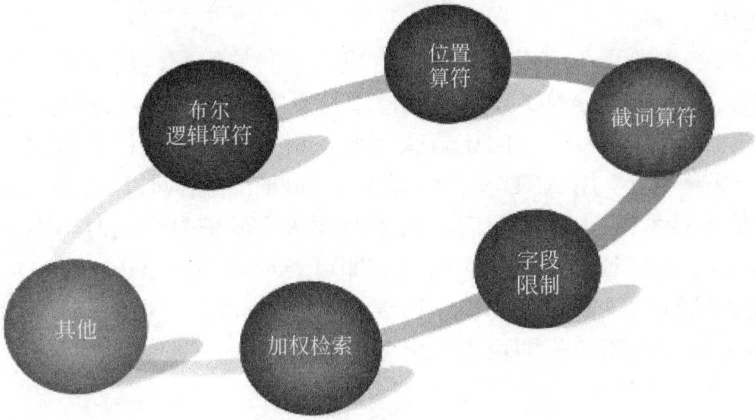

图 4-18 计算机检索算符组成结构

1. 布尔逻辑算符

布尔逻辑算符是所有计算机检索技术中使用频率最高、实际应用最频繁的一种检索算符。所谓布尔逻辑检索是用布尔逻辑算符将检索词、短语或代码进行逻辑组配，指定文献的命中条件和组配次序，凡符合逻辑组配所规定条件的为命中文献，否则为非命中文献。布尔逻辑检索是当今检索理论中最成熟的理论之一，也是构造检索表达式最基本、最简单的匹配模式。布尔逻辑检索是通过布尔逻辑算符来实现的，这些运算符能把一些具有简单概念的检索词或检索项组配成一个具有复杂概念的检索式，用以表达用户的检索要求，它是机检系统中最常用的一种检索技术。

布尔逻辑检索是用布尔逻辑算符将检索词、短语或代码进行逻辑组配，指定文献的命中条件和组配次序，凡符合逻辑组配所规定条件的为命中文献，否则为非命中文献。它是一种比较成熟的检索技术，现代计算机信息检索系统多采用这种方式。布尔逻辑算符就是布尔代数中的逻辑运算符“与”(AND)、“或”(OR)、“非”(NOT),这三种算符表示不同的逻辑关系,用户正确选择使用它们构造逻辑检索式,能将一些具有简单概念的检索词(项)组配成为一个具有复杂概念的检索式,来表达用户的信息检索需求,图 4-19 为文献检索表达式组成结构。

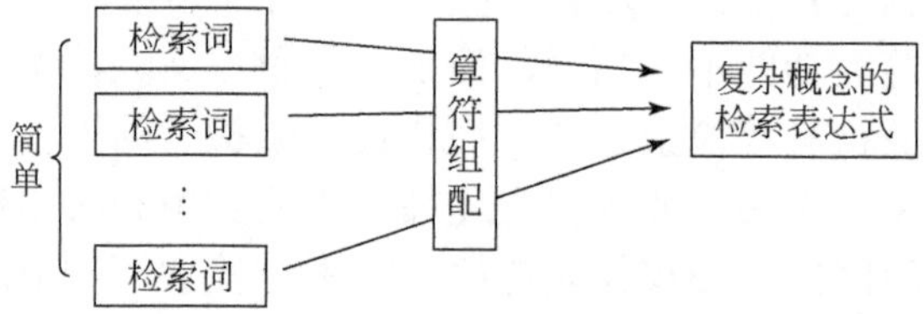

图 4-19　文献检索表达式组成结构

(1)逻辑“与”

逻辑“与”主要用于交叉概念或限定概念之间的组配,用来组配不同的检索概念。例如,检索式 A AND B 即表示检索结果中必须同时含有检索词 A 和检索词 B 才算检索信息命中(图 4-20)。采用此检索式可以缩小检索范围,有利于提高检准率。逻辑“与”用 AND(或*)表示,即两个检索词以 AND(或*)相连。例如,检索信息技术方面的文献信息,检索时要求文献信息中同时出现 information 和 technical 两个检索词,布尔逻辑检索式即可表示为 information AND technical;检索牛奶检测方面的文献信息,检索时要求文献中同时出现“牛奶”和“检测”两个检索词,布尔逻辑检索即可表示为牛奶 * 检测。

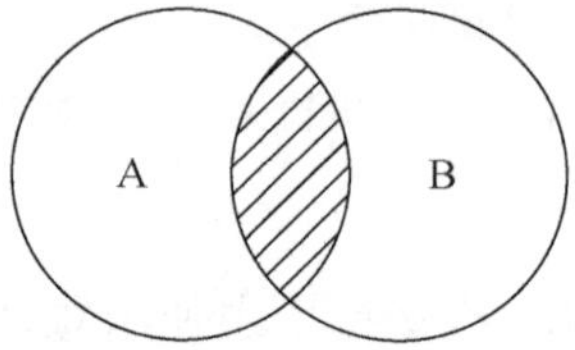

图 4-20　逻辑“与”命中结果图示

(2)逻辑“或”

逻辑“或”主要用于同义关系或相关关系的概念组配,用来表示检索概念的相加。例如,检索式 A OR B 即表示检索结果中只要含有检索词 A 和检索词 B 中的任何一个即算检索信息命中。采用这类检索式可以扩大检索范围,防止漏检,便于提高查全率。逻辑“或”用 OR(或+)表示,即两个检索词以 OR(或+)相连(图 4-21)。例如,检索商业或商务方面的文献信息,检索时要求文献信息中出现 commerce 或 business 或同时出现 commerce 和 business 两个检索词,布尔逻辑检索式可表示为 commerce OR business,检索结果则表示凡含有 commerce 或 business 或同时出现 commerce 和 business 的相关文献;检索航空母舰方面的文献信息，检索时要求文献信息中出现“航空母舰”或“航母”或“特种重型舰艇”三个检索词，布尔逻辑检索式即可表示为航空母舰+航母+特种重型舰艇，检索结果则表示凡含有“航空母舰”或“航母”或“特种重型舰艇”其中之一，或之二，或之三的全部相关文献。

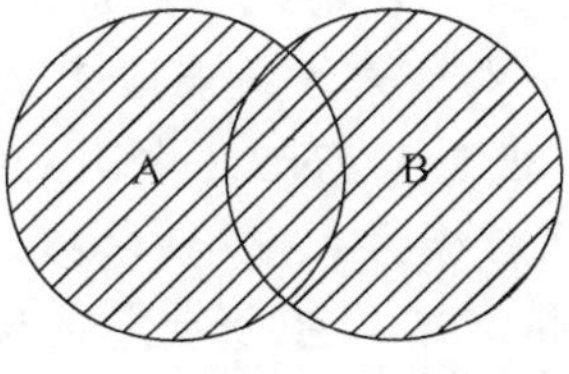

图 4-21　逻辑“或”命中结果图示

（3）逻辑“非”

逻辑“非”主要用于排斥与选样关系的组配，用来表示检索概念的相减。例如，A NOT B 即表示从含有检索词 A 的检索结果中减去含有检索词 B 的检索结果，这也是一种缩小检索范围的方法（图 4-22）。逻辑“非”用 NOT（或-）表示，即两个检索词以 NOT（或-）相连，即指从原来的检索范围中排除不需要的概念或影响检索结果的概念，但要慎重防止把有用的检索结果丢弃，避免漏检。例如，要查找有关“文献”方面的资料，但涉及“手稿”方面的资料不要，逻辑检索式即可表示为 Document NOT Manuscript（或 Document-Manuscript）。

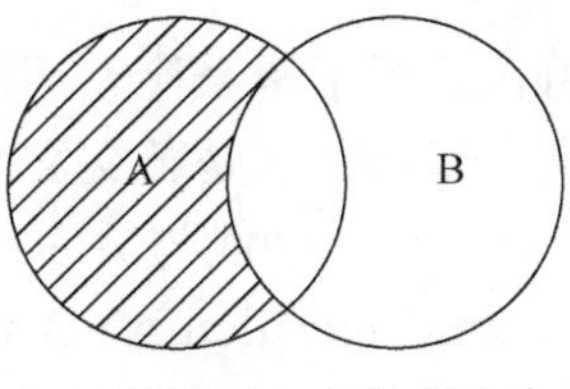

图 4-22　逻辑“非”结果命中图示

知识点三：逻辑检索算符“与”“或”“非”的合理应用如下。

在使用逻辑运算符时应注意以下五点：①使用逻辑“与”算符可以缩小命中范围，起到缩检的作用，得到的检索结果专指性强，查准率高；使用逻辑“或”算符可以扩大命中范围，得到更多的检索结果，起到扩检的作用，查全率高；使用“非”算符可以缩小命中范围，得到更切题的检索效果，也可以提高查准率，但是使用时要慎重，以免把一些相关信息漏掉。②在一些检索系统中，逻辑算符的优先级为“NOT”“AND”“OR”依次降低（图 4-23），但更多的检索系统依从左到右的顺序执行逻辑运算。检索时，可用括号（允许多重括号）来改变优先顺序。③运算符两侧必须各有一个半角的空格；在录入检索式时，除中文检索词外，其他符号应在英文状态下录入；逻辑运算符是用“AND”“OR”“NOT”还是用

“*”“+”“–”，不同的系统有不同的规定。④不同的中文文献检索系统，其菜单式检索中逻辑运算符的表达略有差异。例如，CNKI 用“并且”“并含”表示“AND”，用“或者”“或含”表示“OR”，用“不包含”表示“NOT”。万方和 NSTL 都用“与”“或”“非”来表示“AND”“OR”和“NOT”，二次检索时用“在结果中检索”表示“AND”。而维普用“在结果中添加”来表示“OR”，“在结果中去除”来表示“NOT”。⑤用菜单式检索方式来检索复杂的检索式比较困难。例如，（WTO OR 世界贸易组织 OR 世贸）AND（中国 OR 我国）AND（环境保护 OR 环保 OR 环境政策）在菜单式检索方式中难以实现，建议如果并列检索词过多，或者检索式相对比较复杂的情况下，可分步完成该检索式的检索，或选择专业检索方式进行。

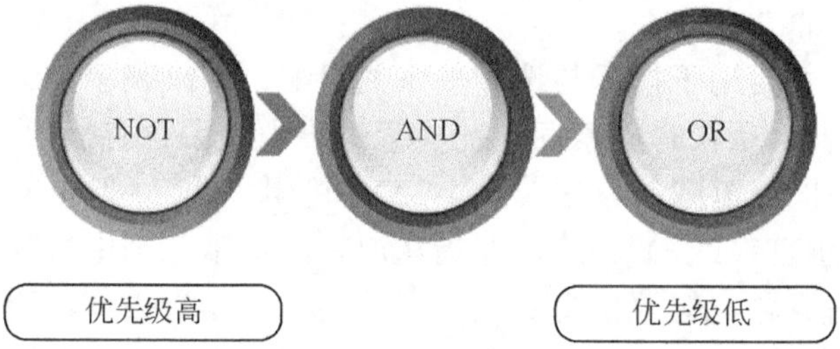

图 4-23　逻辑算符的优先级

2. 位置算符

位置运算符又称邻接算符，适用于两个检索词以指定间隔距离或者指定的顺序出现的场合，主要根据外文文献，特别是英文文献的语言特色，进行相关文献检索的一种常用算符。位置算符实现的功能与 AND 运算符类似，但比 AND 运算符功能更具体。例如，通过“communication AND satellite”进行检索时，命中的文献可能既含有“communication satellite”，又含有“satellite communication”，也可能含有“communication devices for satellite”“communication links without satellite”等。显然其中有些记录与课题要求毫无关系。位置运算符可以用于改进 AND 运算符的这种不足之处，因此，它们可以看成是特殊功能的 AND 运算符。

位置运算符按照两个检索词出现的顺序和距离，还可以有多种位置运算符，而且对于同一功能的运算符，不同的检索系统可能有不同的表达方式，也有的检索系统不支持位置运算符，检索之前应该先看看数据库的帮助信息。常用位置运算符有（W）、（N）、（S）、（F）。

1）（W）算符。（W）算符中的 W 含义为“with”。（W）算符的检索规则：①词序不允许颠倒；②两词之间不允许插词，只允许出现空格或连字符号。（W）算符还可以使用其简略形式( )。例如，命令?S CD（W）ROM 将命中 CD ROM 或

CD-ROM；命令?S solar ( ) energy 将命中 solar energy；命令?S CD（W）ROM / de,id。

2）（*n*W）算符。（*n*W）算符中的 W 含义为“word”。（*n*W）算符的检索规则：①两词中间可以插入 0～*n* 个其他词；②插入的词中可以包含系统中规定的禁用词；③词序不允许颠倒。例如，命令？communication（2W）satellite 可检索出含有 communication satellite、communication via satellite 和 communication on the satellite 的相关记录。

3）（N）算符。（N）算符中的 N 含义为“near”。（N）算符的检索规则：①词序可以颠倒，这是其与（W）运算符最主要的区别；②两词之间不允许插词，只允许出现空格或连字符号。例如，命令?S cross（N）section 可检出 cross section 和 section cross。

4）（*n*N）算符。（*n*N）算符是（N）算符的变形。（*n*N）算符的检索规则：①词序可以颠倒，这是其与（*n*W）运算符最主要的区别；②检索词之间允许插入 0～*n* 个其他词，包括系统规定的禁用词。例如，命令？cotton（2N）processing 可检出 cotton processing、processing of cotton 和 processing of Egyptian cotton 的相关记录。

5）（S）算符。（S）算符中的 S 含义为“sentence”。（S）算符的检索规则：①词序可以颠倒；②两词必须出现在同一句子（子字段）中。例如，在 EI 的 AB 字段中为在两个句号之间同时出现，在 DE 字段中为在两个分号之间同时出现。

6）（F）算符。（F）算符中的 F 含义为“field”。（F）算符的检索规则：①两词必须出现在同一字段中；②词序不限。例如，命令？pollution（F）control 可检出 control and management of industrial pollution 等的相关记录。

（F）与“AND”的区别：①（F）邻近算符指定两个检索词在同一个字段中出现，而 AND 布尔逻辑组配中的两个检索词会出现在不同的字段中；②同位置运算符相比，AND 可以连接两个以上的检索词，还可以在两个以上的检索集合进行组配。例如，AU=cheng, gengdong AND CS=dalian AND PY=1998。

3. 截词算符

截词算符就是使计算机保留检索词中的相同词干部分，允许检索词有一定范围的变化，这种功能可减少输入步骤，简化检索程序，扩大检索范围，从而节省机时，降低费用，提高查全率。截词算符主要是根据英文词汇中动词词根的变化、名词单复数变化等出现的一种检索算符，可极大地方便检索者简化检索式，精确获取检索结果。不同的数据库有不同的截词符，DIALOG 系统用“？”，ORBIT① 系统用“+”，此外还有的系统用“$”或“*”。

截词分为前方一致、后方一致、中间一致和中间屏蔽四种形式。截词是计算机信息检索中常用的方法，尤其是英语的单词词尾变化较多，为避免漏检经常要

① ORBIT，即 online retrieval of bibliographic information time-share，文献信息分时联机检索。

使用前方一致的截词检索。

1）前方一致也叫后截断，将截词符置于一个字符串的后面，以表示其后的有限或无限个字符的检索。主要包括：①无限截词。例如，命令？physic？，可检出 physic、physical、physician、physicalism 等所有前方一致的相关记录。②截断两个字符。例如，命令？physic？？（两个“？”间没有空格，若“？”为 3 个即为截断三个字符，依此类推），可检出 physic、physical、physician 等前方一致、后面不同字符不超过两个的相关记录。③截断一个字符。例如，命令？textile？？（两个“？”间有一个空格，这种情况下检索工具确认为截断一个字符），可检出 textile、textiles 等前方一致，后面不同字符不超过一个的相关记录。

2）后方一致也叫前截断，将截断符置于一个字符串的前面，以表示其前的无限个字符的检索，所有截断都为无限截断（支持的检索系统较少，EI 检索就不支持后方一致检索）。例如，命令？？polymer，可检出 polymer、copolymer、homopolymer 等前方不同（不限字符数），后方一致的所有相关的记录。

3）中间屏蔽也叫中间截断，即保持前面和后面的字符一致，只是对词中间的字符进行变化，检索相关的结果。例如，命令？defen？e，可检出 defence、defense 等词的相关检索记录；命令？fib？？s，可检出 fibers 和 fibres 等词的相关检索记录。

4）中间一致也叫前后屏蔽，即保持词的中间不发生变化，词的词头词尾都可发生变化（支持的检索系统较少，EI 检索就不支持中间一致的检索）。例如，命令？？wave？，可检出 wave、waves、microwave 等词的中间不发生变化，而词的词前和词后发生变化的词的相关检索记录。

相关数据库中具体应用情况如下。

在 Web of Science 检索平台中：“*”为截断字符运算符。命令 Lap*roscop*，可在 Web of Science 检索到 laparoscopic、laproscopic、laparoscopy 等词的相关检索记录。

在 Pro Quest 检索平台中：“*”为截断无限字符运算符，命令 patent*，可检索到 patent、patents、patentable 等词的相关检索记录；命令 h*ophilia，可检索到 haemophilia、hemophilia 等词的相关检索记录。“?”为截断单个字符的运算符，在单词中最多可使用三个“？”，命令 wom?n，可检索到 woman、women 等词的相关检索记录；命令 fib？？，可检索到 fiber、fibre 等词的相关检索记录。

在人大复印报刊资料全文数据库检索平台中：①！算符表示两词（字）之间允许隔零个至多个字，最多允许出现九个“!”。例如，“旅游!! 企业”可检索到“旅游企业”“旅游服务企业”“旅游重点企业”等相关词语的检索记录。②? 算符表示两词（字）之间允许隔几个字，相隔字的个数等于出现“?”的个数，最多允许出现九个“?”。例如，“旅游??企业”可检索到“旅游服务企业”“旅游重点企业”等相关词语的检索记录。

具体检索实例：①检索有关“克隆人立法”方面的英文文献信息，检索式为 human cloning AND legislat*；②检索“文昌鱼遗传多样性”方面的中文文献信息，检索式为（文昌鱼 OR 头索动物）AND（遗传多样性 OR 基因 OR DNA）；③检索“生物基因工程技术”方面的报道而排除“生物基因工程公司”方面的信息，检索式为生物基因工程技术 NOT 公司或生物基因工程技术–公司

知识点四：位置算符与截词算符的合理应用如下。

位置算符检索是用一些特定的算符（位置算符）来表达检索词与检索词之间的邻近关系，并且可以不依赖主题词表而直接使用自由词进行检索的技术方法；截词算符检索是指在检索词的合适位置进行截断，然后使用截词符进行处理，这样既可节省输入的字符数目，又可达到较高的查全率。可以说，位置算符与截词算符均为在逻辑算符检索基础上的延伸和精练，特别是在西文检索过程中应用非常普遍，可达到事半功倍的效果。

4. 字段限制

字段限制就是将检索词限制在某一字段中，计算机只对限制字段进行运算，以提高检索效果。常用的字段限制符号有“IN”“=”等。字段限制检索分为后缀方式和前缀方式。

1）后缀方式，即将检索词放在后缀字段代码之前。如 apple IN AB、machine IN TI 等。

2）前缀方式，即将检索词放在前缀字段代码之后。如 AU=WANG、PY>=1996 等。

字段限制检索一般出现在数据库的高级检索或专家检索中，如 Web of Science 数据库的高级检索就是利用“前缀方式”的字段限制检索。在利用字段的限制检索时，要熟悉一些常见的字段代码，表 4-2 列出了一些常见的字段名称、字段代码和字段中文名称。

表 4-2　常见的字段名称、字段代码和字段中文名称

字段名称	字段代码	字段中文名称
title	TI	题名（篇名）
subject	SU	主题词
keyword	KW	关键词
author	AU	作者姓名
author affiliation	AF	作者机构
abstracts	AB	文摘内容

续表

字段名称	字段代码	字段中文名称
source	SO	文献来源
publication year	PY	出版年份
language	LA	语种
address of author	AD	作者地址
accession number	AN	记录存储号
classification code	CL	分类号
CODEN	CN	期刊代码
ISSN	IS	国际标准刊号

4.3.2 检索词的选取规律

1. 利用主题词典获取隐性主题

隐性主题是指在课题或项目名称中没有文字直接表达，经分析、推理得到的有检索价值的概念，又称分析主题。例如，课题“基于水泥窑协同处置工业污泥热解关键技术的研究”，其主题似乎只有“水泥窑、工业污泥”，它虽然没有直接表达，但实际隐含有“干法处理工业污泥”的隐性主题，因此，在检索中应加上“干法”这样的术语来检索，撰写的检索表达式应为干法 AND 水泥 AND 污泥。隐性主题获取的方法如下。

1）利用字顺表查寻隐性主题。字顺表中的主题款目包括属项、分项、参项等项，其中属项、分项可用于查寻从属隐性主题。例如，战斗机属军用飞机分战斗轰炸机，参见项可用于查寻相近隐性主题；光纤通信参见光学纤维、玻璃纤维、纤维光学。利用词族表查寻隐性主题。

2）词族表按词间等级关系成族展开的特点，可用于查寻隐性主题。例如，检索课题“高温合金”，在族首词“合金”下可查到耐热合金、镍铬耐热合金、超耐热合金、镍耐热合金。

3）利用范畴表查寻隐性主题。范畴表具有把相同专业主题词集中的特点，可用于查寻隐性主题。例如，检索课题“飞机舱”，在“航空器”类可查得炸弹舱、座舱、增压座舱、可抛座舱、短舱、吊舱、发动机舱。

2. 运用与选定检索词概念相同或相近的词

同义词和近义词在检索中占有重要地位。同一事物有不同的名称，在汉语中有，在英语中也有。有的是习惯语，有的是科学用语，还有的是别名等。同义词、近义词等同时并存，影响了检索的效果，如“制备”“制造”“合成”“生产”等，每一个关键词下均能找到文献，但若采用其中一个关键词去检索，往往只能找到其中的一部分文献，导致了漏检、误检。所以，我们必须尽一切可能把同义词和近义词找全，如有毒（toxic，poisonous）、设备（apparatus，equipment，device）、汽车（car，automobile，vehicle）、化学分析（chemical analysis，analytical chemistry，chemical determination）等。总之，同义词、近义词查得越全，文献查全率越高。

3. 注意选用国外惯用的技术术语

查阅外文文献时，一些技术概念的英文词若在词表中查不到，最好先阅读国外的有关文献，弄清含义。例如，查有关“麦饭石应用”的国外文献，如何译成英文名词？第一种是直译，即 wheat rice stone，显然这不是国外的专有名词。第二种是分析实质，考虑“麦饭石”是一种石头或矿物，其功能主要是吸收水中有害物质并释放出一定量的人体必需的微量元素，从而改善了水质，所以，应选用“改善”“水质”“石头或矿石”这几个概念进行检索，结果从世界专利索引（world patent index，WPI）中检出相关的专利，德温特公司把“麦饭石”译为“bakunaseki”，这样就查出了“麦饭石”的英文检索词。查找“人造金刚石”的文献，很可能用 manmade（人造）* diamonds（金刚石）作为检索词，但“人造”的实质是“人工合成”，检索词的范围可放宽为 synthetic、artificial 等词。

4. 上位词或下位词的选取

上位词、下位词的检索方法有两种，一种是直接采用扩展检索，这种方法是考虑主题概念的上位概念词。例如，课题“加氢裂化防污垢的开发与应用研究”，将“加氢裂化”与“防污垢”组配，结果等于零，概念向上位“石油加工与石油炼制”的概念扩大，再与“防垢剂”组配，完成了课题的要求。另一种是将其上位词、下位词并用。例如，检索“血细胞”的有关文献，血细胞是红细胞、白细胞及血小板的上位词，反过来红细胞、白细胞及血小板是血细胞的下位词，而白细胞的下位词有粒细胞、单核细胞和淋巴细胞，应用“血细胞”的上位词和下位词并用，扩展检索篇数明显大于用“血细胞”检索的篇数。

5. 异称词的选取

异称即不同地区、不同时代、不同场合下对同一东西的不同的称呼。例如，电磁活门（electromagnetic valve），也称螺线管活门（solenoid），也称线圈（coil），异称词的常见类型有如下几种。

1）学名与俗名，如大豆与黄豆、马铃薯与土豆、乙酰水杨酸与阿司匹林、氢氧化铵与氨水。如果有商品名或俗名，最好将化学物质名称与它们联合起来使用。例如，检索十二烷基二甲基苄基溴化铵的文献，由于该物质商品名叫作新洁尔灭，所以在检索时也要将这个名称考虑进去，用物质名称与商品名组配检索。

2）意译与音译，如电动机与马达、逻辑代数与布尔代数、形势几何学与拓扑学、激光器与莱塞、镭射。

3）新称与旧称，如狗与犬、杜鹃与子规和杜宇、索引与通检、硅与矽（旧称）、气功与导引和按绕及吐纳、记者与访员。

4）异地称，如撰稿与文案、助产妇与稳婆、官员与官位、红苕与红薯。

5）不同领域或行业的异称，如智囊在政界称幕僚、军界称参谋、地方称师爷。

6）小时称与大时称，如小马称驹、小牛称犊、小羊称羔、小鸟称雏。

6. 简称及全称的选取

值得提醒的是，当检索的全称词里含有简称词时，则只用简称；当简称里不含全称时，检索时必须两者均用。例如，“肾综合征性出血热”和“出血热”，只查“出血热”即可；而“艾滋病”和“获得性免疫缺陷综合征”，则采用“艾滋病 OR 获得性免疫缺陷综合征”。

7. 从信息反馈中获得

有的课题因检索效果不理想，需要第二次、第三次检索，从第一次检索结果得到的信息反馈到第二次检索中去，可获得良好的检索效果。例如，液压油污染测量模板，用液压油（hydraulic oil）检索，没有查到对口文献，但是发现了隐性主题——液压液体（hydraulic liquid），用液压液体检索，查得英国专利“液压液体污染等级测量仪”，该专利技术内容与检索课题相似，满足了用户申报专利对比文献的需要。因此强调检索者尽可能仔细阅读检索获取的相关文献，再进行第二次、第三次检索。

8. 变体分析

变体分析即找出词或词组的各种变化形式，常见的有以下几种：①拼写变体，如 center + centre，meter + metre。②单数加复数，如 silicon carbide + silicon carbides。③分离形式加连体形式，如 book case + bookcase，data base + database。

9. 少用或不用对课题检索意义不大的词

检索时避免使用无关紧要、参考价值不大、频率较低或专指性太高的词，一般不选用动词和形容词；不使用禁用词；尽量少用或不用不能表达课题实质的高频词，如“分析”“研究”“应用”“利用”“方法”“设计”“发展”“展望”“趋势”“现状”“动态”“影响”“效率”等词，必须用时，应与能表达主要检索特征的词一起组配，或增加一些限制条件。

10. 相关词的选取

相关词是指选择与检索主题相关的主题词。适用检索主题的相关词，要根据检索的需要，利用与检索主题彼此在概念上处于相互关联、交错、矛盾、对立，或作为主题的工具、材料、原因、结果及用途等关系词进行选词。例如，“热效率”主题概念与“热损失”概念相矛盾，如果需要检索与“热效率”相关主题文献时，应选“热效率”和“热损失”作为检索词，共同进行检索。如果某一物质确实非常复杂，检索时无法准确进行把握，这时可以考虑根据用途检索进行补充。例如，需要检索和“N-月桂酰-L-丙氨酸”主题相关的文献（图 4-24），在文献检索过程中，发现该物质主要用途是作为“生物表面活性剂”，那么，在检索过程中，可以选用“生物表面活性剂”作为关键词进行补充检索。

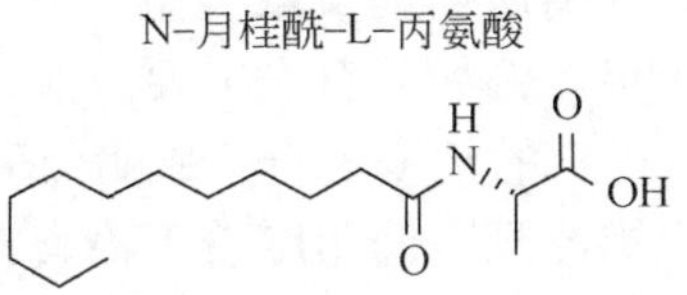

图 4-24　N-月桂酰-L-丙氨酸分子结构图

4.3.3　科技文献检索的步骤

科技文献检索是根据科学研究及科技创新相关课题内容的要求，在检索人员对课题的理解和相关综述性文献阅读的基础上，通过对专业学术名词与计算机检索算符的组配，在制定的检索工具和检索系统中，将所需要的科技文献查找出来。科技文献检索全过程主要分为检索课题分析、检索工具选择、检索概念分析、检索策略制定、科技文献获取等，具体实现步骤如图 4-25 所示，分别说明如下。

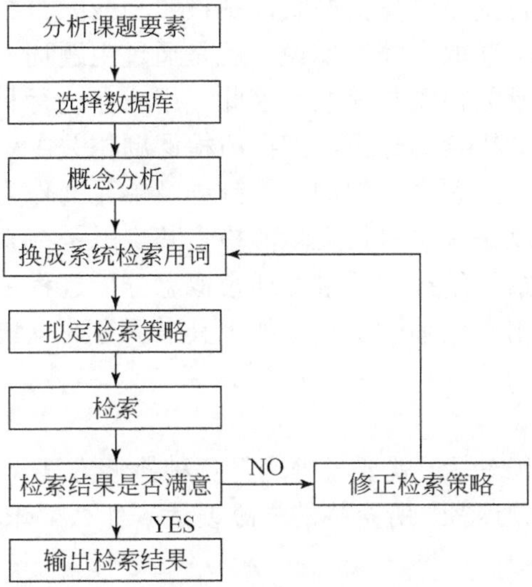

图 4-25　科技文献检索步骤

1. 检索课题分析

科技文献首先要在分析课题的基础上，弄清楚课题的性质是什么，了解课题的目的、意义，确定检索内容的学科范围、文献类型、检索年限，根据学科范围选择检索工具及检索范围的限定和检索技术。其次根据课题要求和特点，选择检索方法，找出检索词，按逻辑关系列出检索式，制定查找程序，要特别注意确定检索标志、提问逻辑、检索词之间的组配方式，它是检索策略的重要部分，关系到检索课题的查全、查准。弄清所需的文献类型、要求的文种、年代的限定、课题的关键词等是检索的第一步。例如，有人需要查找作为首饰用的“变色钻石”，如果从钻石、金刚钻或碳素材料的角度去查，那就会毫无结果。事实上，“变色钻石”是一种刚玉，应从氧化铝或刚玉的角度着手检索。

2. 检索工具选择

根据检索课题的要求，首先必须对各种检索数据库所覆盖的学科范围有清楚的了解，按照相应的数据库的检索途径查找有关的索引，其次根据索引指示的地址查得相应的科技文献线索，如题名、内容摘要、作者及作者单位、文献出处等。如果是利用联机、光盘检索系统或数据库检索系统，则可按提示进行操作，其检索途径和功能远比手工检索工具多得多，文献线索的输出形式可根据需要灵活选择。一般来说，可以先利用本单位已有的科技文献检索数据库，再选择单位以外的科技文献检索数据库，在与科技文献检索主题内容对口的科技文献检索数据库中，选择高质量的数据库作为科技文献检索的文献源数据库。

3. 检索概念分析

科技文献检索，特别是计算机检索，是按照相应联机数据库的标引检索语言进行科技文献的检索与获取，简单地说，就是通过主题词、叙词、关键词或单元词的组配进行科技文献的检索与获取。因此，用户在进行科技文献检索过程中，必须准确进行课题相关概念的分析，把握所检课题相关主题词、叙词、关键词及单元词，然后通过相关主题词、叙词、关键词及单元词作为检索词进行组配，获取相关科技文献。也就是说，科技文献的检索其实就是检索词的检索，检索词把握的情况直接决定检索的结果和质量。通常概念分析过程中，在检索词把握不准的情况下，要善于使用一些辅助工具，如工具书、专业词典、维基百科、百度百科等。

4. 检索策略制定

选用具体的检索工具后，就要考虑选择哪种检索方法，确定具体的检索途径，选择分类途径还是主题途径，所查找的文献要达到什么要求，选用什么检索词等，以便具体进行检索。

（1）检索技术应用

检索策略制定的好坏与检索方法的选择、检索程序和检索人员的技术有关。有的检索人员往往忽略检索策略的制定，忽略检索方法和检索工具各自的特点。检索工具有综合性和专业性的不同，如覆盖专业面、收录文献类型、语种、出版文字的不同等，因此应根据课题分析的结果进行选用。拿了题目不了解课题内容，仅在题目中找出检索词，或由用户提出检索词就进行检索，这样检出来的文献不够全面，容易造成漏检，这种情况的出现与检索人员的经验有关。涉及多学科内容的检索，应对各学科间存在的同义词、近义词进行选择，稍有疏忽，就会造成漏检。

（2）确定检索途径和检索标志

标志是确切表达文献内容及某些外表特征而使用的一种符号或词，是经过规范化处理的，是比较通用和定型的。不仅要注意文献的外部特征，如出版年、文献类型、书名、刊名、作者等；也要注意文献内容特征，如学科属性、分类、主题、结构符号等。族性检索用分类途径较好，特性检索用主题途径较好，知道分子式可用分子式途径，要查发明，有专利号的，可直接用专利号途径检索。

5. 科技文献获取

利用检索工具获得的文献线索中，文献来源（出处）往往采用缩写的方式，因此必须把缩写的文献来源转换成全称，一般可通过检索工具本身的附录予以解决，另外，还要识别著录时所用的各种缩写等。检索文献最终要获取原文，按照文献来源的全称，查找馆藏目录。如果查不到，读者可以利用各类联合目录获得其他单位收藏的信息，还可以委托图书馆进行馆际互借或馆际文献传递。这样就完成了文献检索的全过程。

知识点五：科技文献检索步骤如下。

科技文献检索步骤一般分为：检索课题分析、检索工具选择、检索概念分析、检索策略制定、科技文献获取五个步骤。其中检索技术应用和检索策略制定，直接决定科技文献检索的成功与否，科技人员在进行文献检索时，务必在充分分析课题的基础上，合理应用检索技术，制定科学的检索策略，这样才能在科技文献信息爆棚的今天，迅速、准确地找到相关的科技文献。

4.4 科技文献检索评价

文献检索完成后，要根据一定的评价指标对检索结果进行科学评价，以找出文献检索中存在的问题和影响检索效果的各种因素，以便提高检索的有效性。常见的评价指标有查全率、查准率、漏检率、误检率、收录范围、响应时间、用户负担和输出形式等，其中最主要的指标是查全率和查准率。

查全率是指检索出的相关文献量占系统中所有相关文献总量的百分比，用来反映检索的全面性。查准率是指检索出与主题相关的文献量占所有检出文献总量的百分比，用来反映检索的准确性（卢盛华等，2011）。

查全率和查准率是互补关系。在一个特定的检索系统中，当查全率不断提高的同时，查准率就会降低，而当查准率提高的同时，查全率又会降低。但值得引起注意的是，当查全率和查准率都很低的时候，两者可以通过检索策略的改善同时得到提高。

用户查找信息的目的各不相同，对查全率和查准率的要求也不同，有时寻找特定的事实并不关心一次检索中漏检了多少，或检索某个主题时并不在乎误检了多少。因此可根据用户需要，选择合适的查全率和查准率要求。

知识点六：查准率和查全率的合理应用如下。

在实际课题检索过程中，将查准率和查全率结合起来，能够描述系统的检索成功率。查全率和查准率之间存在着相反的相互依赖关系：如果提高查全率，就会降低其查准率；反之亦然。查全率一般为60%～70%，查准率一般为40%～50%，当查全率超过70%时，若想再提高查全率就必然会降低查准率。企图使查全率和查准率都同时提高较为困难。强调一方面而忽视另一方面，也是不妥当的，应当结合具体课题的要求，合理地选择检索方法。

思考题

1. 按科技文献检索的内容划分，科技文献检索可划分哪几种类型，请详细说明。

2. 分别说明标题词检索语言、叙词检索语言、关键词检索语言及单元词检索语言的定义及之间的主要区别。

3. 分别说明布尔逻辑算符“与”“或”“非”在文献检索过程中的不同作用，并举例说明。

4. 说明科技文献检索的主要步骤，并结合泡沫混凝土具体案例，详细说明各检索步骤的具体实现方法。

参 考 文 献

高新陵，吴东敏. 2013. 科技文献信息与科技创新. 南京：河海大学出版社.

李明理，刘巧英. 2013. 信息检索与利用教程. 南京：南京大学出版社.

卢盛华，李新芬，许雁传. 2011. 信息资源组织存储检索与利用. 沈阳：辽宁大学出版社.

张树忠，黄继东. 2012. 信息检索与利用. 南京：东南大学出版社.

第5章 检索技巧与检索分析

本章在回顾第1章至第4章基础知识学习内容的基础上，通过科技文献检索前期准备、科技文献检索方法、科技文献检索策略、科技文献检索技术应用实例、科技文献检索评价及科技文献检索中常见问题分析，帮助读者掌握科学研究及科技创新过程中课题选择、课题分析、文献检索、文献组织、文献评价等方面的内容。

通过第1章至第4章的学习，了解了信息素养、图书馆素养等概念，普及了大学图书馆本质及信息服务等知识，掌握了科技文献检索的基本知识、检索方法、检索步骤及常用数据库等学习内容。从本章开始将通过具体案例的剖析，帮助检索人员掌握科技文献检索的基本步骤的设计、检索策略的制定、检索技巧的应用、检索结果的分析等相关内容。

5.1 科技文献检索前期准备

5.1.1 科技文献检索知识准备

1. 一次文献、二次文献、三次文献

根据文献内容、性质和加工情况可将文献区分为零次文献、一次文献、二次文献、三次文献。一次文献又称原始文献，是人们直接以自己的生产、科研、社会活动等实践经验为依据生产出来的文献；二次文献又称工具文献，是对一次文献进行加工整理后的产物，即对无序的一次文献的外部特征，如题名、作者、出处等进行著录，或将其内容压缩成简介、提要或文摘，并按照一定的学科或专业加以有序化而形成的文献；三次文献又称综述性文献，是选用大量有关的文献，经过综合、分析、研究而编写出来的文献。

知识点一：科技文献检索过程。

科技文献检索过程就是利用二次文献（工具文献）提供的检索方法，在相关文献资料库中检索获取与主题需求相关的一次文献（原始文献）后，再通过对大量一次文献的分析、整理与综合，形成可支撑相关主题研究的三次文献（综述性文献）的全过程。

科技文献检索过程：通过二次文献（工具文献）的应用，检索获取一次文献（原始文献），经过分析综合撰写三次文献（综述性文献）的过程。

2. 科技文献类型分类及作用

按照文献出版类型可将文献分为图书、期刊、报纸、学位论文、会议文献、专利文献、标准文献、研究报告/科技报告、政府出版物、产品样本及档案 11 种类型，具体常用科技文献主要有图书、期刊、专利文献、标准文献、学位论文、会议文献、科技报告、政府出版物等 8 种类型，如图 5-1 所示。图书是指论述或介绍某一领域知识的出版物；期刊一般是指名称固定、开本一致的定期或不定期连续出版物；学位论文是指为申请硕士、博士等学位而提交的学术论文；会议论文是指在国际或国内重要的学术或专业性会议上发表的论文、报告及其他有关资料；专利文献主要由专利说明书构成；标准文献是指标准化工作的文件，其中主要为工业产品和工程建设的质量、规格和检验方法等技术规定文件；政府出版物是指各国政府部门及其设立的专门机构发表的文献；产品样本是指产品目录、产品样本和产品说明书一类的厂商产品宣传和使用资料；档案是指科研生产活动中形成的，有具体事物的技术文件、图纸、图表、照片和原始记录等。

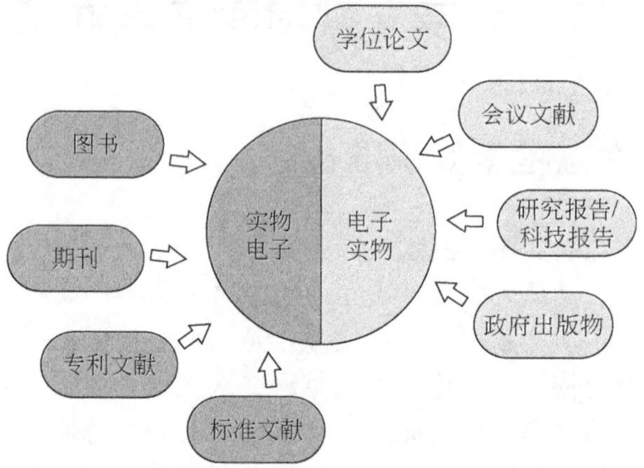

图 5-1　常用科技文献类型分类

知识点二：图书、科技期刊及其他科技文献在科研中的作用如下。

图书是科研过程中主要作为了解、学习和参考某一科技领域的理论、概念、技术、工艺等的工具使用，因此，图书是一种非常好的参考性文献。期刊是科研过程中主要作为了解和掌握某一科技领域技术的研究历史与过程、研究动态与成果、研究方案及实现的主要来源，是研究人员不可或缺的第一手资料，因此，期刊是最佳的研究性文献。其他科技文献是科研过程中作为全面了解和掌握某一科技领域技术的重要支撑文献，因此，其他科技文献是科研过程中重要的科研支撑性文献。科技文献类型特征如图 5-2 所示。

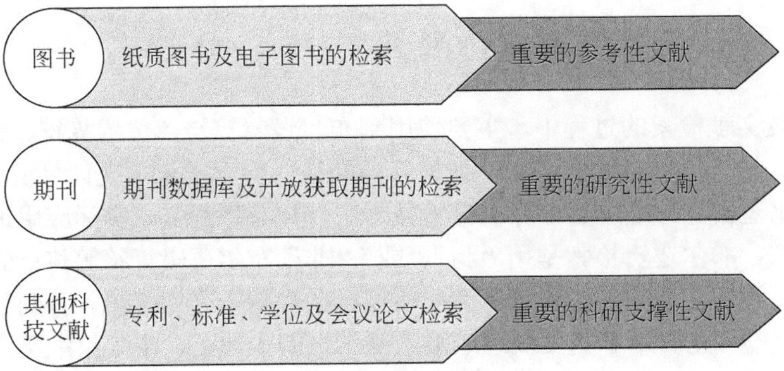

图 5-2　科技文献类型特征

5.1.2　科技文献检索语言准备

按描述文献特征的不同，检索语言可分为描述文献外表特征的检索语言和描述文献内容特征的检索语言。描述文献外表特征的检索语言包括题名（书名、篇名）、作者姓名、号码（专利号、报告号、标准号等）和引文语言（被引用作者姓名和被引用文献的出处）等；描述文献内容特征的检索语言包括分类检索语言、主题检索语言和代码检索语言三种（沈固朝，2004）。其中，主题检索语言是科研过程中使用最广泛、最频繁的检索语言，主要分为标题词语言、叙词语言、关键词语言及单元词语言。标题词语言是指采用规范化了的自然语言，即经过标准化处理的名词术语作为标识，来表达文献所论述或涉及的事物——主题，并将全部标识按字顺排列；叙词语言是指一些以概念为基础的，经过规范化的，具有组配功能并可以显示词间关系和动态性的词或词组；关键词语言是指直接选用文献中的自然语言作基本词汇，并将那些能够揭示文献题名、摘要或主要意旨的关键性自然语词作为关键词进行标引的一种检索语言。

知识点三：检索语言在科技文献检索过程中的应用如下。

分类检索语言与主题检索语言在科研过程中是使用最广泛的检索语言。分类语言可以帮助科研工作者准确定位到需要检索内容的文献群，提高文献检索的针对性；主题检索语言可以帮助科研工作者精确检索到与科研内容相关的科技文献，提高文献检索的准确性。最佳的科技文献检索的过程：①先通过分类检索语言准确定位到某一科研领域的文献群，再通过主题检索语言精确检索到所需的科技文献；②先通过主题检索语言精确检索到与科研内容相关的科技文献，再通过分类检索语言了解检索文献所涉及的科技领域。分类检索语言与主题检索语言的综合利用，在实际检索过程中将得到意想不到的效果。

5.1.3 科技文献检索算符准备

在科技文献检索的过程中，主要使用到布尔逻辑算符、位置算符、截词算符、字段限制、加权检索等检索技术，把检索词构造成检索式来实现计算机信息检索。其中，布尔逻辑算符是所有计算机检索技术中使用频率最高、实际应用最频繁的一种检索算符。布尔逻辑检索是用“与”“或”“非”布尔逻辑算符等将检索词、短语或代码进行逻辑组配，凡符合逻辑组配所规定条件的为命中文献，否则为非命中文献。逻辑“与”主要用于交叉概念或限定概念之间的组配，用来组配不同的检索概念；逻辑“或”主要用于同义关系或相关关系的概念组配，用来表示检索概念的相加；逻辑“非”主要用于排斥与选择关系的组配，用来表示检索概念的相减。

知识点四：检索算符的应用及注意事项如下。

布尔逻辑算符在科技文献检索中是应用最广泛的检索算符，可通过复杂布尔逻辑检索式实现位置算符、截词算符、字段限制、加权检索等功能，是所有数据库检索平台均支持的基础性检索算符，在实际应用中务必注意以下事项：①布尔逻辑算符正是对检索词的组配，务必要注意合理使用主题词、关键词、叙词、单元词及布尔逻辑算符进行检索表达式的撰写；②在检索表达式撰写过程中，务必要注意合理利用引号的精确功能及双括号的优先运算功能辅助撰写检索表达式；③布尔逻辑运算符是有优先级的，在检索表达式检索过程中，必须时刻注意；④检索表达式必须要能清晰地反映检索者的检索意图，太复杂的检索表达式不是最佳的检索表达式。

5.1.4 科技文献检索系统准备

1. 读秀中文学术搜索

读秀中文学术搜索拥有海量数据库资源，是全球最大的中文文献资源服务平台，有 280 万种中文图书元数据，160 万种图书原文，6 亿页资料，约占 1949 年以来全部出版中文图书的 95%以上（图 5-3）。读秀中文学术搜索的检索系统是一个立体深度的检索系统，它提供了书目、章节、全文三个检索频道，实现了目录和全文的垂直搜索，使读者在最短时间内获得深入、准确、全面的文献资源。读秀知识库除图书文献外，还提供期刊、报纸、学位论文、会议论文、专利、标准等文献的检索，集文献搜索、试读、文献传递、参考咨询等多种功能为一体，读者可以通过这个平台获取本馆印刷版图书、电子版图书的收藏信息，也可以了解其他馆的收藏信息，并能通过文献传递来获取他们需要的部分电子版图书。

图 5-3　读秀中文学术搜索 LOGO

2. CNKI 检索平台

CNKI 检索平台，又名《中国知识资源总库》网络资源共享平台，是全球信息量最大、最具价值的中文网站（图 5-4）。CNKI 检索平台是新闻出版总署首批批准的互联网出版平台，可以二次出版所有传统出版方式已经出版过的内容，也可以直接通过网络进行一次出版，出版形式多种多样，包括文本、图片、音频、视频、动画、软件、网络课程、科学数据等多种媒体方式。目前，CNKI 检索平台已集结了 7000 多种期刊、近 1000 种报纸、18 万本博士/硕士论文、16 万册会议论文、30 万册图书及国内外 1100 多个专业数据库。其中博士/硕士论文、会议论文及部分数据库为一次出版，期刊、图书、报纸等为二次出版。

图 5-4　CNKI 检索平台 LOGO

3. 万方数据知识服务平台

万方数据知识服务平台是在原万方数据资源系统的基础上，经过不断改进、创新而成，集高品质信息资源、先进检索算法技术、多元化增值服务、人性化设计等特色于一身，是国内一流的品质信息资源出版、增值服务平台（图 5-5）。万方数据知识服务平台收集中外学术期刊论文、学位论文、中外学术会议论文、标准、专利、科技成果、特种图书等各类信息资源，资源种类全、品质高、更新快，具有广泛的应用价值。万方数据知识服务平台还提供检索、多维知识浏览等多种人性化的信息揭示方式及知识脉络、科技查新咨询、论文相似性检测、引用通知等多元化增值服务。

图 5-5　万方数据知识服务平台 LOGO

4. Web of Science

Web of Science 检索平台是国际公认的进行科学统计与科学评价的主要检索工具（图 5-6）。Web of Science 是大型综合性、多学科、核心期刊引文索引数据库，包括三大引文数据库（科学引文索引、社会科学引文索引和艺术与人文科学引文索引。Web of Science 核心合集数据库收录了 12 000 多种世界权威的、高影响力的学术期刊，内容涵盖自然科学、工程技术、生物医学、社会科学、艺术与人文等领域，最早回溯至 1900 年。Web of Science 核心合集收录了论文中所引用的参考文献，并按照被引作者、出处和出版年代编成独特的引文索引。

WEB OF KNOWLEDGE℠

图 5-6　Web of Science 检索平台 LOGO

5. Engineering Village

Engineering Village（美国工程索引检索平台）是国际公认的进行科学统计与科学评价的主要检索工具（图 5-7）。EI Village 是以 EI CompendexWeb 为核心数据库，将世界范围内的工程信息资源组织、筛选、集成在一起，向用户提供“一步到位”的便捷式服务。EI CompendexWeb 数据库除了收录 1969 年以来的 EI Compendex 数据（每年收录 2600 多种工程期刊、会议录和科技报告）以外，还包括 1990 年以来的 EI PageOne 数据（在 EI Compendex 的 2600 种期刊基础上扩大收录范围，每年收录 5600 种工程期刊、会议录和科技报告）。

Engineering Village

图 5-7　Engineering Village 数据库检索平台 LOGO

6. Elsevier ScienceDirect

Elsevier 是荷兰一家全球著名的学术期刊出版商，每年出版大量的学术图书和期刊，大部分期刊被 SCI、SSCI、EI 收录，是世界上公认的高品位学术期刊。ScienceDirect 系统是 Elsevier 公司的核心产品，自 1999 年开始向用户提供电子出版物全文的在线服务，包括 Elsevier 出版集团所属的 2500 多种同行评议期刊和 11 000 多种系列丛书、手册及参考书等，数据库收录全文文章总数已超过 1500 多万篇（图 5-8）。

ScienceDirect

Home | Publications | Sea

图 5-8　Science　Direct 检索平台 LOGO

7. PQDT 学位论文全文数据库

PQDT 学位论文全文检索平台是美国 ProQuest 公司出版的博硕士论文数据库，原名 PQDD（ProQuest Digital Dissertations），是 DAO 光盘数据库的网络版（图 5-9）。它已收录了欧美 1000 多所大学的 200 多万篇学位论文，每年约增加 4.5 万篇论文摘要，是目前世界上最大和最广泛使用的学位论文数据库。

图 5-9　PQDT 学位论文全文检索平台 LOGO

8. 维基百科

维基百科（http://zh.wikipedia.org/）是一个基于维基技术的全球性多语言百科全书协作计划，同时也是一部用不同语言写成的网络百科全书，其目标及宗旨是为全人类提供自由的百科全书——用他们所选择的语言来书写而成的，是一个动态的、可自由访问和编辑的全球知识体，并且在许多国家相当普及（图 5-10）。其口号为“维基百科，自由的百科全书”，中文则附加“海纳百川，有容乃大”。截至 2017 年 9 月，维基百科条目数第一的英文维基百科已有 600 多万个条目。全球所有 282 种语言的独立运作版本共突破 2500 多万个条目，总登记用户也超过 3500 万人，而总编辑次数更是超 15 亿次。中文的大部分页面可以由任何人使用浏览器进行阅览和修改，英文维基百科的普及也促成了其他计划。

图 5-10　维基百科 LOGO

9. 百度百科

百度百科旨在创造一个涵盖各领域知识的中文信息收集平台。百度百科强调用户的参与和奉献精神，充分调动互联网用户的力量，汇聚上亿用户的头脑智慧，积极进行交流和分享（图 5-11）。同时，百度百科实现了与百度搜索、百度知道的结合，从不同的层次上满足用户对信息的需求。百度百科是百度公司推出的一部内容开放、自由的网络百科全书平台，其测试版于 2006 年 4 月 20 日上线，正式版在 2008 年 4 月 21 日发布，截至 2017 年 3 月收录词条数量已达 14 118 904 个。

图 5-11　百度百科 LOGO

10. Google 搜索

Google 的中文名为谷歌（http://www.google.com），是一家美国的跨国科技企业，致力于互联网搜索、云计算、广告技术等领域，开发并提供大量基于互联网的产品与服务，其主要利润来自于关键词竞价广告（AdWords）等广告服务（图 5-12）。Google 由当时在斯坦福大学攻读理工博士的拉里·佩奇和谢尔盖·布林共同创建，因此两人也被称为“Google guys”。1998 年 9 月 4 日，Google 以私营公司的形式创立，设计并管理一个互联网搜索引擎“Google 搜索”，Google 网站则于 1999 年下半年启用。Google 的使命是整合全球信息，使人人皆可访问并从中受益。Google 是第一个被公认为全球最大的搜索引擎，在全球范围内拥有无数的用户。特别说明：“学术用 Google，生活用百度。”

图 5-12　Google 搜索引擎 LOGO

11. 百度搜索

百度搜索（http://www.baidu.com）是全球最大的中文搜索引擎、最大的中文网站（图 5-13）。2000 年 1 月由李彦宏创立于北京市中关村，百度最开始是以 Google 为蓝本开发的，致力于向人们提供“简单，可依赖”的信息获取方式。“百度”二字源于中国宋朝词人辛弃疾的《青玉案·元夕》词句“众里寻他千百度”，象征着百度对中文信息检索技术的执着追求。百度以自身的核心技术“超链分析”为基础，提供的搜索服务体验赢得了广大用户的喜爱。超链分析就是通过分析链接网站的多少来评价被链接的网站质量，保证了用户在百度搜索时，越受用户欢迎的内容排名越靠前。

图 5-13　百度搜索引擎 LOGO

12. 中国科技论文在线

中国科技论文在线（http://www.paper.edu.cn）是经教育部批准，由教育部科技发展中心主办，针对科研人员普遍反映的论文发表困难，学术交流渠道窄，不利于科研成果快速、高效地转化为现实生产力而创建的科技论文网站（图 5-14）。中国科技论文在线利用现代信息技术手段，打破传统出版物的概念，免去传统的评审、修改、编辑、印刷等程序，给科研人员提供一个方便、快捷的交流平台，提供及时发表成果和新观点的有效渠道，从而使新成果得到及时推广，科研创新思想得到及时交流。

图 5-14　中国科技论文在线 LOGO

13. 中国学术会议在线

中国学术会议在线（http://www.meeting.edu.cn/meeting/）本着优化科研创新环境、优化创新人才培养环境的宗旨，针对当前我国学术会议资源分散、信息封闭、交流面窄的现状，通过学术会议资源的网络共享，为高校广大师生创造良好的学术交流环境，以开阔视野、拓宽学术交流渠道、促进跨学科融合，为国家培养创新型、高层次专业学术人才，创建世界一流大学做出积极贡献（图 5-15）。中国学术会议在线利用现代信息技术手段，将分阶段实施学术会议网上预报及在线

图 5-15　中国学术会议在线 LOGO

服务、学术会议交互式直播/多路广播和会议资料点播三大功能。为用户提供学术会议信息预报、会议分类搜索、会议在线报名、会议论文征集、会议资料发布、会议视频点播、会议同步直播等服务。

14. 国家科技成果网

国家科技成果网（http://www.tech110.net）由科学技术部发展计划司于 1999 年创建，2006 年由国家科学技术奖励工作办公室管理。国家科技成果网的建设、运行、维护单位为中国化工信息中心（图 5-16）。建设国家科技成果网的目的是为科技成果登记管理提供工作性平台，为科技成果转化提供支撑性信息服务，加快全国科技成果进入市场的步伐，促进科技成果的应用与转化。国家科技成果网由两个平台组成，一是面向全国科技成果登记机构的科技成果管理工作平台；二是面向公众用户的科技成果信息查询、发布与交流平台。国家科技成果网拥有全国数量最多、质量最好的技术项目资源。截至 2017 年，已经汇集重点科研院所、“211”以上重点院校、重点企业直接报送的科技成果达到 250 多万项。每年更新和追加的科技成果量达到 20 多万项。

NAST
国家科技成果网
国家科技成果信息服务平台

图 5-16　国家科技成果网 LOGO

15. 欧洲专利局专利检索平台

欧洲专利局专利检索平台（http://worldwide.espacenet.com）提供了自 1920 年以来世界上 50 多个国家公开的专利题录数据，以及 20 多个国家的说明书（图 5-17）。每个国家所含数据收录的范围和数据类型不同。数据类型包括题录数据，文摘，文本式的说明书及权利要求，扫描图像存储的专利说明书首页、附图、权利的要求及全文。对于 1970 年以后公开的专利文献，数据库中每个专利同族都包括一件带有可检索的英文发明名称和文摘的专利文献。从 1998 年中旬开始，欧洲专利局用户能够检索欧洲联盟组织任何成员国、欧洲专利局和世界知识产权组织近两年公开的全部专利的题录数据。

Europäisches Patentamt
European Patent Office
Office européen des brevets
Espacenet
Patent search

图 5-17　欧洲专利局公共服务平台 LOGO

16. Google 学术搜索

Google 学术搜索（https://scholar.google.com.hk/schhp?hl=zh-CN）是一个可以免费搜索学术文章的 Google 网络应用（图 5-18）。2004 年 11 月，Google 第一次发布了 Google 学术搜索的试用版。该项索引包括了世界上绝大部分出版的学术期刊，是广泛搜索学术文献的简便方法。Google 学术搜索可以从一个位置搜索众多学科和资料来源，如来自学术著作出版商、专业性社团、预印本、各大学及其他学术组织的经同行评论的文章、论文、图书、摘要和文章。Google 学术搜索是整个学术领域中确定相关性较强的研究。

图 5-18 Google 学术搜索 LOGO

17. Google 专利搜索

Google 专利搜索（https://www.google.com.hk/?tbm=pts&hl=en）是 Google 在 2006 年 12 月 14 日发布了一项新的搜索服务，该特色搜索可以让用户搜索到所有美国、中国等多个国家的专利，包括它们的图片信息、专利号、发明人、发布日期、专利全文等。人们可以在线查看相关专利的图片，或者对其进行保存和打印以供脱线浏览，Google Patent search 用到了许多和 Google Book Search 一样的技术，如滚动和放大页面。Google 专利搜索的最大特点是可以实现专利全文的检索，可以通过主题词检索语言实现专利全文的全揭示。

5.2 科技文献检索方法

科技文献检索是根据特定的课题要求，从检索系统中按照一定的方法和步骤把符合需要的科技文献挑选出来的过程。检索方法是指为准确、快速、有效、省时地检索出所需文献，依据一定方法而制定的相关检索策略。常用的科技文献检索方法包括追溯法、工具法及循环法三种（彭香萍，2003）。

5.2.1 追溯法

追溯法又称扩展法、追踪法，是一种传统的文献检索方法，即利用参考文献进行深入查找相关文献的方法。追溯法包括两种方法，一种是根据原始文献所附的参考文献进行追溯；另一种是利用引文索引检索工具进行追溯。

利用原始文献后所附的参考文献进行逐一追查被引用文献,然后再从被引用文献所附的参考文献目录逐一扩大检索范围,依据文献引用与被引用之间的关系获得内容相关的文献，这是一种扩大信息来源的最简捷的方法。通过追溯法获得的文献，有助于对论文的主题背景和理论依据等进行更深入的理解，在检索工具短缺的情况下，采用此方法可获取一定数量的相关文献。但是由于原文作者记录参考文献存在不全面与不准确的情况，所以有时很难达到理想的结果。

5.2.2 工具法

工具法又称常规法，它是以主题、分类、作者等为检索点，通过检索工具获得文献信息的一种方法，是一种常用的科学检索方法。根据检索要求的不同，工具法又分为顺查法、逆查法和抽查法。

1）顺查法。依照时间顺序，按照检索课题所涉及的起始年代，由远及近、从过去到现在，逐年、逐卷地查找信息的一种方法。该方法多用于检索内容复杂、时间较长、范围较广的理论性或学术性课题。这种方法查全率、查准率较高，漏检率低，但费时费力，检索工作量大，效率低。

2）逆查法。与顺查法相反，逆查法是按照检索课题的时间范围，利用一定的检索工具，由近到远、从现在到过去回溯查找文献信息的一种方法。这种方法多用于检索新课题或有新内容的老课题，以及对某课题研究已有一定的基础，需要了解其最新研究动态的检索课题。这种方法省时省力、灵活性大、效率高，且检出的都是最新文献，新颖性高，可对某学科或研究课题的最新动态及发展水平一目了然，但容易产生漏查，查全率、查准率低。

3）抽查法。抽查法是针对某学科发展特点和发展阶段，抓住该学科发展较快、文献信息发表较多的年代，抽出这段时间进行检索的一种方法，它是根据学科发展的特点而采用的一种有效的检索方式。其优点是能获得一批具有代表性、反映学科发展水平的文献，检索效果和效率较高，但使用这种方法必须了解和熟悉学科发展的特点及历史背景，才能得到满意的检索结果。

5.2.3 循环法

循环法又称交替法、综合法，是指分期、分段交替使用追溯法和工具法这两种检索方法，以达到优势互补、获得理想结果的一种检索方法。具体步骤是首先利用检索工具查得一批相关文献，其次利用这批文献所附的参考资料进行追溯查找，从而得到更多的相关文献，如此交替使用，直至满足检索需求为止。

这种方法具有前两种检索方法的优势，但前提是原始文献必须收藏丰富，否则会造成漏查。

5.3 科技文献检索策略

科技文献检索一般包括分析检索课题、选择检索工具、分析检索概念、构造检索表达式、确定检索途径、调整检索策略、获取原始文献等若干步骤。具体检索步骤及检索实现方法如图 5-19 所示。

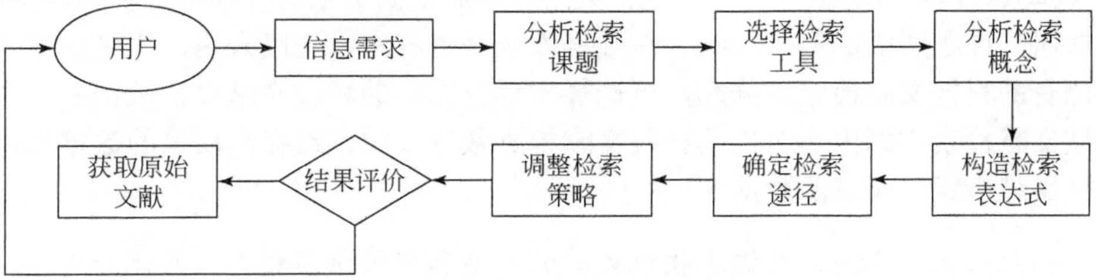

图 5-19　科技文献具体检索步骤

5.3.1 分析检索课题

科技文献首先要建立在分析课题的基础上，弄清楚课题的性质是什么，了解课题的目的、意义，确定检索内容的学科范围、文献类型、检索年限，根据学科范围选择检索工具及检索范围的限定和检索技术。

1. 分析信息需求类型

科技文献在科研过程的需求大概可归结为“新”、“全”和“准”三类。如果要了解科技的最新动态、学科的进展，了解前沿、探索发展趋势，则强调一个“新”字；如果要了解课题发展的全过程，写综述、做鉴定、报成果，就要回溯大量文献，要求检索得全面、详尽和系统，则要强调一个“全”字；如果要解决研究中的具体问题，则要强调一个“准”字。

2. 明确检索课题的范围

检索课题的范围包括学科范围、时间范围和地域范围等。不同的数据库，其收录的学科范围、时间范围和地域范围往往不一样，适用对象也不同。用户需根据课题检索的需求选择适合的数据库或检索系统。

3. 分析检索课题所涉及的主要概念

每个检索课题都包含一个或多个甚至一系列的概念，因此要分析出课题所涉及的主要概念，并找出能表达些概念的若干个词或词组，进而分析其在学科知识网络中所处的位置。对于新兴学科、交叉学科和边缘学科的课题，更要搞清楚这些概念关系。

5.3.2 选择检索工具

在分析课题的基础上，首先必须对各种检索数据库所覆盖的学科范围有清楚的了解，根据课题研究对科技文献的需求，在相应数据库的检索途径查找有关的科技文献的索引；其次根据索引指示的地址查得相应的科技文献线索，如题名、内容摘要、作者及作者单位、文献出处等；最后根据文献的外部特征及内容特征，选择研究课题所需的科技文献。在数据库选择过程中，一般来说，优先选择本单位已有的科技文献检索数据库，再选择本单位以外的科技文献检索数据库，在与科技文献检索主题内容对口的科技文献检索数据库中，选择高质量的数据库作为科技文献检索的文献源数据库。

知识点五：不同的数据库收录文献的类型和范围都不相同，具体如下。

中国知网、维普资讯、万方数据同为中文科技期刊全文数据库检索平台，但文献收录的时间范围、科技期刊种类、平台整合的文献类型也各不相同；ScienceDirect、Willey、IEL 同为外文科技期刊全文数据库检索平台，但文献收录的时间范围、文献收录学科侧重点、科技文献的质量等也各不相同，ScienceDirect 侧重于工程类科技文献的收录，Willey 侧重于化工、材料等科技文献的收录，IEL 侧重于电子、电气领域科技文献的收录。用户必须在明确检索课题所需文献的学科范围、时间范围和地域范围的基础上，有针对性地选择合适的检索工具和数据库。

5.3.3 分析检索概念

科技文献检索，特别是计算机检索，是按照相应联机数据库的标引检索语言进行科技文献的检索与获取，简单地说，就是通过标题词、叙词、关键词或单元词的组配进行科技文献的检索与获取。因此，用户在进行科技文献检索过程中，必须准确进行课题相关概念的分析，把握所检课题相关标题词、叙词、关键词及单元词，然后通过相关标题词、叙词、关键词及单元词作为检索词进行组配，获取相关科技文献。也就是说，科技文献的检索其实就是检索词的检索，检索词把握的情况直接决定检索的结果和质量。通常概念分析过程中，在检索词把握不准的情况下，要善于使用一些辅助工具，如工具书、专业词典、维基百科、百度百科等。

5.3.4 构造检索表达式

检索表达式是要求系统执行的检索语句。最简单的检索表达式由一个检索词构成，复杂的检索表达式由多个检索词及字段名通过关系运算符连接组合而成。由于各检索工具或数据库提供的检索途径不同，因此检索表达式也需要灵活调整。选用具体的检索工具（数据库）后，就要考虑选择哪种检索方法，确定具体的检索途径，选择是从分类途径还是从主题途径检索，所查找的文献要达到什么要求，选用什么检索词等，以便进行具体检索表达式的构建（图 5-20）。

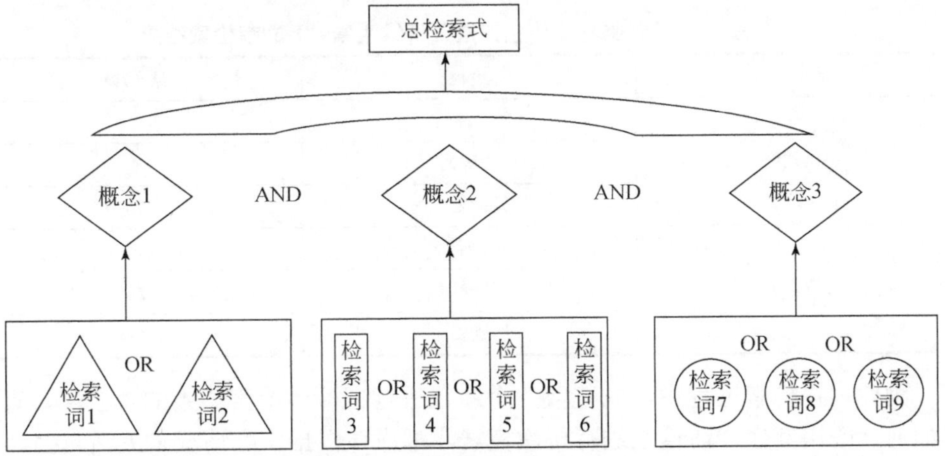

图 5-20 科技文献检索表达式结构

知识点六：构造检索表达式的注意事项如下。

在确定检索词时，要注意对习惯用语、专业术语、全称、简称、同义词、近义词及英文文字的前缀和后缀的了解和运用，尽可能地提高关键词的形式匹配概率，最大限度地减少误检和漏检。在撰写检索表达式时，必须充分了解所选检索工具/数据库关于布尔逻辑算符（与、或、非）、截词算符、位置算符、括号、引号用法的相关规定，充分利用检索表达式的撰写，反映检索者课题分析程度及检索意图。

5.3.5 确定检索途径

每一种检索工具所提供的检索途径不是完全相同的，可根据检索工具的检索途径，结合检索课题的要求选择检索入口。在选择检索途径过程中，不仅要注意文献的外部特征，如出版年、文献类型、书名、刊名、作者等；也要注意文献的内容特征，如学科属性、分类、主题、结构符号等。

不同的检索工具和数据库提供的检索途径可能并不相同。例如，万方数据库提供标题、作者、作者单位、刊名、期、中图分类号、关键词、摘要、全文、DOI①等检索途径；中国知网提供主题、篇名、关键词、摘要、全文、参考文献、中图分类号、发表时间、来源期刊、作者、单位等检索途径。使用同样反映文献主题特征的不同检索途径，如篇名（标题）、关键词、全文等，得到的检索结果也可能相差数十倍甚至数百倍。例如，检索关于“超临界流体色谱法分析维生素 E（vitamin E，VE）”的论文，输入检索词“超临界”和“维生素 E”不同检索字段的检索结果不同，具体检索情况见表 5-1。

表 5-1 “超临界流体色谱法分析维生素 E”文献检索结果

数据库	途径	结果/篇
中国知网	题名/篇名	15
	关键词	4
	摘要	78
万方数据	题名/篇名	14
	关键词	26
	摘要	69

因此，在检索过程中，先选取一个途径进行试检，检索结果的查全率、查准率如何，改用其他合适途径进行再次检索，都应该根据实际情况来灵活掌握。

5.3.6 调整检索策略

构建好了检索表达式，就可以通过选定的检索工具或数据库来执行检索了。多数系统提供多种检索方式，用户可以根据自己的需求和能力来进行选择。中国知网可提供简单检索、高级检索、专业检索、引文检索、学者检索、科研基金检索、句子检索、工具书及知识元搜索、文献出版来源等检索方式。例如，检索钱伟长的《大学必须拆除教学与科研之间的高墙》，可以通过中国知网的专业检索，输入检索式“作者＝钱伟长 AND 题名＝大学必须拆除教学与科研之间的高墙”，单击“检索”，得到检索结果；也可以选用高级检索，首先选择作者途径，输入检索词“钱伟长”，其次选择篇名途径，输入检索词“大学必须拆除教学与科研之间的高墙”，逻辑关系选择“并含”，单击“检索”，同样得到检索结果。

① DOI，即 digital object unique identifier，数字对象唯一标识符。

但在实际的检索中，初次检索的检索结果往往不能完全符合用户的要求。例如，检索到的文献非常多，但是其中有很多文献并不相关，查准率较低；或者虽然相关，但是良莠不齐，难以区分；或者是检索到的文献过少，查全率很低，无法获知课题研究全貌；等等。这时，就需要采取补救措施，调整检索策略。

1. 检索文献过多情况处理

（1）选用专指度高的检索标识

检索结果过多，最常见的原因在于用户使用的检索词太过宽泛，使用专指度高的检索标识就可解决这个问题。例如，课题“塑料成分的分析鉴定”，经分析发现该课题事实上采用的是红外光谱（infrared spectroscopy，IR）与差动热分析（differential scanning calorimetry，DSC）联用技术进行塑料成分分析鉴定，因此，检索式“塑料 AND（分析 OR 鉴定）”可能得到大量低相关度信息，而检索式“塑料 AND（红外光谱 OR IR）AND（差动热分析 OR DSC）”，采用红外光谱与差动热分析两种具体方法替代分析、鉴定这些宽泛的检索标识，能得到更符合用户需求的信息。

（2）利用逻辑“与”和逻辑“非”

很多用户习惯了在检索框中输入一个词然后执行检索，但事实上，我们的信息需求往往不是一个词就能确切描述的。例如，课题“稻草覆盖栽培马铃薯技术研究”，检索式“马铃薯 AND 栽培 AND 稻草”“（马铃薯 OR 洋芋 OR 土豆）AND（栽培 OR 栽种 OR 种植）AND（稻草 OR 秸秆）”的检索结果，其相关度一定比只检索“马铃薯”要高且准确。逻辑“非”可以帮助用户排除不相关文献。例如，需要获取有关“AIDS”的文献，为了避免出现“hearing aids”，可以使用检索式“AIDS NOT hearing”。

（3）灵活使用限制检索和位置检索

以中国知网为例，该数据库提供多角度的限制检索，如字段限制、学科限制、时间限制、文献来源类别（如核心期刊、EI 来源期刊、SCI 来源期刊）等。例如，有冶金工业领域的科研人员研究冶金工业企业如何走循环经济之路时，就可以将检索范围限制在“冶金工业”，然后在篇名字段检索“循环经济”，检索结果的相关度远高于仅在篇名字段检索“循环经济”；欲检索信息检索的 PPT[①] 课件，在百度高级检索“信息检索 AND filetype:PPT”得到检索结果约 170 000 多条，其中很多相关度并不高，如果规定信息检索要位于网页的标题中，检索“title:信息检索 AND filetype:PPT”，检索结果仅为 3700 多条，检索结果的相关度普遍较高。

① PPT，即 Microsoft office powerpoint，演示文稿。

2. 检索文献过少情况处理

（1）善用切分、删除、补充等手段

有些学生在有了研究课题的时候，习惯直接将整个课题名称放到检索框中检索，然后抱怨为什么检索结果总是那么少。其实在有了课题之后，首先要对课题题目进行切分，将一句话切分成几个词或词组，其次删除那些没有实质意义的词，如研究、分析等，对于课题涉及的主要概念，要补充其同义词、近义词、相关词、上位词和下位词。检索英语等外文文献时，可以通过截词算符获得与检索词同词根的相关词，还可以充分利用数据库的一些特殊功能，如 EI 的自动取词根功能等。例如，检索关于“超临界流体色谱法分析维生素 E”的论文，可以将课题切分成“超临界”“流体”“色谱”“维生素 E”等一系列检索词，并补充“流体”的同义词“液相”，“维生素 E”的同义词“生育酚”“VE”，然后将其组织成检索表达式为“超临界 AND（流体 OR 液相）AND 色谱 AND（维生素 E OR 生育酚 OR VE）”；课题“稻草覆盖栽培马铃薯技术研究”，检索表达式“（马铃薯 OR 洋芋 OR 土豆）AND（栽培 OR 栽种 OR 种植）AND（稻草 OR 秸秆）”的检索结果，其查全率比“马铃薯 AND 栽培 AND 稻草”要高得多。

（2）改主题检索为分类检索

以中国知网为例，检索钱伟长撰写的弹性力学方面的论文，通过检索式“作者＝钱伟长 AND 主题＝弹性力学”，检索结果为零，这个检索结果并不合理，因为钱伟长是世界著名的科学家，在弹性力学、变分原理、摄动方法等领域都有重要成就。我们在检索的时候，可以将检索的学科领域限制在弹性力学，再选用作者途径检索“钱伟长”，可以检得 14 条文献。再如，有冶金工业领域的科研人员研究冶金工业企业如何走循环经济之路时，如果通过检索式“篇名＝冶金工业 AND 篇名＝循环经济”，其检索结果远少于将检索的学科领域限制在“冶金工业”，然后在篇名字段检索“循环经济”。

（3）增用引文法检索

在得到检索结果后，可以在此基础上增用引文法来得到更多文献。引文法可分为两种，一种是由远及近地追寻，即找到一篇有价值的论文后进一步查找该论文被哪些文献引用过，以便了解后人对该论文的评论，是否有人对此做过进一步研究、实践结果如何、最新的进展怎样等。由远及近地追寻，资料越查越新，研究也就越深入，但这种查法主要依靠专门的引文索引，如 SCI、SSCI。另一种是利用文后参考文献由近及远地追溯，这样由一变十，由十变百地获取更多相关文献，直到满足要求为止，其缺点是材料越查越旧，如中国知网的知网节，万方数据的知识脉络为用户提供参考文献、二级参考文献、共引文献、引证文献、二级引证文献、同被引文献等链接，用户可以直接单击以获得更多相关文献。

（4）放宽限制条件，慎用位置算符

使用限制检索、位置检索或者选用更专指的检索字段，主要是为了提高查准率，但是当检索结果过少、根本无法满足需求的时候，可以取消位置检索，放宽检索限制，或者选用较宽泛的检索途径。例如，将在篇名中的检索放宽至关键词、摘要、主题词甚至全文等检索字段进行检索。

5.3.7 获取原始文献

1. 就近借阅

通过网络书刊平台或者书刊联合目录检索到的所需印刷型文献，可先查询所在图书馆的馆藏目录，若所在图书馆有馆藏，直接借阅进行阅读；若没有，可以利用书刊联合目录，查看附近图书馆或者其他信息机构是否有收藏，若有收藏，可利用者图书馆馆际互借系统，通过馆际互借的方式进行借阅。

2. 直接下载

现在许多数据库均为全文数据库，可以直接通过检索表达式在该数据库检索到相关文献下载进行阅读，如超星数字图书馆、中国知网、万方数据、维普资讯、ScienceDirect、Willey、IEL、PQDT、Springer Link、EBSCO[①]等均为全文数据库。这些数据库在文献浏览界面上均提供全文链接下载按钮，用户可以直接阅读或者下载原文文献，但一般需要下载并安装相应的文献阅读器。

3. 文献传递

文献传递系统及平台在各个图书馆的普及，为原文获取提供了更广阔的获取途径，其中尤以读秀学术搜索、百链外文搜索、中国高校人文社会科学文献中心、中国高等教育文献保障系统、国家科技图书文献中心等平台在高校文献传递中最为普及及高效。读者通过文献传递系统或平台提出请求后，文献传递系统或平台会通过邮件、传真、复印邮寄等形式，直接将文献发送给读者，读者不需要返还所传文献。

5.4 科技文献检索技术应用实例

5.4.1 实例一：大功率抗结渣生物质固气复合燃烧技术及装置

拟研究内容为燃烧室内增加由半弧形水管组成的挡火墙，加长燃烧行程，使

① EBSCO，即 Elton B.Stephens company，是一家从事多元化产业经营的跨国公司，主要提供电子期刊与数据库、文献订阅等服务。

烟气中夹带的生物质粉粒中的焦油有效析出并燃烧，并使粉粒中的固定碳充分燃烧，在同一燃烧室内实现固气复合燃烧。

1. 步骤一：分析检索课题

研究范围：生物质燃烧。

燃烧方式：锅炉或流化床。

研究内容：燃烧室中增加由水管组成的挡火墙。

解决问题：实现生物质固气复合燃烧过程中抗结渣/抗结焦处理。

实现效果：固定碳和焦油的充分燃烧。

2. 步骤二：选择检索工具

（1）中文检索工具选择

超星数字图书馆：用于检索及获取生物质流化床燃烧工艺相关专业图书与科学词典，通过专业图书了解具体工艺流程，通过科学词典了解相关科学名词（特别是英文专业名词）。

CNKI 检索平台：通过对 CNKI 检索平台整合资源的检索，获取与该课题研究内容密切相关的期刊论文、会议论文、博硕士论文、专利、成果等科技文献，通过相关文献的阅读，了解该课题的国内研究历史、国内研究的现状，调研该课题国内研究的创新程度及技术的可行性。

万方数据知识服务平台：利用万方数据跨库检索平台的检索结果，作为 CNKI 检索平台期刊论文、会议论文、博硕士论文、专利、成果等检索结果的补充，确保检索结果的全面和准确。

中文科技期刊数据库：利用维普资讯丰富的科技期刊资源，作为 CNKI 检索平台、万方数据知识服务平台期刊论文检索结果的补充。

（2）外文检索工具选择

Web of Science、EI Village：通过 Web of Science、EI Village 丰富的索引资源，检索与该课题研究内容密切相关的 SCI 或 EI 收录论文的索引，并通过索引指向获取所需的原文文献，通过相关文献的阅读，了解该课题的国外研究历史、国外研究的现状，调研该课题国外研究的创新程度及技术的可行性。

Science Direct、Willey、PQDT：利用 Science Direct、Willey、PQDT 丰富的外文全文论文资源，作为 Web of Science、EI Village 平台检索的补充。

（3）免费网络学术资源选择

中国学术论文在线、国家科技成果网：作为中文科技论文及科技成果资源的有效补充。

Google 专利搜索：利用 Google 专利搜索的中外文全文检索功能，可以全面揭示与该课题研究内容密切相关专利的技术本质。

Google 学术搜索：利用 Google 学术搜索的中外文科技论文的全文扫描功能，

对中外文科技期刊进行全扫描，尽可能减少检索结果的遗漏。

3. 步骤三：分析检索概念

（1）利用维基百科、百度百科了解相关概念

“生物质”“流化床燃烧”“锅炉”“结焦”的相关概念如图 5-21～图 5-24 所示。

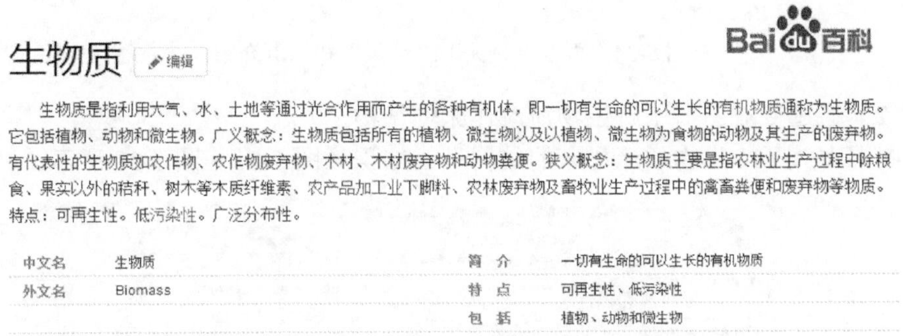

生物质 编辑

生物质是指利用大气、水、土地等通过光合作用而产生的各种有机体，即一切有生命的可以生长的有机物质通称为生物质。它包括植物、动物和微生物。广义概念：生物质包括所有的植物、微生物以及以植物、微生物为食物的动物及其生产的废弃物。有代表性的生物质如农作物、农作物废弃物、木材、木材废弃物和动物粪便。狭义概念：生物质主要是指农林业生产过程中除粮食、果实以外的秸秆、树木等木质纤维素、农产品加工业下脚料、农林废弃物及畜牧业生产过程中的禽畜粪便和废弃物等物质。特点：可再生性。低污染性。广泛分布性。

中文名	生物质	简　介	一切有生命的可以生长的有机物质
外文名	Biomass	特　点	可再生性、低污染性
		包　括	植物、动物和微生物

图 5-21　百度百科关于“生物质”知识点介绍

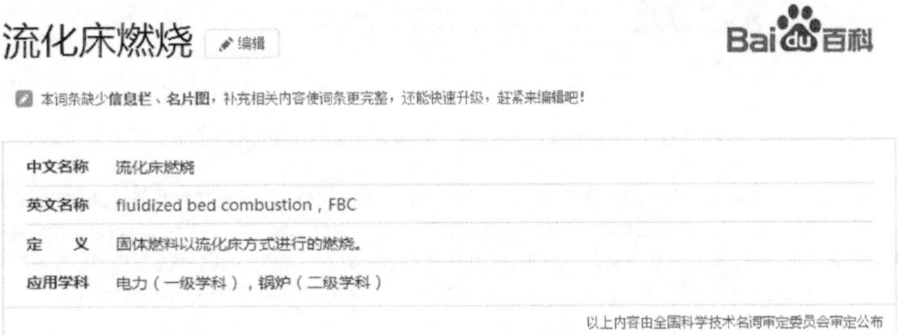

流化床燃烧 编辑

本词条缺少**信息栏**、**名片图**，补充相关内容使词条更完整，还能快速升级，赶紧来编辑吧！

中文名称	流化床燃烧
英文名称	fluidized bed combustion，FBC
定　　义	固体燃料以流化床方式进行的燃烧。
应用学科	电力（一级学科），锅炉（二级学科）

以上内容由全国科学技术名词审定委员会审定公布

图 5-22　百度百科关于“流化床燃烧”知识点介绍

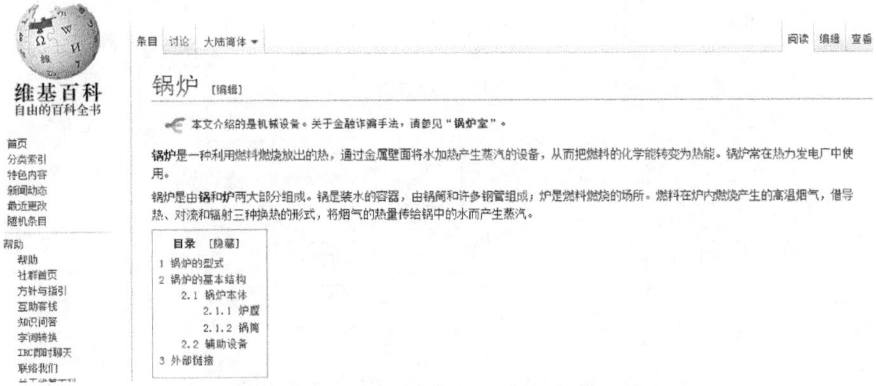

锅炉 [编辑]

本文介绍的是机械设备。关于金融诈骗手法，请参见“**锅炉室**”。

锅炉是一种利用燃料燃烧放出的热，通过金属壁面将水加热产生蒸汽的设备，从而把燃料的化学能转变为热能。锅炉常在热力发电厂中使用。

锅炉是由**锅**和**炉**两大部分组成。锅是装水的容器，由锅筒和许多钢管组成；炉是燃料燃烧的场所。燃料在炉内燃烧产生的高温烟气，借导热、对流和辐射三种换热的形式，将烟气的热量传给锅中的水而产生蒸汽。

目录 [隐藏]
1 锅炉的型式
2 锅炉的基本结构
2.1 锅炉本体
2.1.1 炉膛
2.1.2 锅筒
2.2 辅助设备
3 外部链接

图 5-23　维基百科关于“锅炉”知识点介绍

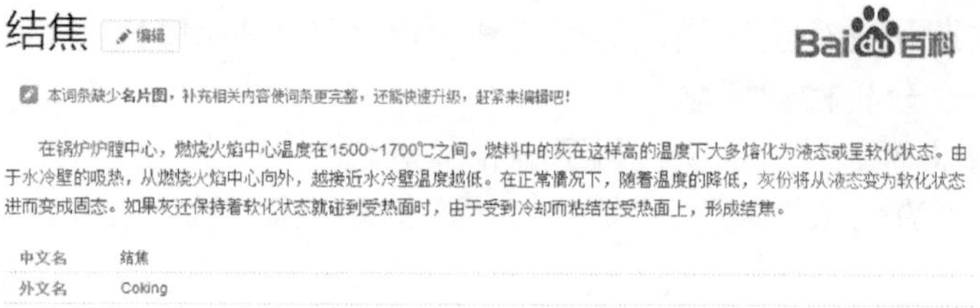

图 5-24 百度百科关于“结焦”知识点介绍

（2）通过专业图书了解生物质流化床的结构

图书中关于“生物质流化床的结构”的知识如图 5-25～图 5-28 所示。

图 5-25 《生物质发电产业化技术》的检索相关页面

循环流化床锅炉与鼓泡流化床相比最明显的区别在于炉膛上部的出口安装了循环物料分离器和回送装置，如图 4-13 所示，将烟气中的高温细固体颗粒分离收集并送回炉膛，使未燃尽而飞出炉膛的颗粒可以再次循环燃烧，从而大大提高了燃尽率。循环流化床锅炉一般是由流化床燃烧室（炉膛）、循环物料分离器、回料装置、尾部受热而和辅助设备等组成，是电站锅炉、工业锅炉和工业炉窑的一种很有前途和极具竞争力的燃烧方式。

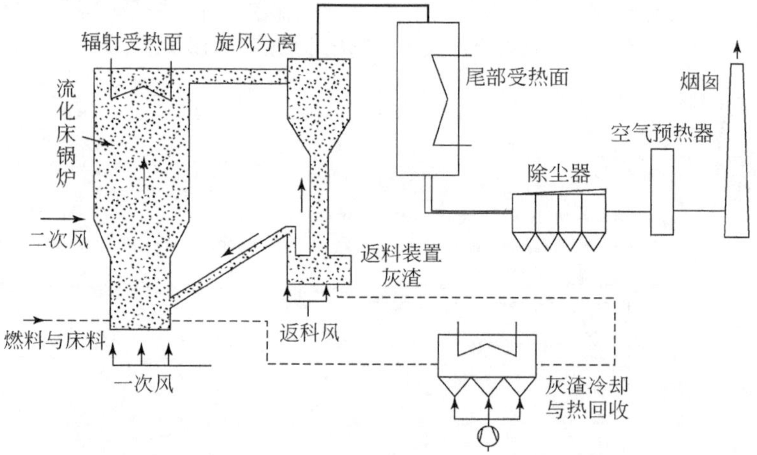

图 5-26 图书中关于“生物质流化床”相关介绍

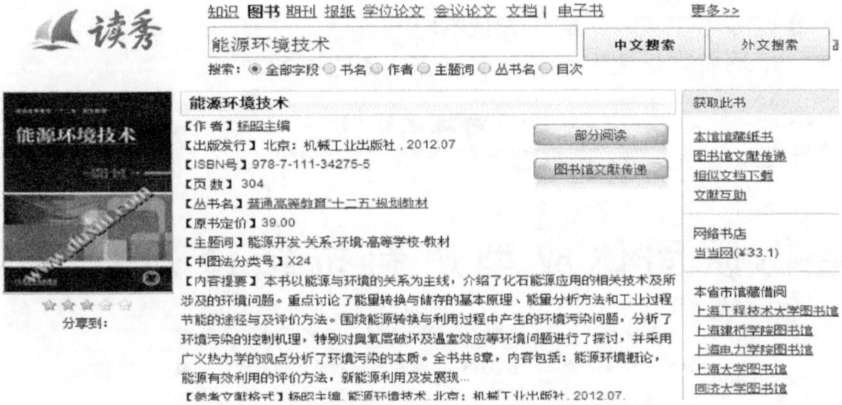
读秀

知识 图书 期刊 报纸 学位论文 会议论文 文档 | 电子书 更多>>

能源环境技术 中文搜索 外文搜索

搜索：全部字段 书名 作者 主题词 丛书名 目次

能源环境技术

【作 者】杨昭主编

【出版发行】北京：机械工业出版社，2012.07

【ISBN号】978-7-111-34275-5

【页 数】304

【丛书名】普通高等教育"十二五"规划教材

【原书定价】39.00

【主题词】能源开发-关系-环境-高等学校-教材

【中图法分类号】X24

【内容提要】本书以能源与环境的关系为主线，介绍了化石能源应用的相关技术及所涉及的环境问题。重点讨论了能量转换与储存的基本原理、能量分析方法和工业过程节能的途径与及评价方法。围绕能源转换与利用过程中产生的环境污染问题，分析了环境污染的控制机理，特别对臭氧层破坏及温室效应等环境问题进行了探讨，并采用广义热力学的观点分析了环境污染的本质。全书共8章，内容包括：能源环境概论，能源有效利用的评价方法，新能源利用及发展现...

【参考文献格式】杨昭主编. 能源环境技术. 北京：机械工业出版社, 2012.07.

部分阅读

图书馆文献传递

分享到：

获取此书

本馆馆藏纸书

图书馆文献传递

相似文档下载

文献互助

网络书店

当当网(¥33.1)

本省市馆藏借阅

上海工程技术大学图书馆

上海建桥学院图书馆

上海电力学院图书馆

上海大学图书馆

同济大学图书馆

图 5-27 《能源环境技术》的检索相关页面

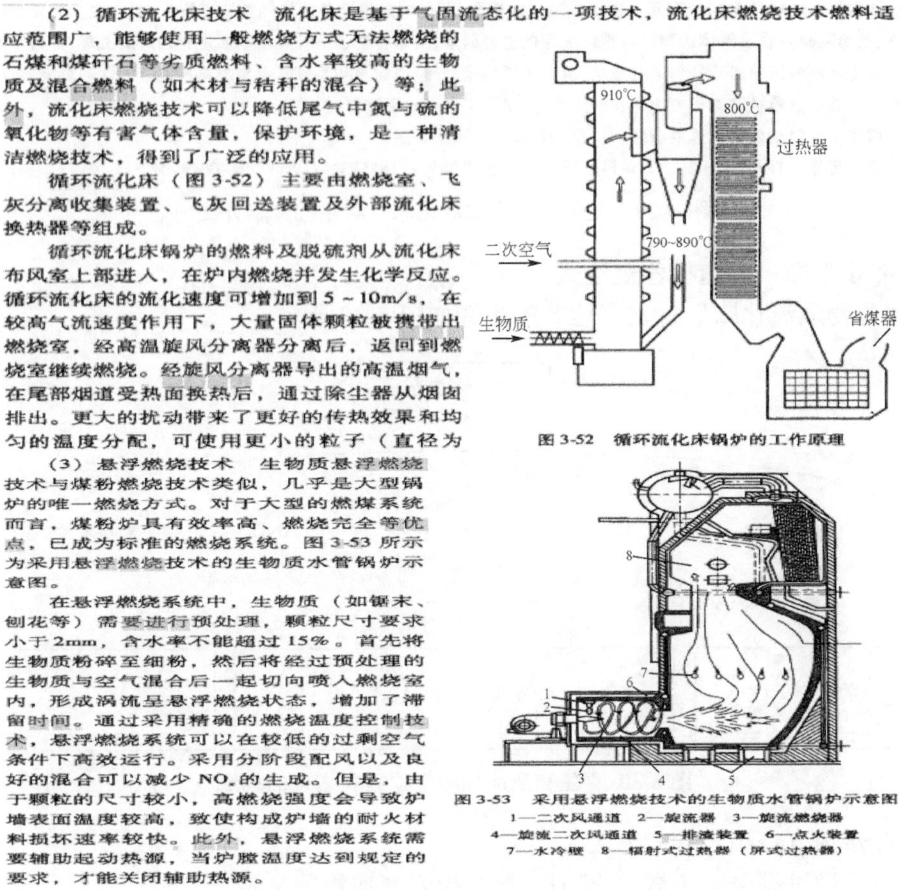
（2）循环流化床技术 流化床是基于气固流态化的一项技术，流化床燃烧技术燃料适应范围广，能够使用一般燃烧方式无法燃烧的石煤和煤矸石等劣质燃料、含水率较高的生物质及混合燃料（如木材与秸秆的混合）等；此外，流化床燃烧技术可以降低尾气中氮与硫的氧化物等有害气体含量，保护环境，是一种清洁燃烧技术，得到了广泛的应用。

循环流化床（图 3-52）主要由燃烧室、飞灰分离收集装置、飞灰回送装置及外部流化床换热器等组成。

循环流化床锅炉的燃料及脱硫剂从流化床布风室上部进入，在炉内燃烧并发生化学反应。循环流化床的流化速度可增加到 5～10m/s，在较高气流速度作用下，大量固体颗粒被携带出燃烧室，经高温旋风分离器分离后，返回到燃烧室继续燃烧。经旋风分离器导出的高温烟气，在尾部烟道受热面换热后，通过除尘器从烟囱排出。更大的扰动带来了更好的传热效果和均匀的温度分配，可使用更小的粒子（直径为

图 3-52 循环流化床锅炉的工作原理

（3）悬浮燃烧技术 生物质悬浮燃烧技术与煤粉燃烧技术类似，几乎是大型锅炉的唯一燃烧方式。对于大型的燃煤系统而言，煤粉炉具有效率高、燃烧完全等优点，已成为标准的燃烧系统。图 3-53 所示为采用悬浮燃烧技术的生物质水管锅炉示意图。

在悬浮燃烧系统中，生物质（如锯末、刨花等）需要进行预处理，颗粒尺寸要求小于 2mm，含水率不能超过 15%。首先将生物质粉碎至细粉，然后将经过预处理的生物质与空气混合后一起切向喷入燃烧室内，形成涡流呈悬浮燃烧状态，增加了滞留时间。通过采用精确的燃烧温度控制技术，悬浮燃烧系统可以在较低的过剩空气条件下高效运行。采用分阶段配风以及良好的混合可以减少 NO_x 的生成。但是，由于颗粒的尺寸较小，高燃烧强度会导致炉墙表面温度较高，致使构成炉墙的耐火材料损坏速率较快。此外，悬浮燃烧系统需要辅助起动热源，当炉膛温度达到规定的要求，才能关闭辅助热源。

图 3-53 采用悬浮燃烧技术的生物质水管锅炉示意图
1—二次风通道 2—旋流器 3—旋流燃烧器
4—旋流二次风通道 5—排渣装置 6—点火装置
7—水冷壁 8—辐射式过热器（屏式过热器）

图 5-28 《能源环境技术》关于“生物质流化床”相关介绍

（3）通过综述性文献了解相关技术研究进展

关于“生物质流化床”综述性文献介绍如图 5-29 所示。

第 27 卷 第 5 期　可再生能源 Renewable Energy Resources　Vol.27 No.5
2009 年 10 月　Oct. 2009

生物质固体成型燃料抗结渣研究进展

袁艳文[1,2]，林　聪[1]，赵立欣[2]，田宜水[2]，孟海波[2]

(1.中国农业大学，北京　100083；2.农业部规划设计研究院，北京　100125)

摘　要：生物质固体成型燃料具有易储存、运输及使用方便、清洁环保、燃烧效率高等优点，是开发利用生物质能的主要方向之一。但秸秆类生物质原料中无机元素(包括 K,Na,Cl,S,Ca,Si,P 等)含量较高，导致了生物质固体成型燃料在热化学转化利用过程中出现结渣现象，不仅对燃烧设备的热性能造成影响，而且危及燃烧设备安全，成为阻碍生物质固体成型燃料推广应用的主要因素。文章分析了秸秆类生物质燃料的结渣机理，介绍了国内外生物质燃料抗结渣特性的研究现状，探讨了原料预处理、添加剂和颗粒密度对燃料抗结渣特性的影响，最后分析了目前生物质抗结渣研究中存在的问题，并提出了未来的研究方向。

关键词：生物质能；固体成型燃料；结渣；添加剂；碱金属

中图分类号：TK6;S216.2　文献标志码：A　文章编号：1671-5292(2009)04-0048-04

图 5-29　关于“生物质流化床”综述性文献介绍

4. 步骤四：构造检索表达式

“生物质流化床”检索表达式的构造如图 5-30 所示。

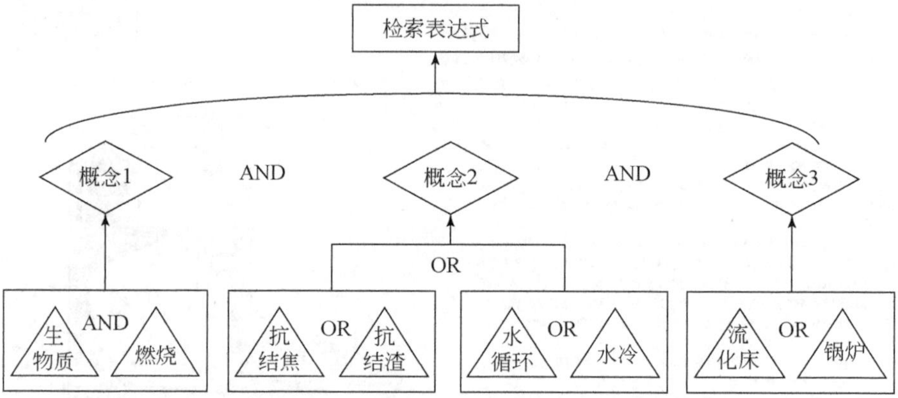

图 5-30　“生物质流化床”检索表达式的构造

5. 步骤五：确定检索途径

（1）通过题名、主题/关键词、摘要检索密切相关文献

通过题名、主题/关键词、摘要检索相关文献如图 5-31～图 5-34 所示。

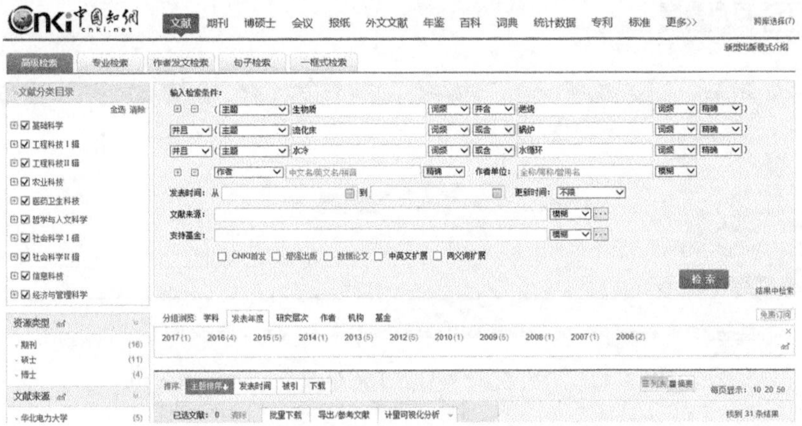

图 5-31　中国知网“生物质流化床”高级检索应用

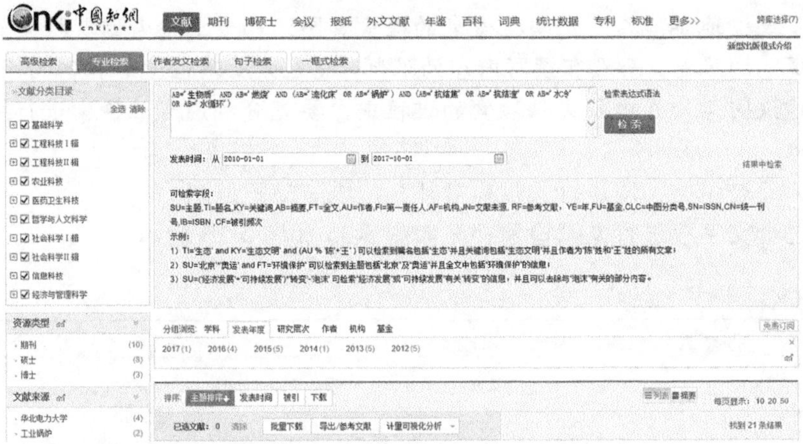

图 5-32　中国知网“生物质流化床”专业检索应用

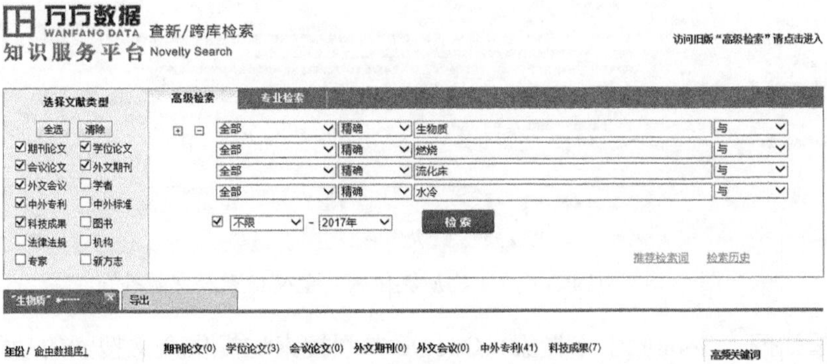

图 5-33　万方数据“生物质流化床”高级检索应用

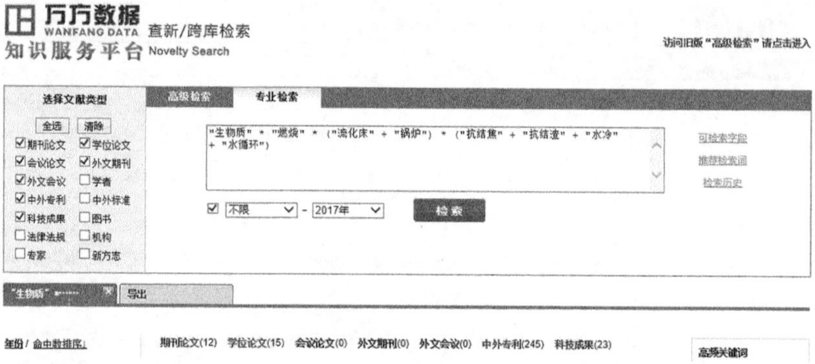

图 5-34　万方数据“生物质流化床”专业检索应用

知识点七：专业检索的合理应用如下。

通过中国知网与万方数据跨库检索平台检索发现，高级检索因其界面布局所限，或多或少地不能真实反映检索者的检索意图；而专业检索因其检索表达式只有撰写规范的限制，而没有撰写内容的限制，能充分反映检索者真实的检索意图。因此，建议同学们在进行文献检索的过程中，要充分利用专业检索进行文献的检索与获取。

（2）通过全文字段进行文献检索补充，以防检索遗漏

通过全文字段进行文献检索补充如图 5-35 和图 5-36 所示。

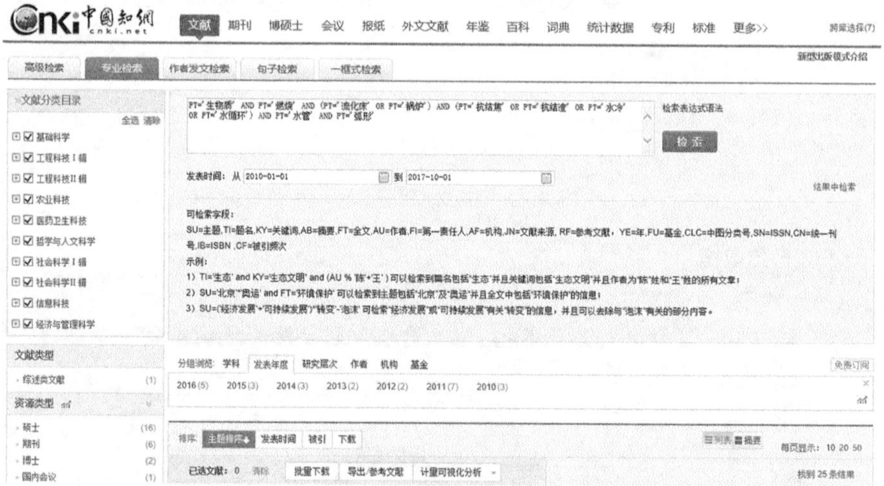

图 5-35　中国知网“生物质流化床”全文检索及文献补充

中国知网、Google 学术搜索、Google 专利搜索均提供全文搜索的功能，可以在主题检索的基础上，进行有效的文献补充，但必须要注意全文检索的表达式不

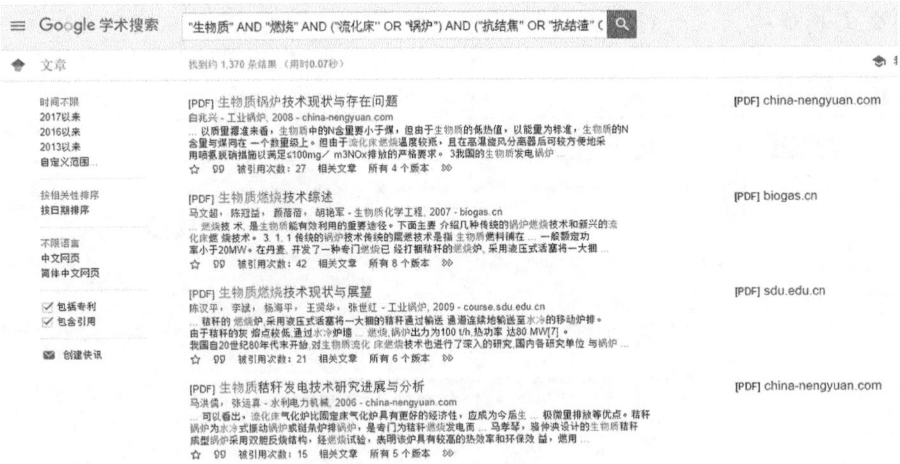

图 5-36　Google 学术搜索“生物质流化床”检索及文献补充

能完全采用主题检索的表达式，必须在主题检索表达式的基础上，进行进一步技术限定，否则检索结果过多，无法准确把握文献的信息。例如，本节主题检索的表达式为 SU=生物质 AND SU=燃烧 AND（SU=流化床 OR SU=锅炉）AND（SU=抗结焦 OR SU=抗结渣 OR SU=水冷 OR SU=水循环）；而全文检索的表达式为 FT[①]=生物质 AND FT=燃烧 AND(FT=流化床 OR FT=锅炉)AND(FT=抗结焦 OR FT=抗结渣 OR FT=水冷 OR FT=水循环）AND FT=水管 AND FT=弧形，全文检索表达式在主题检索表达式的基础上增加了“弧形”与“水管”的检索限定。

6. 步骤六：调整检索策略

在分析检索课题和分析检索概念的基础上检索途径限定在主题字段，检索时间限定为 2005 年至今，制定检索表达式为生物质 AND 燃烧 AND（流化床 OR 锅炉）AND（抗结焦 OR 抗结渣 OR 水循环 OR 水冷）。具体情况说明如下。

1）中国知网的文献范围为期刊论文、会议论文、博硕士论文、专利、成果等，检索结果为 211 篇（图 5-37）。

2）万方数据的文献范围为期刊论文、会议论文、博硕士论文、专利、成果等，检索结果为 290 篇（图 5-38）。

知识点八：撰写检索表达式的注意事项如下。

在充分分析课题及概念的基础上，撰写的检索表达式必须能同时反映检索课题的研究内容及检索者的检索思路。撰写的检索表达式在检索工具中最佳结果应为 50～200 篇，文献太少不能真实反映研究内容，必须进行扩检；文献太多不利于检索者对文献进行有效分析，必须进行缩检；在文献充分分析的基础上，必须

① FT 在 CNKI 检索平台中为全文检索字段。

利用全文精确检索，进行文献的扫描与补充。

图 5-37　中国知网科技文献检索列表

图 5-38　万方数据科技文献检索列表

5.4.2　实例二：数字化 PCB 工业喷印机

拟研究内容为采用微滴喷射技术、UV①固化技术实现 PCB②板字符层、蚀刻

① UV，即 ultraviolet，紫外线。
② PCB，即 printed circuit board，印制电路板。

层、阻焊层的直接喷印。

1. 步骤一：分析检索课题

研究范围：PCB 工业喷印机。

喷印方式：微滴喷射技术、UV 固化技术。

研究内容：PCB 板字符层、蚀刻层、阻焊层的直接喷印。

2. 步骤二：选择检索工具

（1）中文检索工具选择

超星数字图书馆、CNKI 检索平台、万方数据知识服务平台、中文科技期刊数据库。

（2）免费学术资源选择

Google 专利搜索：利用 Google 专利搜索的中外文全文检索功能，可以全面揭示与该课题研究内容密切相关专利的技术本质。

Google 学术搜索：利用 Google 学术搜索的中外文科技论文的全文扫描功能，对中外文科技期刊进行全扫描，尽可能减少检索结果的遗漏。

3. 步骤三：分析检索概念

（1）利用维基百科、百度百科了解相关概念

“印制电路板”“微滴喷射自由成形”“UV 固化”相关概念如图 5-39～图 5-41 所示。

（2）通过专业图书了解 PCB 喷墨打印技术

图书中关于“PCB 喷墨打印”技术介绍如图 5-42 和图 5-43 所示。

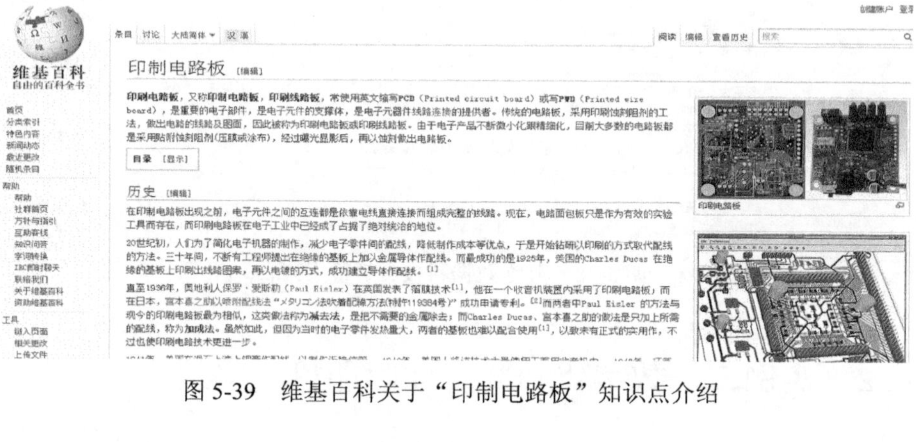

图 5-39　维基百科关于“印制电路板”知识点介绍

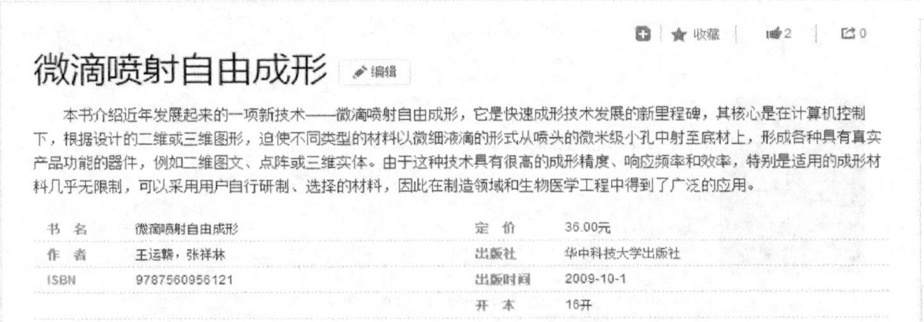

图 5-40　百度百科关于“微滴喷射自由成形”知识点介绍

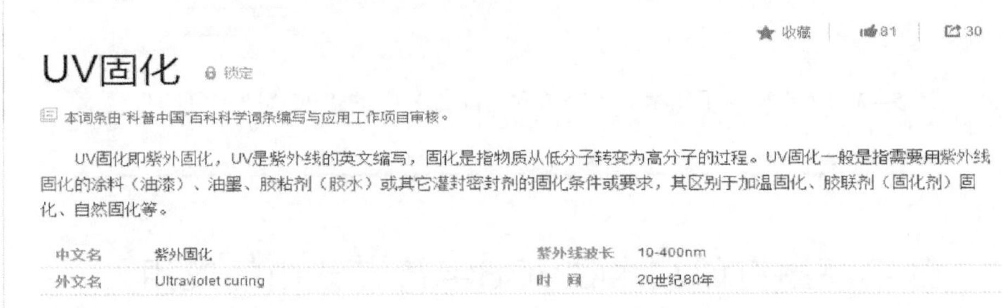

图 5-41　百度百科关于“UV 固化”知识点介绍

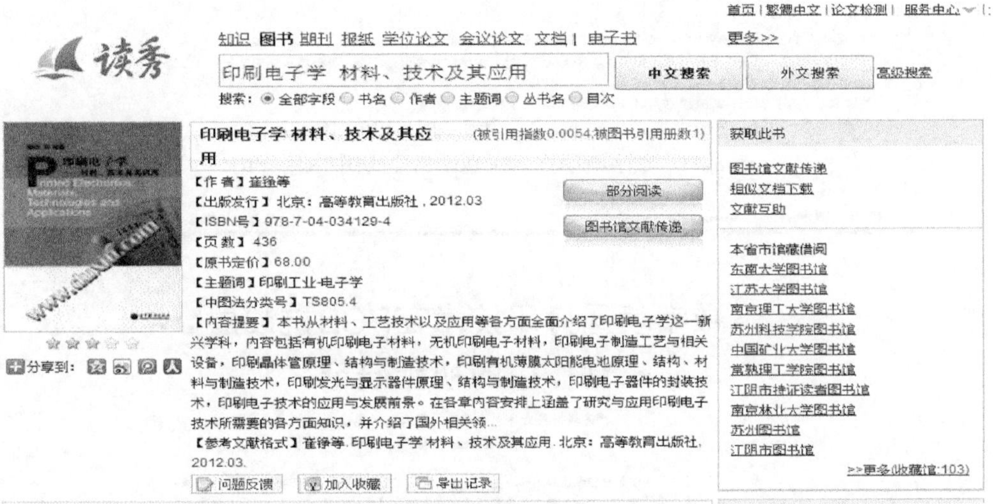

图 5-42　《印刷电子学——材料、技术及其应用》中的“PCB 喷墨打印”技术

（3）通过综述性文献了解相关技术研究进展

关于“PCB 喷墨打印”综述性文献如图 5-44～图 5-47 所示。

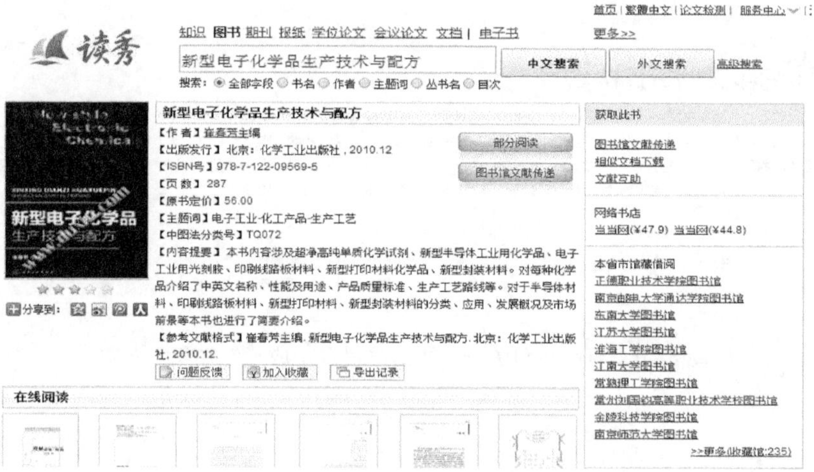

图 5-43　《新型电子化学品生产技术与配方》中的“PCB 喷墨打印”技术

印制电路信息 2011 No.12　　　　印制电子 *Printed Electronics*

数字喷墨打印技术在PCB字符工艺中的应用

卢玉蛟　黄哲赟　李　宝

（江苏锐毕利实业有限公司，江苏 盐城 224056）

摘　要　概述了文字喷墨打印技术的原理及其优点。文字喷印机可明显简化PCB文字工艺流程，提高生产效率，且生产过程中无墨水的浪费，最终体现为生产成本的降低；另外文字喷印机环保无污染，符合绿色环保理念。以上诸多优点将使其成为未来PCB文字工艺的发展方向。

关键词　数字喷印；线路板；文字工艺；绿色环保

中图分类号：TN41　文献标识码：A　文章编号：1009-0096（2011）12-0055-05

图 5-44　数字喷墨技术在 PCB 字符层中应用介绍

印制电子技术 *Printed Electronics*　　　　印制电路信息 2013 No.12

数字喷墨打印技术在PCB抗蚀层制作中的初步研究

严惠娟　吴金华　付海涛　罗永红　陈培峰

（上海美维科技有限公司研发部，上海）

摘　要　随着数字喷墨打印设备和纳米油墨的不断发展，喷墨打印技术在PCB制作中得到了越来越广泛的应用。目前市场上主要包括三个方面的应用：抗蚀层、字符、阻焊。文章通过市场调研，成本评估和工艺能力评估重点研究了喷墨打印技术在线路抗蚀层制作中的应用。结果发现喷墨打印技术相对于传统的线路制作工艺具有一定的成本优势和线路制作能力。

关键词　数字喷墨打印；印制电路板；抗蚀层

中图分类号：TN41　**文献标识码**：A　**文章编号**：1009-0096（2013）12-0014-04

图 5-45　数字喷墨技术在 PCB 蚀刻层中应用介绍

用于PCB蚀刻
线路的数字喷墨打印技术

林金堵
CPCA 顾问　本刊主编

摘　要　文章概述了用于PCB蚀刻线路中数字喷墨打印技术的原理和优点。在PCB的图形转移中，数字喷墨打印技术具有加工工序少、周期短和成本低的特点，它将和激光直接成像（LDI）一样成为PCB工业生产的重要方法。
关键词　数字喷墨打印技术；图形转移；蚀刻线路；激光直接成像；周期短；环境污染少
中图分类号：TN34.8　文献标识码：A　文章编号：1009-0096（2008）03-0008-07

图 5-46　PCB 蚀刻线路的数字喷墨技术应用介绍

第 28 卷　第 3 期　重庆理工大学学报(自然科学)　2014 年 3 月
Vol. 28　No. 3　Journal of Chongqing University of Technology(Natural Science)　Mar. 2014

doi：10.3969/j.issn.1674-8425(z).2014.03.015

PCB 喷墨打印机的研发现状和发展趋势

陈　庄，孙　云

（重庆理工大学 计算机科学与工程学院，重庆　400054）

摘　要：印制电路板(printed circuit board，PCB)是当前电子产品不可或缺的一部分。传统的PCB生产制作流程在节能减排和制造精度上都存在着无法克服的问题。PCB喷墨打印技术在缩短生产周期、降低生产成本、提高生产精度、减少环境污染等方面具有诸多优势，逐渐成为PCB生产的主流。给出了PCB喷墨打印机的系统架构和功能架构，分析了其工艺流程和关键技术，提出了喷头和油墨是制约PCB喷墨打印机推广应用的关键因素，最后讨论了PCB喷墨打印机未来的发展前景。

图 5-47　PCB 喷墨打印技术的发展及趋势介绍

4. 步骤四：构造检索表达式

“PCB 喷墨打印”检索表达式的构造如图 5-48 所示。

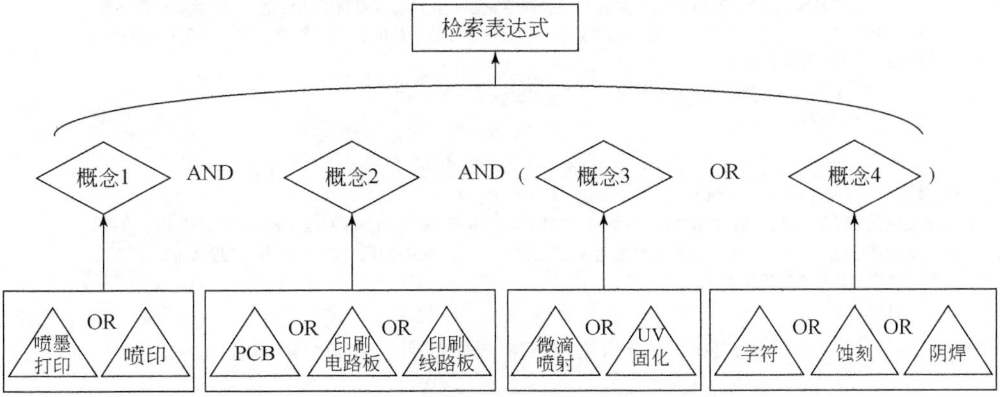

图 5-48　“PCB 喷墨打印”检索表达式的构造

5. 步骤五：确定检索途径

（1）题名、主题/关键词、摘要检索中国知网和万方数据的比较

中国知网和万方数据关于题名、主题/关键词、摘要的检索情况如图 5-49～图 5-56 所示。

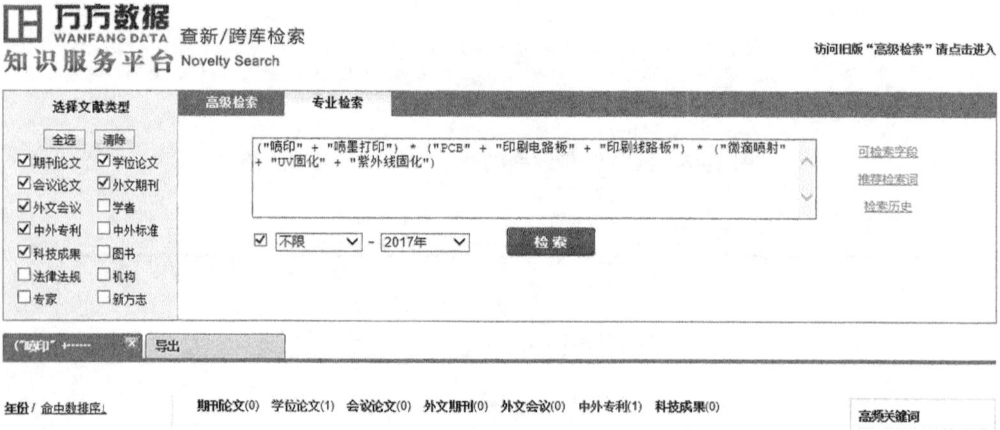

图 5-49　万方数据“PCB 喷墨打印”专业检索应用

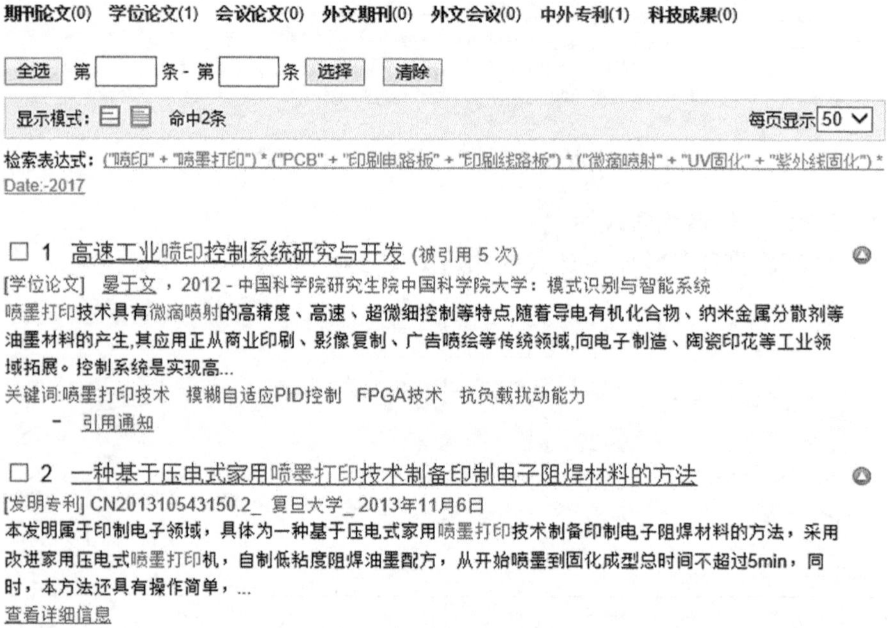

图 5-50　万方数据“PCB 喷墨打印”文献检索列表

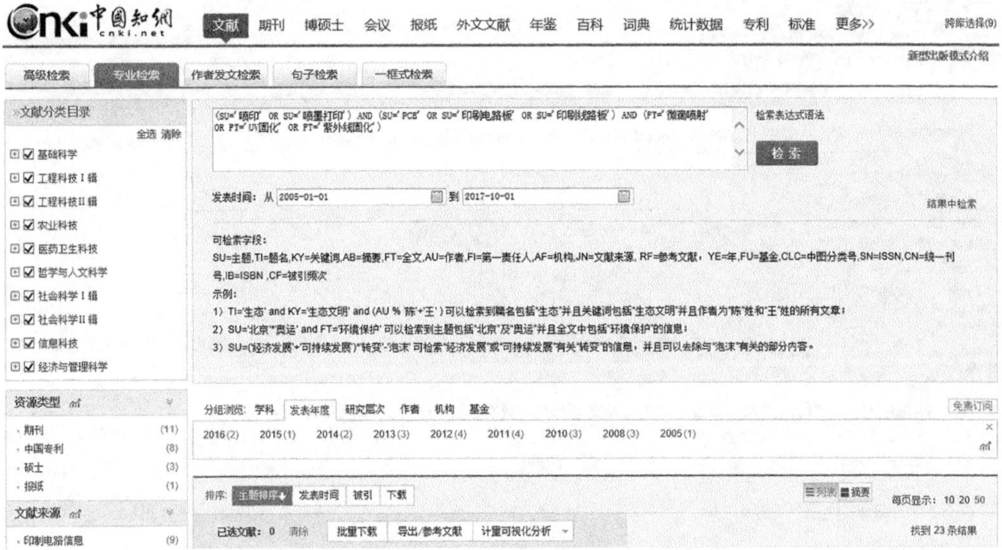

图 5-51 中国知网“PCB 喷墨打印”专业检索应用

□	题名	作者	来源	发表时间	数据库	被引	下载	阅读	热度
□1	一种字符喷印机及其喷印系统	王纪伟; 乔学生	郑州乐彩科技股份有限公司	2016-01-20	中国专利				
□2	数字喷墨打印技术给PCB产业带来的机遇与应用	李卫明; 王恒义	印制电路信息	2010-02-10	期刊	10	444		
□3	一种用于显示屏及PCB线路印制的喷墨打印装置	廖永红;刘华珠;宋瑞胡振华;杨铭 >	东莞凯佳智芯电子科技有限公司	2013-04-03	中国专利				
□4	一种印刷电路板字符喷印机	王运赣;文成;牧青;李宝;缪育博 >	江苏锐毕利实业有限公司;上海富奇凡机电科技有限公司	2011-08-17	中国专利				
□5	喷墨打印技术在PCB中的应用(上)	林金堵	印制电路信息	2008-07-10	期刊	12	301		
□6	喷墨打印技术在PCB中的应用(下)	林金堵	印制电路信息	2008-08-10	期刊	5	361		
□7	数字喷墨打印技术在PCB字符工艺中的应用	卢玉蛟; 黄哲漪; 李宝	印制电路信息	2011-12-10	期刊	5	138		
□8	用于PCB蚀刻线路的数字喷墨打印技术	林金堵	印制电路信息	2008-03-10	期刊	7	264		
□9	LDI和喷印技术是解决“甚高密度”PCB的最佳出路	吴梅珠; 林金堵	印制电路信息	2011-11-10	期刊	9	137		
□10	PCB图形制作装置	吴勇军; 苏化友	苏化友	2016-11-30	中国专利				
□11	PCB打印机图形光栅化质量改进方法研究	孙云	重庆理工大学	2014-03-25	硕士		77		
□12	一种基于压电式家用喷墨打印技术制备印制电子阻焊材料的方法	杨振国; 杨超	复旦大学	2014-02-12	中国专利				
□13	标记喷印装置	花岡聡; 沼里浩幸; 驀井裕之	信浓绢糸株式会社	2005-08-31	中国专利				
□14	喷墨打印技术在PCB生产中的应用研究	廖美红	广西轻工业	2011-11-15	期刊	2	117		

图 5-52 中国知网“PCB 喷墨打印”文献检索列表

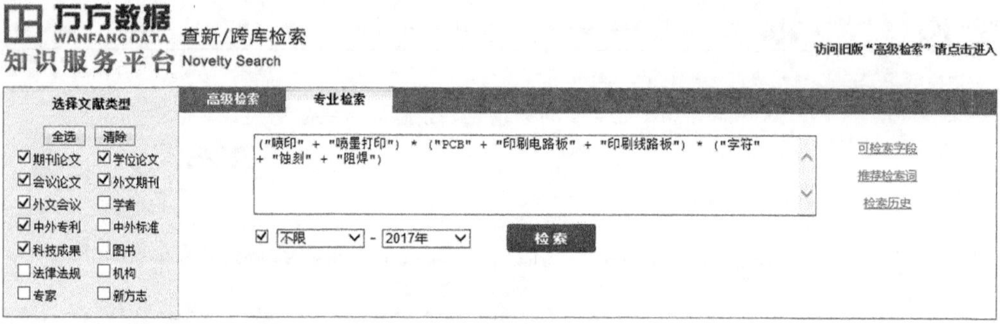

图 5-53　万方数据“PCB 电路板印刷效果”专业检索应用

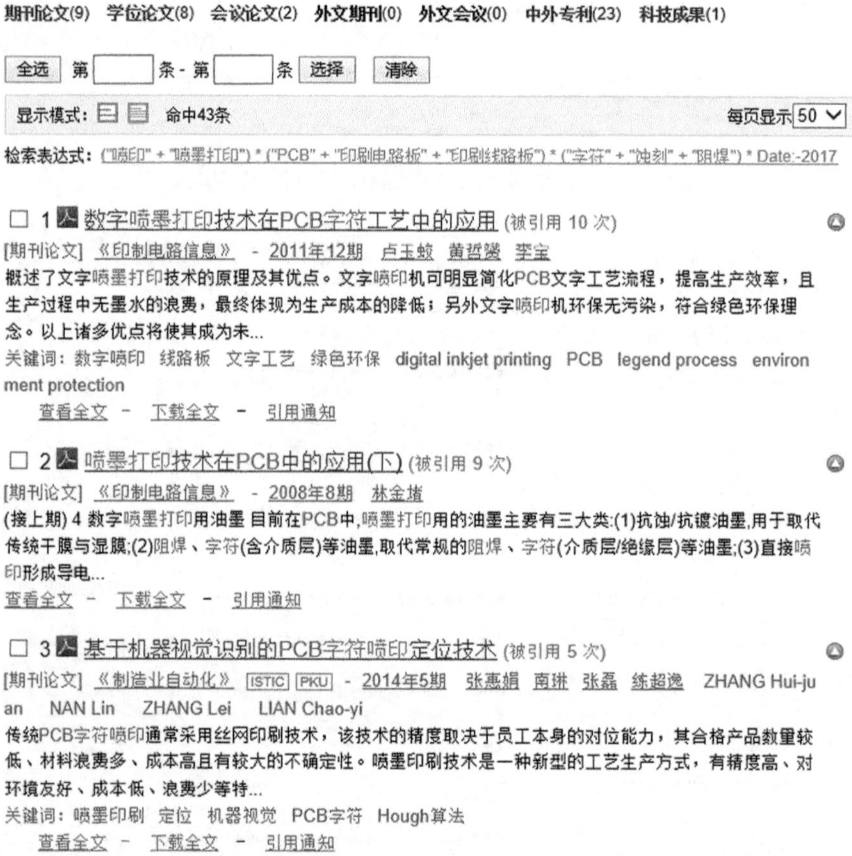

图 5-54　万方数据“PCB 电路板印刷效果”文献检索列表

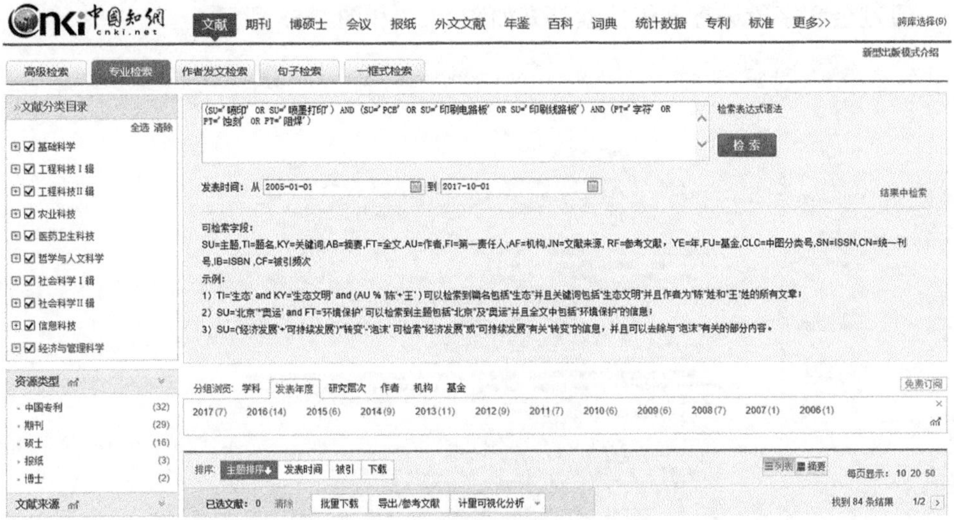

图 5-55　中国知网“PCB 电路板印刷效果”专业检索应用

	题名	作者	来源	发表时间	数据库	被引	下载	阅读	热度
1	一种字符喷印机	王纪伟; 乔学生	郑州乐彩科技股份有限公司	2017-05-10	中国专利				
2	一种印刷线路板防焊与字符一体喷印系统	徐进; 唐双华; 刘玲	徐进	2017-02-15	中国专利				
3	一种印刷线路板防焊与字符一体喷印系统	刘玲; 徐进; 唐双华; 贺明明	刘玲	2017-01-11	中国专利				
4	一种PCB快速制造3D打印机组	汤晓宇; 谭诚	天津市希统电子设备有限公司	2016-03-30	中国专利				
5	一种PCB快速制造3D打印机组	汤晓宇; 谭诚	天津市希统电子设备有限公司	2016-07-20	中国专利				
6	双工作平台的高速印刷线路板字符喷印机及其运行方法	宋来金; 吕冬煜; 周新林; 周彬	江苏汉印机电科技股份有限公司	2016-02-03	中国专利				
7	双工作平台的高速印刷线路板字符喷印机	宋来金; 吕冬煜; 周新林; 周彬	江苏汉印机电科技股份有限公司	2016-05-04	中国专利				
8	一种字符喷印机及其喷印系统	王纪伟; 乔学生	郑州乐彩科技股份有限公司	2016-01-20	中国专利				
9	一种字符喷印机及其打印平台夹持系统	王纪伟; 乔学生	郑州乐彩科技股份有限公司	2016-01-20	中国专利				
10	一种字符喷印机及其离线式视觉定位系统	王纪伟; 乔学生	郑州乐彩科技股份有限公司	2016-01-20	中国专利				
11	一种字符喷印机及其旋转纠偏系统	王纪伟; 乔学生	郑州乐彩科技股份有限公司	2016-01-20	中国专利				
12	印刷电路板及其制造方法，以及印刷电路板制造装置	蔡莳铨; 杨庆昌	蔡莳铨; 杨庆昌	2016-02-10	中国专利				
13	喷墨打印技术在PCB中的应用前景	林金堵	印制电路信息	2008-04-10	期刊	34	643		

图 5-56　中国知网“PCB 电路板印刷效果”文献检索列表

（2）通过 Google 学术搜索及 Google 专利搜索全文字段进行文献检索补充，以防检索遗漏通过全文字段进行文献检索补充如图 5-57 和图 5-58 所示。

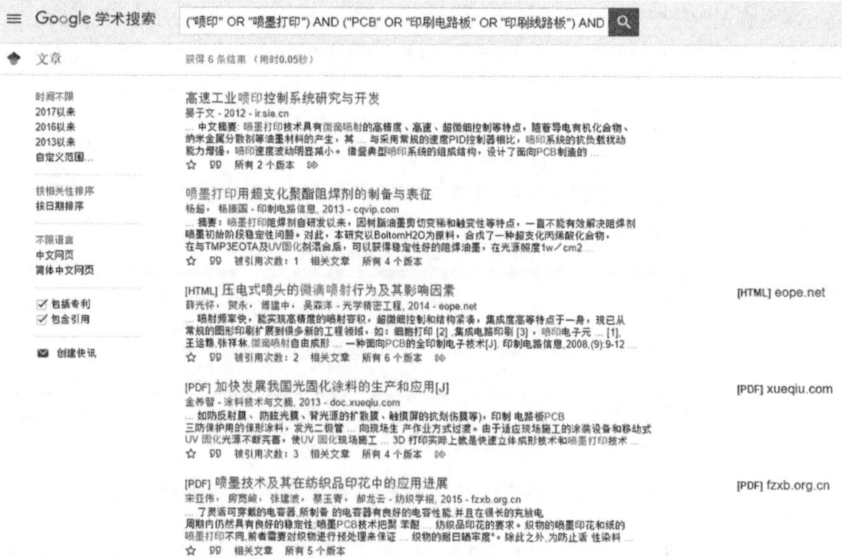

图 5-57　Google 学术搜索“PCB 喷墨打印技术”检索补充

图 5-58　Google 专利搜索“PCB 喷墨打印技术”检索补充

5.5 科技文献检索效果评价

科技文献检索评价是指根据科技文献检索的结果和检索过程中的相关信息，对检索系统的质量、功能及用户使用检索系统的效率、价值和过程所做出的判断。它是检索活动中一个不可或缺的环节，用户可以借此调整检索思路、修正检索表达式，使检索逐步达到理想状态，以获得满意的检索结果；可以借此深化对检索原理、系统性能的理解和认识，使检索者不断提高其检索技能和水平；可以借此丰富和完善信息检索系统的功能，使科技文献检索系统的建设与科技文献信息需求保持同步发展。科技文献检索的评价一般包括检索系统评价和检索效果评价两个方面。

科技文献检索评价目的是准确掌握检索系统的各种性能水平，分析影响检索效果的因素，调整检索系统及检索表达式，优化检索步骤及策略，提高检索效果，满足检索者科技文献检索的需求。常用的评价指标一般包括查全率、查准率、漏检率、误检率四项指标，其中，两个主要的衡量指标是查全率和查准率（谢新洲和腾跃，2004）。

5.5.1 检索系统评价

检索系统评价是指对数据库检索所用的软件进行评测，侧重于测试系统的软件功能是否完善、是否存在错误与缺陷、是否符合预期的设计目标等，可通过测试系统来完成，比较容易实现。检索系统的评价指标主要包括数据库收录范围、数据更新频率、数据库权威性的评价等方面。

数据库的收录范围是评价一个检索工具的最基本的指标，在传统的科技文献检索系统中，数据库的覆盖率是影响其检索性能的重要指标，它直接影响系统文献检索的查全率。尽管由于数据库科技文献收集较为分散和无序，更新和消亡无法预测，覆盖率对系统查全率的影响可能不明显，但是在用户选择检索工具的过程中，数据库的大小及权威性仍有一定的借鉴作用，因为从统计学的角度看，收集的科技文献越多，查到更多结果的可能性也就越大。图 5-59 为中文常用的检索平台，图 5-60 为外文常用的检索平台。

数据更新频率是计算机信息检索性能评价的另一个重要指标。在不考虑成本的情况下，检索工具数据更新频率当然是越快越好。如果更新频率太慢，跟不上科技文献发表的更新速度，就会出现延后。更新周期是指检索工具科技文献信息源的更新频度、时效性。科技文献的发表及出版始终处于不断发展变化之中，一个好的检索工具（或数据库），除了内容丰富、查找迅速外，还应该对数据库中已有内容进行审核、更新，及时删除“死链接”“坏链接”。

图 5-59　中文常用的检索平台 LOGO

图 5-60　外文常用的检索平台 LOGO

数据库的权威性主要体现在出版者、审查制度和收录文献三个方面，主要是指数据库中包含的出版物的学术情况，用于评估数据库的学术性、科学性和可靠性。但数据库内容的权威性是一个有争议的指标。

5. 5. 2　检索效果评价

检索效果评价是指从检索者的角度对检索系统的性能进行评价，包括数据库收录的学科范围、信息的新颖程度、时间的跨度、系统响应时间、检索文献的质量和数量等方面（武婧，2014）。其中，最难评价的是文献的质量和数量。文献的质量是由多方面的因素决定的，较难用客观的指标表述出来；而对检出文献数量的评判，国内外一般通过查全率、查准率、漏检率、误检率及响应时间等指标来进行衡量。其中，查全率与查准率是评价检索效果最重要的两个指标，由美国的詹姆士·佩里（James Perry）和艾伦·肯特（Allen Kent）最先提出，分别用 R 和 P 标识。为方便表述，我们以某次检索的结果为例进行，查准率和查全率指标数据说明见表 5-2。

表 5-2　查准率和查全率指标数据说明

项目	相关的文献	不相关的文献	总计
检出的文献	a（命中文献量）	b（应拒绝文献量）	a+b（检出文献总量）
未检出的文献	c（未命中文献量）	d（应拒绝文献量）	c+d（未检出文献总量）
总计	a+c（应命中文献总量）	b+d（应拒绝文献总量）	a+b+c+d（文献总量）

表 5-2 从两方面来描述某次检索的结果，横向是系统的相关性预测，把文献库中的文献分成检出部分 a+b（即与检索表达式相匹配的部分）和未检出部分 c+d（即与检索表达不相匹配的部分）；纵向是用户对信息库中全部信息所做的相关性判断或估计，也分成相关信息 a+c 和非相关信息 b+ d。进而形成查全率、查准率、误检率、漏检率等概念及其数学表达式。

1. 查全率

查全率是衡量某一检索系统从文献集合中检出相关文献成功度的一项指标，

等于检出的相关文献与全部相关文献的百分比，用于衡量检索系统和检索者检出相关文献的能力和效果。

查全率 R=命中文献量/应命中文献总量×100%=$a/(a+c)$×100%

例如，要利用某个检索系统查某课题，假设在该系统文献库中共有相关文献为 40 篇，而只检索出来 30 篇，那么查全率就等于 75%。

2. 查准率

查准率是衡量某一检索系统的信号噪声比的一种指标，等于检出的相关文献与全部相关文献的百分比，即用于衡量检索系统和检索者拒绝非相关文献的能力和效果。

查准率 P=命中文献量/检出文献总量×100%=$a/(a+b)$×100%

例如，检出的文献总篇数为 50 篇，经审查确定其中与项目相关的只有 40 篇，另外 10 篇与该课题无关，那么，这次检索的查准率就等于 80%。显然，查准率是用来描述系统拒绝不相关文献的能力，有人也称查准率为“相关率”。

3. 漏检率

漏检率是衡量某一检索系统从文献集合中检出相关文献遗漏程度的一项指标，等于未检出的相关文献与全部相关文献的百分比，用于衡量检索系统和检索者检出漏检文献的情况。

漏检率=未命中文献量/应命中文献总量×100%=$c/(a+c)$×100%

4. 误检率

误检率是衡量某一检索系统从文献集合中检出相关文献失误程度的一项指标，它是指系统在进行某一检索时，误检（检出不相关）文献总量的比例，是衡量信息检索系统误检文献和程度的尺度。

误检率=应拒绝文献量/检出文献总量×100%=$b/(a+b)$×100%

在实际课题检索过程中，查全率和查准率之间存在着互逆的依赖关系，一般，查全率控制在 60%～70%，同时，查准率控制在 40%～50%，或，查准率控制在 60%～70%，同时，查全率控制在 40%～50%，为最佳综合检索结果。但具体科研过程中，需根据实际需求进行选择确定，当需要全面遍历相关研究文献时，可适度忽略文献的查准率，当需要准确把握某项技术的研究进展及技术现状时，可适度忽略文献的查全率。

知识点九：检索效果评价及检索系统评价指标说明如下。

检索效果评价主要指标是查全率和查准率，即检索系统中的全部相关文献都被检出，检出的文献全部是相关文献。然而，由于许多因素的影响，在实际检索中，查全率和查准率是不可能达到 100%的，而是存在着一种互逆关系，即在同一检索系统中提高查全率，查准率则会降低，反之，查准率提高，查全率则会下降。

检索系统评价的主要指标为漏检率和误检率，误差越大，效率越低，检索系统的性能就越低；误差越小，效率越高，检索系统的性能就越高。由此可见，产生漏检和误检的原因是影响检索系统效果的主要因素。

5.5.3 检索效果评价的影响因素

查全率与查准率是评价检索效果的两项重要指标，查全率和查准率与文献的存储及信息检索两个方面是直接相关的，也就是说，与系统的收录范围、索引语言、标引工作和检索工作等有着非常密切的关系（蔡丽萍，2013）。

1. 影响查全率的因素

从文献存储来看，主要有数据库收录文献不全、索引词汇缺乏控制和专指性、词表结构不完整、词间关系模糊或不正确、标引不详、标引前后不一致、标引人员遗漏了原文的重要概念或用词不当等影响查全率的因素。此外，从文献检索来看，主要有检索策略过于简单、选词和进行逻辑组配不当、检索途径和方法太少、检索人员业务不熟练和缺乏耐心、检索系统不具备截词功能和反馈功能、检索时不能全面地描述检索要求等。

2. 影响查准率的因素

影响查准率的因素主要有索引词不能准确描述文献主题和检索要求、组配规则不严密、选词及词间关系不正确、标引过于详尽、组配错误、检索时所用检索词（或检索式）专指度不够、检索面宽于检索要求、检索系统不具备逻辑“非”功能和反馈功能、检索式中允许容纳的词数量有限、截词部位不当、检索式中使用逻辑“或”不当等。

实际上，影响检索效果的因素是非常复杂的。根据国内外有关专家所做的实验表明，查全率与查准率是呈互逆关系的。要想做到文献尽可能查全，势必要对检索范围和限制逐步放宽，结果则是会把很多不相关的文献也带进来，影响了文献检索的查准率。企图使查全率和查准率都同时提高是不明智和不科学的，强调一方面势必会忽视另一方面。在实际课题检索过程中，应当根据具体课题的要求，合理调节查全率和查准率，保证检索效果。

知识点十：查全率及查准率在课题检索中的作用如下。

查全率和查准率在课题检索过程中，根据检索者对文献使用作用不同，承担不同的重要角色：①当检索者需要对课题的新颖性进行判断或课题研究进展情况进行说明时，需要对课题研究情况进行全局把握，文献的查全率尤为重要，检索者在检索时务必拓宽检索途径及检索策略，务求要求检索的全面性及客观性；②当检索者需要了解某种技术方案的实施细节或某种技术领域的实现方法时，需要对具体技术细节或实现的具体方法进行详细的了解，文献的查准率尤为重要，检索者在检索时务必细化检索表达式，务求检索的精准性和针对性。

5.6 科技文献检索中常见问题分析

5.6.1 中文期刊数据库

为帮助检索者了解科技文献检索过程中经常出现的问题，本部分对其进行举例说明。检索平台为《中国知识资源总库》网络资源共享平台（中国知网），检索范围为学术期刊、会议论文、学位论文、专利、成果等专题数据库，检索课题为超超声波技术在污水处理中的应用，检索时间为 2017 年 6 月 1 日。

1. 遇到检索课题不进行分词，直接全部输入检索框中进行检索

初次接触科技文献检索的检索者，因不了解科技文献加工存储及标引检索的具体过程，通常将检索课题名称全部输入检索框进行检索，结果是漏检率很高，有时甚至查不到相关文献，见表 5-3 中检索策略①，这是初尝文献检索的检索者最容易犯的错误，也是文献检索中最大的忌讳。实际上，一个课题往往包含很多检索用词，应先分析课题，将课题进行分词，找出检索词，再进行科技文献的检索。通过分析，发现检索课题提供了两个检索词，即“超声波”和“污水”，使用布尔逻辑算符进行检索，见表 5-3 中检索策略⑤。

表 5-3 不同检索字段和不同检索策略查出的文献数 （单位：篇）

检索策略	检索字段	检索途径			
		篇名	关键词	摘要	主题
①	超声波技术在污水处理中的应用	3	0	0	3
②	超声波技术在废水处理中的应用	3	0	5	6
③	超声波*污水*应用	19	0	232	320
④	超声波*（污水+废水）*应用	43	3	501	652
⑤	超声波*污水	128	5	939	1058
⑥	超声波*废水	227	11	1307	1458
⑦	超声波*（污水+废水）	352	16	2044	2281
⑧	超声波*污水*应用*技术*处理	4	0	126	180

2. 只根据检索课题的字面抽取检索词

检索者刚刚接触检索课题时，往往对课题所知甚少，用“望文生义”的方法进行初步的检索，以获取相关文献进行课题知识的进一步了解，但一定要想到仅仅用课题的表述作为检索词来查找的检索策略是不完美的。有些课题的实质性内容往往很难从课题的名称上反映出来，课题所隐含的概念和相关的内容需要从课题所属的专业角度做深入分析，才能提炼出能够确切反映课题内容的检索概念。例如，本检索课题中“污水”包含“废水”等隐含概念，如果不加分析地进行检索，便会造成漏检。比较表 5-3 中检索策略⑤和⑦，就会发现检索策略⑤比⑦的文献量少一些，明显漏掉了部分文献。所以应该分析上述隐含概念，才能保证文献的查全率。

3. 把检索课题字面上的词全部进行逻辑与组配检索

若课题有 A、B、C、D、E、F 等主题概念进行逻辑与组配，其中 C 词建库人员未从原始文献中挑选出来作为标引词时，该主题词则表现为零，则整个检索式等于零。例如，本检索课题中若把“超声波”“污水”“应用”“技术”“处理”五个概念全部组配起来，则会造成大量文献漏检。对比表 5-3 中检索策略⑤和⑧，增加了“应用”“技术”“处理”等词后，文献量大减，有的检索结果为零（“关键词”检索字段），这是因为标引人员一般不把“技术”“处理”等词作为“关键词”。在做主题分析时，应注意排除课题中那些检索意义不大而且比较空泛的概念词，如“分析”“研究”“利用”“方法”“设计”“发展”“展望”“动态”“影响”等。

4. 很少调整检索字段（检索项）

检索字段（检索项）就是指检索途径。检索字段选择的合适与否，直接影响检索的结果。很多检索者在进行课题检索时，直接在数据库的默认字段下，输入检索词进行检索。针对本检索课题，表 5-3 分别用了 4 个检索字段和 8 种检索策略，从“篇名”“关键词”“摘要”“主题”入手，查出的文献量呈增加趋势。在数据库检索中，一般遵循“宽进严出”的原则，并根据检索结果的多少来调整检索字段。“篇名”和“关键词”是使用最多的检索字段，这两个字段既能保证文献的查全率，又能保证文献的查准率。如果用“篇名”和“关键词”查出的文献量很少，可以放宽到用“摘要”字段进行检索，一般不用“主题”进行检索，因为查出的文献相关度太低，很多文献与检索课题无关。

5. 很少考虑检索词的同义词或近义词

目前的计算机信息检索系统，还不具备智能思考的能力，还不会对所输入的检索词及涉及的所有词进行自动、全面地检索，因此，必须在概念分析的基础上列出与概念有关的词，从中做出选择。同义词和近义词在检索中占有重要地位，如“计算机”“微机”“电脑”等，每一个关键词下均能找到文献，但若采用其中一个关键词去检索，往往只能找到其中的一部分文献，导致了漏检、误检。所以，必须尽一切可能把同义词和近义词找全。另外，一些词的简称也应该考虑，如“聚氯乙烯”的简称“PVC”等。

5.6.2 中文专利数据库

因专利文献的特点是法律保护换取文献公开，专利文献是唯一可以通过国家知识产权局官方网站获取全文的科技文献。在中国专利文献检索过程中，推荐专利检索及分析(http://www.pss-system.gov.cn/)和专利之星检索系统(http://www. patentstar.com.cn/) 作为中国专利文献获取的途径。以专利之星检索系统为例，介绍专利检索过程中存在的一些常见问题，图 5-61 和图 5-62 分别为专利之星检索系统登录界面和字段检索界面。

图 5-61　专利之星检索系统登录界面

1. 分不清中国专利文献的各种编号

中国专利文献编号有“申请号（专利号）”“公开号（公告号）”和“优先权号”等五种，但在实际专利文献检索过程中，因检索专利是否授权而有所区别，若检索的专利已授权，“申请号”即为“专利号”、“公开号”即为“公告号”。还有专利“申请号”和专利“公开号”编码格式完全不一样，可以直接从专利编号的撰写格式直接判断其为“申请报（专利号）”或“公开号（公告号）”。例如，检索编号为“CN 03837691U”专利的相关信息时，检索者应该能立即判断出此号为“公开（公告）号”，然后在相应的检索框中输入相关信息进行检索（图 5-63）。

图 5-62　专利之星检索系统字段检索界面

图 5-63　专利文献“公告号”检索示例

2. 对输入状态的要求不清楚

例如，查找专利编号为“201420248066.8”的有关信息时，检索者应该能立即判断此专利编号为“申请（专利）号”，在对应的“申请（专利）号”输入框中输入“201420248066.8”，获取所需的专利文献，但是在检索过程中输入正确的编号后，还是不能找到相关的文献，这时就应该了解编号书写格式是不是“半角”，即“英文”格式，或者“申请（专利）号”前是否添加了“CN”。图 5-64 为专利文献“申请（专利）号”检索示例，图 5-65 为专利之星检索系统专利信息。

图 5-64　专利文献“申请（专利）号”检索示例

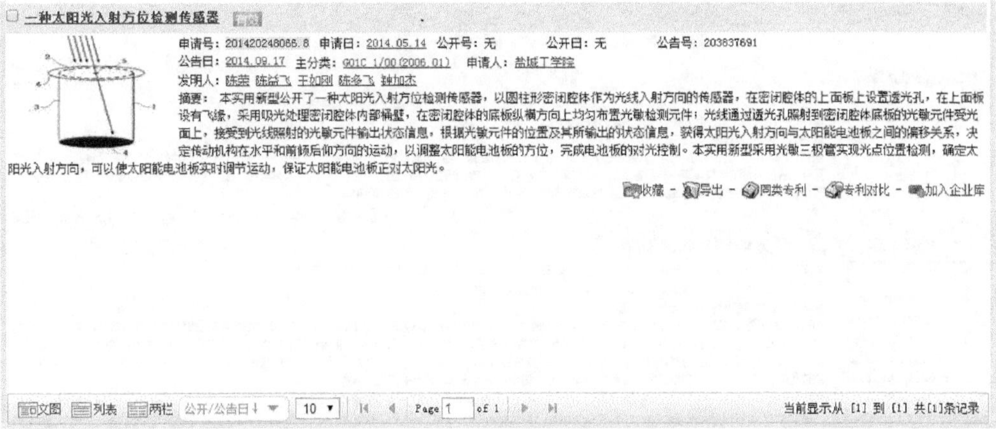

图 5-65　专利之星检索系统专利信息

3. 对“申请（专利权）人”的概念不理解

当面对检索题目为“2013～2017 年盐城工学院申请的专利有多少篇”时，很多检索者在“地址”对应的输入框中输入“盐城工学院”，结果漏检了很多。分析原因，该检索课题中“盐城工学院”应作为“申请（专利权）人”，即在“申请（专利权）人”对应的输入框中输入“盐城工学院”，申请日对应输入框中输入 20130101>20170930，就可以检索到所需要的全部检索结果。在专利制度中，执行本单位的任务或主要是利用本单位的物质技术条件所完成的发明创造为职务专利，职务专利的“申请（专利权）人”为单位所有。机构在某定义时间区域专利信息检索示例和结果展示如图 5-66 和图 5-67 所示。

图 5-66　机构在某定义时间区域专利信息检索示例

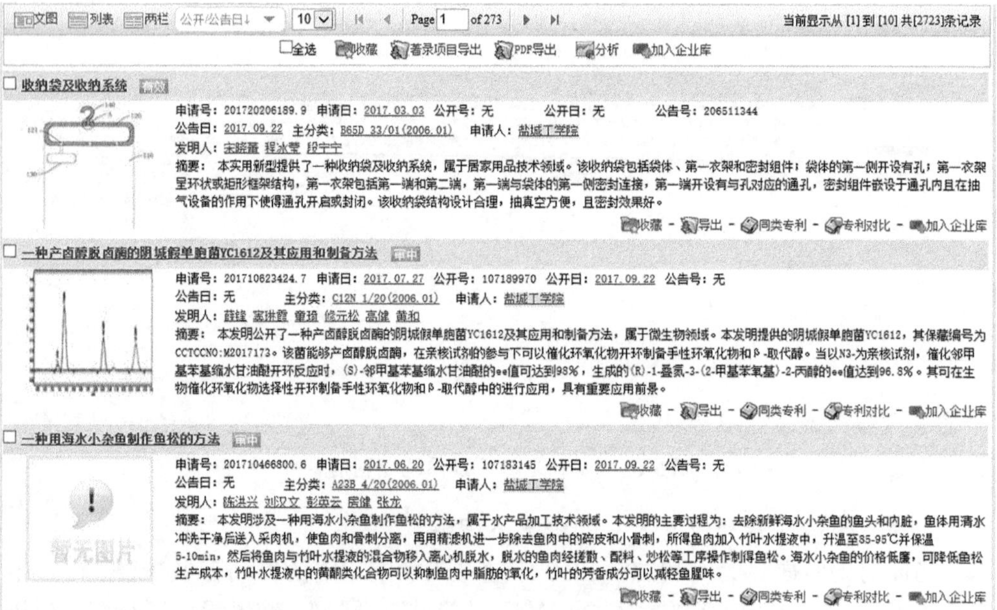

图 5-67　机构在某定义时间区域专利检索结果展示

5.6.3　英文数据库

英文数据库的检索与应用对科技文献检索初学者来说，特别是本科学生，最大的障碍在于：①如何查阅专业学术词典，掌握专业学术名词的拼写方式，如何应用专业翻译软件，协助阅读相关文献内容；②如何准确把握英文检索平台检索字段的变化；③如何利用截词检索技术，准确检索到与课题相关的科技文献。下面就以上问题一一进行说明。

1. 检索词的翻译问题

检索者在翻译关键词时，大部分借助翻译网站或快译通等工具进行翻译，得到的是直译，与专业翻译不一致，用直译的词汇进行检索时，查到的文献量为零。例如，“光催化剂”直译成“light catalyst”，专业翻译应为“photo catalyst”；“数字通信”直译成“number communication”，专业翻译应为“mobile communication”；等等，这些直译导致检索不到文献。另外，英文数据库的检索也应该找全检索词的同义词和近义词，如有毒（toxic、poisonous）、设备（apparatus、equipment、device）、汽车（car、automobile、vehicle）等。

对于检索词的翻译，检索者可以借助专业学术词典或《中国知识资源总库》网络资源共享平台库（中国知网）的“英文篇名”进行查阅及了解。例如，如果想找“脉冲袋式除尘器”方面的英文文献，通过翻译软件翻译得到“pulse-jet bag dust collector”，又不知道翻译是否准确，这时可以通过中国期刊全文数据库检索有关“脉冲袋式除尘器”方面的中文文献，筛选对象为 SCI 来源期刊、EI 来源期刊及核心期刊，查看其中文文献对应的“英文篇名”，把“pulse-jet bag filter”作为“脉冲袋式除尘器”的参考翻译。图 5-68 和图 5-69 分别为翻译软件和通过全文数据库检索获取的检索词。

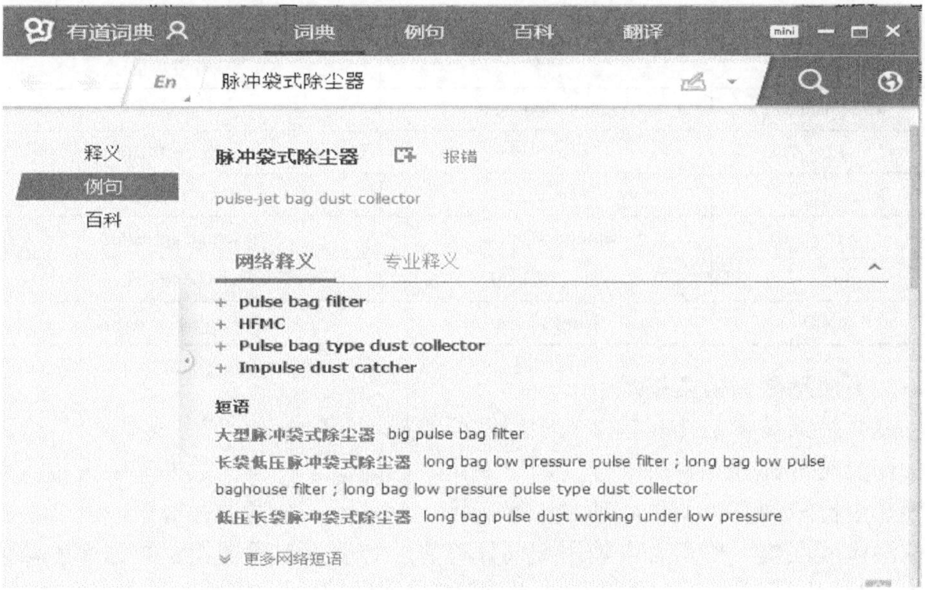

图 5-68 翻译软件获取的检索词

翼形上进风长袋脉冲袋式除尘器气流特性研究

李珊红[1,2,3]， 唐奇[1,2]， 李彩亭[1,2]， 方鑫[1,2]， 曾光明[1,2]， 宋七棣[3]， 徐天平[3]， 陈安琪[3]

(1.湖南大学环境科学与工程学院； 2.环境生物与控制教育部重点实验室，湖南 长沙 410082；
3. 江苏科林集团有限公司，江苏 苏州 215021)

摘 要：袋式除尘器对超细颗粒物的净化效果较好，增加袋长是提高过滤面积的有效方法，但随滤袋加长，气流均匀性变差，滤袋容易破损，局部积灰严重，滤袋不能得到充分的利用。文章对翼形上进风长袋脉冲袋式除尘器建立几何模型并进行网格划分，基于计算流体动力学(CFD)理论，选取过滤速度为 0.5~1.3 m/min 和压力出口为–350~–2 000 Pa 为边界条件，采用压力–速度耦合的 SIMPLE 算法，模拟包含 Φ130 mm 和 Φ150 mm，长 10 m 滤袋的翼形上进风长袋脉冲袋式除尘器的气流分布，考察气流在滤袋空间分布的均匀性。结果表明：翼形上进风方式使得长袋脉冲袋式除尘器内气流分布较均匀；通过 Φ150 滤袋的气流速度大于 Φ130；靠近壁面的滤袋的气流速度大于相应中心滤袋的。该研究可为上进风袋式除尘器的优化设计提供指导和依据。

关键词：翼形上进风； 脉冲袋式除尘器； 数值模拟； 气流分布特性

中图分类号：X701.2 文献标志码：A doi：10.3969/j.issn.1003-6504.2014.08.020 文章编号：1003-6504(2014)08-0108-04

Airflow Distribution Characteristics in Wing-upper-inlet-wind Long Pulse-jet Bag Filter

图 5-69 通过全文数据库检索获取的检索词

2. 某些检索字段的变化问题

英文数据库常用的检索字段很多是一样的，如“title”（篇名）、“author”（作者）、“keyword”（关键词）、“abstracts”（摘要）、“subject”（主题词）等，但也有一些字段在不同数据库中不相同（表 5-4）。同时，检索者必须要注意的是，英文数据库中均提供高级检索（advanced search）界面，检索者在进行多字段组合检索时，应充分利用高级检索的检索功能，帮助检索者准确、快捷地检索到所需文献。

表 5-4 不同数据库中检索字段不相同

数据库	刊名	作者单位
SCI Expanded	publication name	address
EI	source title	author affiliation
ScienceDirect	source title	affiliation
Willey	publication titles	author affiliation
IEL	publication title	author affiliation
EBSCO	journal name	geographic terms

3. 不熟悉截词检索技术

截词检索技术是指在检索式中用专门的截词符号，如“?”或“*”等来表示检索词的某一部分允许有一定的词形变化。截词检索在英文数据库中大量运用，因为一个检索词有单复数、动名词等变化，若只用一个词进行检索，就会造成大量的漏检或误检，检索者在使用截词算符前，必须确定所需检索数据库的截词算符为“？”“*”或其他，再进行截词算符的组织与使用。例如，检索有关“平衡”

方面的文献时，就有“balance”“balancing”“balancer”“unbalance”“unbalanced”及“imbalance”等词可供选择，遇到这样的问题，可以运用截词检索，即用“*balanc*”来代替上述所有词进行检索，才能全面检索到所需文献。以 IEL 数据库检索为例，题名（document title）为“balance”，检索结果为 12 329 条；题名为“*balanc*”，检索结果却为 16 865 条。截词检索是英文数据库检索的一种普遍扩检措施，有助于提高文献的查全率，防止漏检或误检，提高检索效率。图 5-70 为英文文献检索过程中截词算符应用比较。

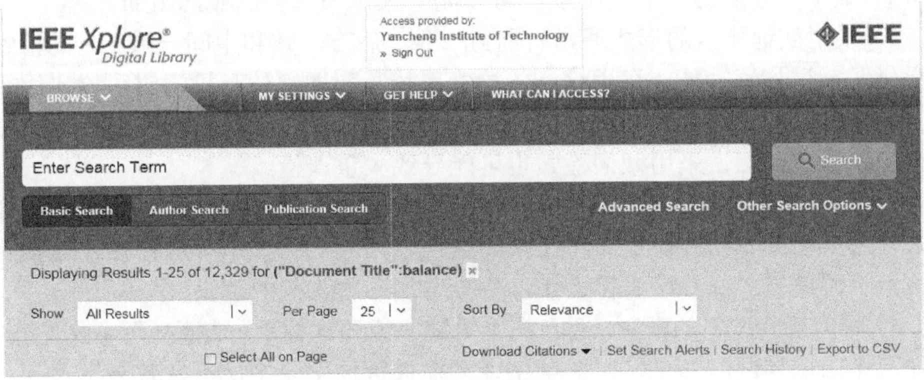

(a)采用单元词进行检索的结果显示

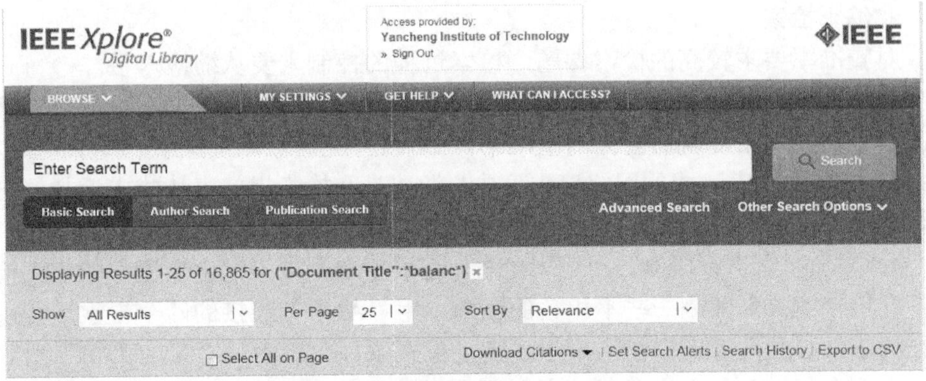

(b)采用单元词结合截词算符进行检索的结果显示

图 5-70 英文文献检索过程中截词算符应用比较

5.6.4 扩大检索与缩小检索

1. 扩大检索

对查全率要求较高的检索课题，检索过程的控制主要从扩检入手。

1）选用多个检索系统（工具）或同一检索系统中的多个数据库文档，因为不同的检索系统有不同的收集范围和准则，选用多个检索系统，虽然检索结果重复现象增多，但查全率也会相应提高。在检索过程中增加数据库或文档的数量无疑增加了查全率。

2）降低检索词的专指度，尤其对于采用受控语言检索的系统，可以从系统词表（主题分类表、叙词表等）中或命中文献中选一些上位词检索或者在上位类目中检索。

3）调节检索表达式的网络度，可以删除某个不重要的概念组面。

4）采用截词检索的形式通常有前方一致、后方一致和中间一致。有的检索系统提供了截词检索功能，运用这样的检索系统从事网络信息检索时可以采用系统规定的截词算符将某一单元词可能构成的全部复合词进行检索，有助于增加命中文献的数量。当然，采用截词检索也可能导致大量误检。

5）利用布尔逻辑“或”连接同义词、近义词或词的不同拼写形式，即增加用“OR”逻辑连接的相关检索词。在人类语言中词的同义关系普遍存在，这些相关的检索词用逻辑“或”运算符连接，将会增加命中文献的数量。

6）取消某些过严的限制，适当使用关键字或词在标题、文摘甚至全文中查找。例如，中国期刊网，如果使用关键字或词在关键词字段中检索，效果不理想，可以考虑使用同样的关键字或词在篇名、中文摘要甚至全文中检索。

2. 缩小检索

对查准率要求较高的检索课题，检索过程的控制主要从缩检入手。

1）提高检索词的专指度。如果说降低检索词的专指度可以增大查全率的话，提高检索词的专指度自然会提高查准率。

2）提高检索表达式的网络度。通常的做法是在检索提问表达式中增加概念组面。增加概念组面数，提高检索表达式的网络度，可以满足缩检的要求。

3）增加概念进行限制，用逻辑“与”连接主题词来限定主题概念的相关检索项；利用“NOT”限制一些不相关的概念。用“AND”连接的两个检索词表示这两个检索词必须同时出现在结果中才满足检索条件。检索式“A AND B”所表达的复合概念相当于包含检索词 A 的结果集与包含检索词 B 的结果集的重叠部分。而用“NOT”连接的两个检索词表示应从第一个概念中排除第二个概念才满足检索条件。检索式“A NOT B”所表达的复合概念相当于包含检索词 A 的结果集而不包含检索词 B 的结果集的部分。很显然，这样的限定或连接可以缩小检索范围。

4）利用某些检索系统所提供的限定检索功能。这是计算机情报检索系统广泛采用的一种检索方法，它可以缩小检索范围，减少无关信息的输出，从而实现缩检的目标。例如，在“维普数据库”中，我们可以利用扩展检索条件（如时间条件、专业限制、期刊范围等）进行限定检索。

5）利用某些检索系统提供的二次检索功能。二次检索是指以任意一次的检索结果的范围为基础，选用新的检索词进一步缩小范围，进行逐次逼近检索。

思考题

1. 请结合国内基因重组相关研究文献，通过课题的分析，撰写出拟检索课题的主要技术要点，并在此基础上凝练检索词。

2. 请在上述课题分析的基础上，确定该课题的检索步骤，并结合课题内容进行详细说明。

3. 请分别通过生理盐水的日常应用及科学研究相关检索结果，分析 Baidu 搜索、Google 搜索、专业检索工具的优劣，并进行检索评价及检索分析。（注：如果 Google 不能正常访问，请登录 Google 代理网站 http://ac.scmor.com/进行检索）

参 考 文 献

蔡丽萍. 2013. 文献信息检索教程. 北京：北京邮电大学出版社.

彭香萍. 2003. 文献资源利用通论. 长沙：湖南大学出版社.

沈固朝. 2004. 网络信息检索 工具・方法・实践. 北京：高等教育出版社.

武婧. 2014. 信息资源检索与毕业论文写作. 沈阳：东北大学出版社.

谢新洲，滕跃. 2004. 科技查新手册. 北京：科学技术文献出版社.

第 6 章　论文写作与文献综述

本章在科技文献检索学习的基础上，指导读者如何将科学研究及科技创新成果通过学术论文的方式进行固化，并通过科技论文写作的基础知识，科技文献的收集、整理和分析，文献综述的撰写等，帮助读者进一步巩固掌握科技文献检索的基础知识。

科技论文是情报学意义上的一次文献（又称为原始文献），是科学技术人员或其他研究人员在科学实验（或试验）的基础上，对自然科学、工程技术科学及人文艺术研究领域的某些问题在创造性的科学实验和理论分析的基础上，运用概念、判断、推理、证明或反驳等逻辑思维手段来分析、揭示其客观规律和本质的一种论说性文章，并按照各个科技期刊、学术会议及学位论文格式的要求进行电子和书面的表达。科技论文的主要分类如图 6-1 所示。

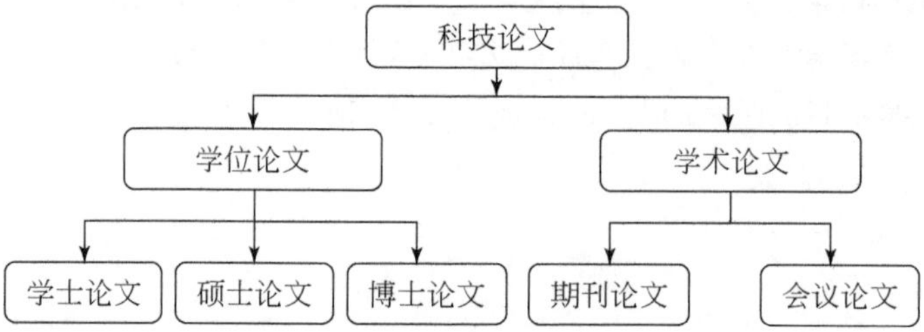

图 6-1　科技论文分类结构体系说明

知识点一：学位论文及学术论文的概念及分类如下。

学位论文是学位申请者为申请学位而提交的论文，它是学位申请者从事科学研究取得了创造性的结果或有了新的见解，并以此为内容撰写而成的。学位论文根据申请学位的层次不同，主要分为学士论文、硕士论文和博士论文。

学术论文是科技工作者在学术刊物上发表，或在学术会议上宣读、交流或讨论，或为其他用途撰写的论文。学术论文根据论文发表或交流的途径不同，主要分为期刊论文和会议论文。

科技论文在科研工作者的整个科学研究活动中的作用极其重要。可以说，掌握科技论文的写作与利用的基本方法是科研工作者进行科学研究活动的基础。科研工作者拟研究的科研课题或科研项目确定后，围绕科研课题或科研项目的科学假设，按照拟定的研究方案或可行性研究报告，制定具体的研究计划，在计划实施的过程中，运用文献检索方法、情报分析方法、实验观察方法、调查研究方法等，收集大量的研究素材，经加工整理，形成可以直接利用的综合资料，为科技成果的形成奠定了坚实的基础。从这个角度认识，可以说科技论文的写作与利用是延续科研课题或科研项目研究的立项阶段、研究阶段、实验阶段和总结阶段的整个过程，是科研课题或科研项目得以形成科研成果的重要支撑，图 6-2 为科技论文在课程研究阶段作用图示。可见，学习和掌握科技论文的基础知识、写作方法、写作格式，了解科技论文收集、整理与分析等有关问题是极其必要的。

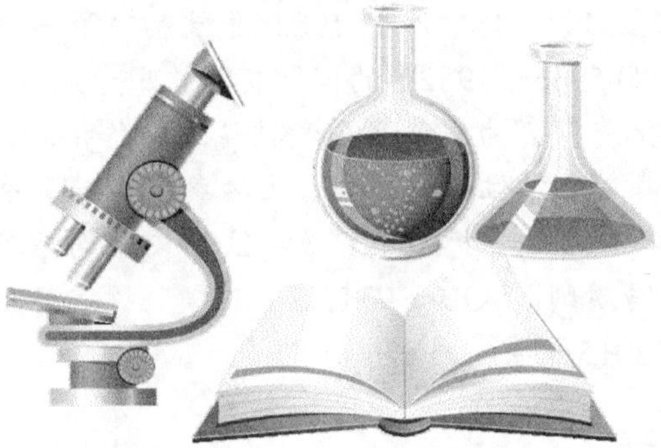

图 6-2　科技论文在课题研究阶段作用

6.1　科技论文写作的基础知识

6.1.1　科技论文的主要特征

科技论文的主要功能是记录、总结科研成果，促进科研工作的完成，是科技人员交流学术思想和科研成果的主要途径（王水和张晓民，2011）。因此，科技论文必须具备学术性、科学性、理论性及创造性四个主要特征。

1）学术性：科技论文是科研工作者以学术成果为表述对象，以学术见解为阐述核心，在科学实验（或试验）的前提下，逻辑性表述学术成果和学术见解，揭示事物发展、变化的客观规律，探索科技领域中的客观真理，推动科学技术的发展。可以说，学术性是科技论文的本质。

2）规范性：科技论文主要起到记录、总结、传播、交流学术信息的作用，是科研工作者进行学术交流的主要途径。科技论文因其性质、内容、特点、功用，体式上有着固有的规定性和规范性。可以说，规范性是科技论文的基础。

3）科学性：科技论文的内容必须客观、真实，定性和定量准确，不允许丝毫虚假，要经得起他人的重复和实践检验。论文的表达形式也应具有科学性，论述应清楚明白，不能模棱两可，语言准确、规范。可以说，科学性是科技论文的灵魂。

4）创造性：科技论文必须是作者本人研究的，并在科学理论、方法或实践上获得新的进展或突破，应体现与前人不同的新思维、新方法、新成果，以提高国内外学术同行的关注和认可。可以说，创造性是科技论文的生命。

知识点二：科技论文相关国家标准

为规范科技论文写作，便于科技论文的收集、存储、处理、加工、检索、交流与传播，国际标准化组织（ISO）自 1982 年就制定了《文献工作——科学技术报告编写格式》（ISO 5966—1982）的国际标准，用于规范各成员国科技论文的写作。我国国家标准化委员会为规范我国科技论文写作格式，自 1986 年起分别就文摘编写、科技报告撰写、学位论文撰写、文后参考文献著录等制定了国家标准，现行与科技论文写作相关主要标准有：《学位论文编写规则》（GB/T 7713.1—2006）、《科学报告编写规则》（GB/T 7713.3—2014）、《信息与文献 参考文献著录规则》（GB/T 7714—2015）等（图 6-3）。

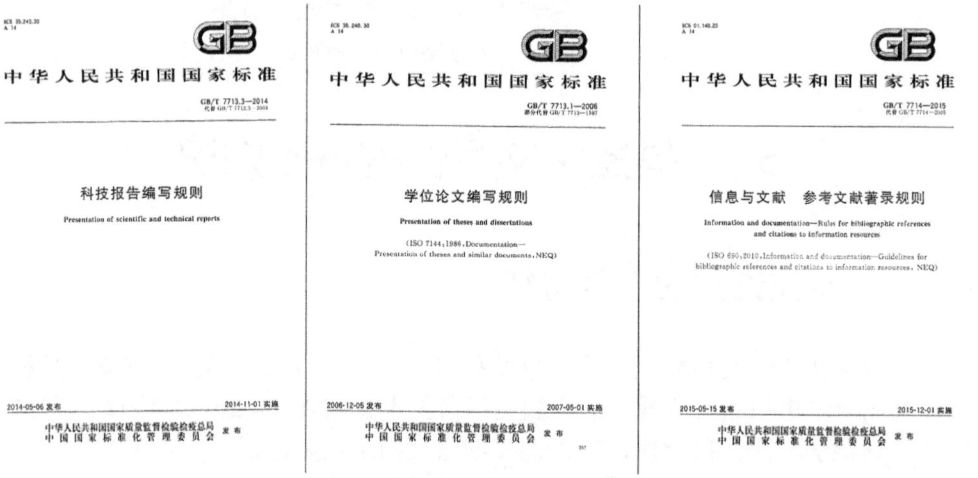
GB
中华人民共和国国家标准
GB/T 7713.3—2014
科技报告编写规则
Presentation of scientific and technical reports
2014-05-06 发布 2014-11-01 实施
中华人民共和国国家质量监督检验检疫总局
中国国家标准化管理委员会 发布

GB
中华人民共和国国家标准
GB/T 7713.1—2006
学位论文编写规则
Presentation of theses and dissertations
(ISO 7144:1986, Documentation—Presentation of theses and similar documents, NEQ)
2006-12-05 发布 2007-05-01 实施
中华人民共和国国家质量监督检验检疫总局
中国国家标准化管理委员会 发布

GB
中华人民共和国国家标准
GB/T 7714—2015
信息与文献 参考文献著录规则
Information and documentation—Rules for bibliographic references and citations to information resources
(ISO 690:2010, Information and documentation—Guidelines for bibliographic references and citations to information resources, NEQ)
2015-05-15 发布 2015-12-01 实施
中华人民共和国国家质量监督检验检疫总局
中国国家标准化管理委员会 发布

图 6-3 科技论文撰写相关国家标准展示

6.1.2 科技论文的选题方法

科技论文的选题是科技论文写作最重要、最关键的步骤。好的选题是科技论文写作成功的良好开端。科技论文选题过程中需要注意以下四点：①选题要体现专业性，符合本专业的要求和规范；②题目大小适中，一般选择本学科某一重要问题的一个侧面或一个难点；③要具备问题意识，才能使论文具有针对性，有的放矢；④要有学术意识，要分析学术界对这个问题的研究深度，在他人研究的基础上想办法找到一个新的突破点，才会有学术意义。科技论文选题的方法主要有以下六种（图 6-4）。

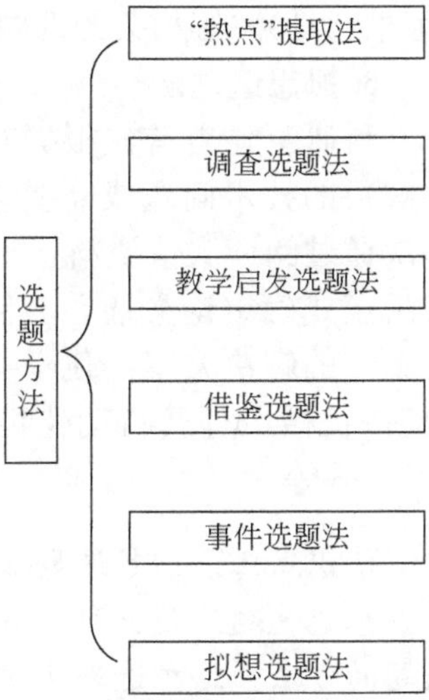

图 6-4　科技论文的选题方法

1. “热点”提取法

“热点”问题一般在某个时期具有较强的现实意义，其文献资料也比较丰富。“热点”问题有大有小，要选择自己综合能力可以驾驭的论文选题。例如，2015 年 3 月，提出“互联网+”行动计划，“互联网+”相关课题的选择；2015 年 6 月，中东呼吸综合征自韩国传播到中国，“中东呼吸综合征防治对策研究”等相关课题的选择；等等。

2. 调查选题法

从社会需要出发，通过实践调查，搜集资料，发现问题，对问题进行分析、提升，最终确定论文选题的方法。通过调查确定的论文选题具有较高的实际应用价值，针对性较强，如区域食品检验检疫的协作和互通、企业集群共性技术联合攻关及示范应用等。

3. 教学启发选题法

专家在授课和报告中，往往会提出许多问题，有些是实践急需解决的问题，这些问题就是科研工作者可以选题的重要焦点。例如，专家在做《“石墨烯”在制造业中的应用前景》的报告时，会对“石墨烯”的应用现状和瓶颈进行说明，与会者可以通过专家的分析，确定课题的研究方向。

4. 借鉴选题法

借鉴选题法就是利用一种方法、制度等在某国某地某企业获得成功的经验或导致失败的教训，探讨如何解决自己关心的问题，或如何进一步完善现行的方法、措施、对策等。例如，“蚁群算法”解决了“PID[①]控制器”参数优化设计问题，科研工作者可以利用“蚁群算法”在“PID 控制器”路径选择的成功经验，研究“基于蚁群算法的互联网最短路径搜索方法”。

5. 事件选题法

这里的“事件”是指国家的一些重大活动、重大政策出台、重大方针政策调整

① PID，即 proportion（比例）、integral（积分）、derivative（导数）。

等。这些重要事件为论文选题提供了明确的领域或方向。例如，与2016年1月1日实施的《中华人民共和国大气污染防治法》、2017年3月1日实施的《粉尘爆炸危险场所用除尘系统安全技术规范》、2017年6月28日发布的《土壤污染防治法（征求意见）》等相关的选题。

6. 拟想选题法

科研工作者首先根据对专业知识的把握和对行业发展情况的了解，选择需要解决的技术问题或需要攻克的技术难关，确定拟选题范围的初步解决方案；其次通过阅读大量资料，了解此领域已有的研究成果，进行不断的修正和补充；最后正式确定论文选题。例如，环境工程专业相关人员提出“工业污泥的治理方案”的解决方案；化学工程专业相关人员研究“挥发性有机物关键技术及装备”；机械工程及自动化控制专业探讨“六自由度机械臂路径规划的分析与设计”；等等。

知识点三：拟想选题法的具体介绍如下。

拟想选题法是一种先有某种拟想，而后再阅读相关资料加以验证来确定论文选题的方法。这种选题方法要求研究者首先有一定的想法，初步确定选题范围；其次通过阅读大量资料，了解此领域已有的研究成果；最后正式确定论文选题。拟想选题法是科研工作者进行科学研究、技术攻关及科技创新过程中使用最多的一种选题方法，是科研工作者展示自我科研开发能力的最好选题途径，采用此选题方法的人员必须具备雄厚的专业技术背景和熟练的科技文献检索能力。

6.1.3 科学研究的具体步骤

1. 制定研究计划

制定研究计划包括研究的进度，实验的安排，实验所需的原料、材料、经费、设备、仪器等的筹集，以及最后完成的时间，均应有所考虑，都应切实可行，留有余地。若属多人共同研究，还应明确各人的职责。

2. 查阅资料或现场调查

查阅资料和现场调查的目的是了解他人已做过的工作，掌握所要研究问题的全部发展过程，以及了解已经进行或正要进行的有关研究工作。查阅资料是纵向调研，现场调查是横向调研，这样调研的结果就比较全面切合实际。

3. 设计实验方案

设计实验方案，就是根据研究课题，设计证实本课题结论的实验，以得到可靠、完整的实验结果。实验工作要根据具体情况而定。有的需要进行模拟实验，有的需要进行硬件实验，还有的需要进行现场实验等。

4. 开展实验研究

在实验过程中，要进行实验操作、观察、记录等工作，这里最重要的是观察。观察中的偶然发现一定不能错过，因为它往往预示着大的科学发展。

5. 实验结果的整理和提炼

归纳、整理实验记录，要选取能突出论点、反映事物本质的材料。此外，还需进行初步的推理，为科技论文的写作提供坚实的科学技术和理论依据。

6.1.4 科技论文的基本格式

科技论文由前置部分、主体部分和后置部分三个部分组成。前置部分主要包括标题、作者及其工作单位、摘要及关键词；主体部分主要包括引言、正文、结论；后置部分主要包括参考文献、致谢、附录（图 6-5）。

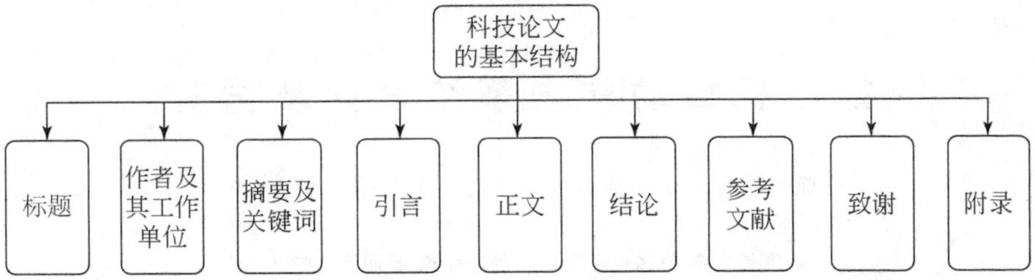

图 6-5 科技论文基本格式说明

1. 标题

标题是用最恰当、最简明的词语反映科技论文中最重要的特定内容的逻辑组合。好的科技论文标题能给读者留下鲜明的印象，透过它可以窥见文章的全貌，俗话说："画龙点睛"，确切的标题，对科技论文能起到传神的作用。一篇较好的科技论文，必须有相应的题名来匹配。因此，论文的题名一般要求做到准确得体、简短精练、醒目，如《大规模光伏发电对电力系统影响综述》《柔性直流输电工程技术研究、应用及发展》《基于储能的微网并网和孤岛运行模式平滑切换综合控制策略》等。

2. 作者及其工作单位

科技论文作者可以是个人作者、合作作者或团体作者，科技论文的作者不仅仅是了解科学研究过程中作者贡献大小的主要依据，同时也是科技论文著作权和科研成果所有权的最好展示。工作单位不仅仅作为了解科技论文作者工作单位及其通信方式的重要信息，同时也是科研单位展示科研实力的重要信息之一。例如，《大规模光伏发电对电力系统影响综述》的作者及工作单位的标注（图 6-6）。

大规模光伏发电对电力系统影响综述

丁明[1]，王伟胜[2]，王秀丽[3]，宋云亭[2]，陈得治[2]，孙鸣[1]

(1. 教育部光伏系统工程研究中心(合肥工业大学)，安徽省 合肥市 230009；
2. 中国电力科学研究院，北京市 海淀区 100192；3. 西安交通大学，陕西省 西安市 710049)

图 6-6 科技论文标题、作者及作者单位撰写格式示例

3. 摘要及关键词

摘要又称内容提要，是全文内容的缩影。通过内容提要，以极简练的文字，勾画出全文的整体面貌，提出主要论点，揭示论文的研究成果，简要叙述全文的框架结构。关键词是为了便于读者检索，特别是适应计算机自动检索的需要，未经规范化处理的主题词。科技论文中必须标注关键词，关键词是论文信息的高度概括，是科技论文主题的集中反映，科技论文摘要及关键词的撰写格式示例如图 6-7 所示。

拖拉机自动转向系统设计及仿真

谢 明，马 蓉，任 玲，石 翔，张长龙

（石河子大学 机械电气工程学院，新疆 石河子 832000）

摘 要：以 TN654 拖拉机为平台，基于原车液压转向系统，设计一套比例方向电磁阀组和电控单元（ECU），构建了能响应程序控制的自动转向系统。通过建立阀控缸动力系统数学模型，利用 MatLab 对该系统 PD 控制性能进行仿真分析。仿真结果显示：系统最大迟滞 0.24、1.8s 内均能达到平衡点，表明系统具有良好的控制精度和响应性，符合拖拉机自动驾驶作业需求。

关键词：拖拉机；自动转向；电液控制；仿真

图 6-7 科技论文摘要及关键词的撰写格式示例

4. 引言

引言又称序言、前言、绪论，写在正文之前。引言是一篇科技论文的开场白，由它引出正文，起着铺垫、过渡、引导的作用，同时也是科技论文的窗口，通过引言，读者可大致了解论文研究的背景、目的、重点、范围及过程等。例如，《嫁接苗盘自动叠放装置研究与设计》，引言内容如图 6-8 所示。

5. 正文

正文是科技论文的主体，占全文的主要篇幅。如果说引言是提出问题，正文则是分析问题和解决问题。这部分是作者研究成果的学术性和创造性的集中表现，它决定着论文写作的成败和学术、技术水平的高低。正文的写作必须做到实事求是、客观真切、准确完备、合乎逻辑、层次分明、简练可读。正文的写作主要分为以下

四个部分：①国内外研究进展；②研究方案的可行性分析（期刊论文及会议论文因其篇幅的限制不做具体要求）；③实验方法及研究步骤；④实验结果的分析及归纳。

自 20 世纪 80 年代蔬菜嫁接栽培技术在日本、韩国、中国及欧美等国普及以来，为解决手工嫁接效率低、劳动强度大、嫁接苗成活率低等问题，国际上出现了集机械、自动控制与园艺技术于一体的高新技术—嫁接机器人技术。

进入 21 世纪，嫁接机器人技术主要在日本、韩国、中国等国家有了一定的发展。国内外针对不同科属、不同栽培方式的蔬菜苗开发的蔬菜嫁接机器人层出不穷。

纵观国内外蔬菜嫁接机器人技术的发展状况，目前以“自动嫁接技术”为核心的具有“供苗—上苗—嫁接—排苗—收纳整理—愈合管理”为一体的“蔬菜自动嫁接生产流水线”并不完善，多数还只停留于“嫁接”阶段的自动化水平。另外，随着现代化农业的重要组成部分—工厂化育苗的不断发展，要求自动嫁接技术不断完善，其机械化、自动化的水平也需要进一步提高。

为此，着眼于“蔬菜自动嫁接生产流水线”中嫁接苗“自动收纳整理”这一环节的自动化，采用虚拟样本技术和 PLC 控制技术，研究设计了嫁接苗盘自动叠放装置。

图 6-8　科技论文引言部分撰写格式示例

6. 结论

结论是将实验、观测得到的数据、结果，经过判断、推理、归纳等逻辑分析过程而得到的总观点、总论断。结论的主要内容包括：①研究结果说明了什么问题，得出了什么规律，解决了什么实际问题或理论问题；②对前人的研究成果做了哪些检验、修改、补充、发展或否定；③还有哪些尚待解决的问题，以及解决这些问题的思路和关键。

知识点四：科技论文主体部分的层次结构如下。

根据《学位论文编写规则》(GB/T 7713.1—2006)及《科技报告编写规则》(GB/T 7713.3—2014)等国家标准的要求，科技论文主体部分的层次结构应在形式、段落、开头、结尾、过渡和前后照应等方面体现出结构的严密、思路的清晰，就其内容考虑，应有引言、正文和结论三个部分(图 6-9)，体现出体系的完整性。科技论文主体部分的撰写应注意立论与谋篇，所谓立论就是确立总论点(即主题)和分论点；所谓谋篇就是安排好层次结构，组织好实验材料及实验数据，合理运用逻辑方法通过论据来论证分论点和总论点，得出客观的结论。

7. 致谢

致谢主要应用于学位论文及科技报告的撰写格式中，学术论文不做具体要求。依据国家标准《学位论文编写规则》(GB/T 7713.1—2006）的规定，致谢语放置摘要页前，致谢的对象包括：国家科学基金、资助研究工作的奖学金基金、合同单位、资助或支持的企业、组织或个人；协助完成研究工作和提供便利条件的组织或个人；在研究工作中提出建议和提供帮助的人；给予转载和引用权的资料、图片、文献、研究思想和设想的所有者；其他应感谢的组织和个人。

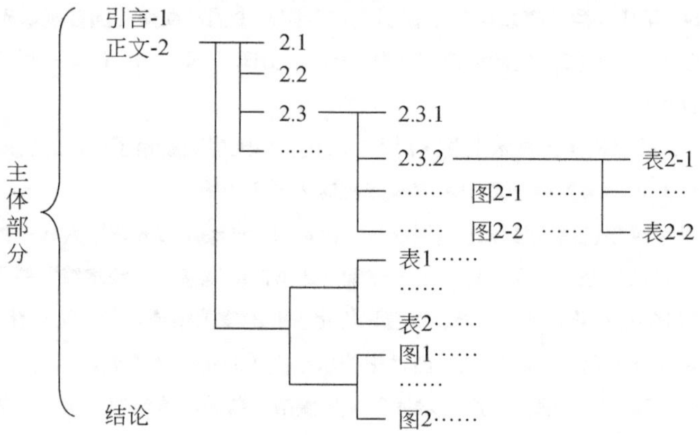

图 6-9　科技论文正文部分编排结构说明

8. 参考文献

在科技论文主体部分写作完成后，必须列出该论文撰写过程中应用到的参考文献，主要有以下五个方面的作用：①著录参考文献可以反映论文作者的科学态度和论文具有真实、广泛的科学依据，也反映出该论文的起点和深度；②著录参考文献能方便地把论文作者的成果与前人的成果区别开来；③著录参考文献能起索引作用，通过论文作者著录的参考文献，可方便地检索和查找有关图书资料，以对该论文中的引文有更详尽的了解；④著录参考文献有利于节省论文篇幅，论文中需要表述的某些内容，凡已有文献所载者不必详述，只在相应之处注明见何文献即可；⑤著录参考文献有助于科技情报人员进行情报研究和文摘计量学研究。

知识点五：参考文献的著录原则和著录方法如下。

文后参考文献的著录原则：①只著录最必要、最新的文献。著录的文献要精选，仅限于著录作者亲自阅读过并在论文中直接引用的文献，而且，无特殊需要不必罗列众所周知的教科书或某些陈旧史料。②只著录公开发表的文献。公开发表是指在国内外公开发行的报刊或正式出版的图书上发表。在供内部交流的刊物上发表的文章和内部使用的资料，尤其是不宜公开的资料，均不能作为参考文献引用。③引用论点必须准确无误，不能断章取义。④采用规范化的著录格式。关于文后参考文献的著录已有国际标准和国家标准，论文作者和期刊编者都应熟练掌握，严格执行（图 6-10）。

- 期刊著录格式为：［序号］作者(3人以上须列满3人，加逗号，再加"等"；罗马字姓名一律姓前名后，名缩写，但不加缩写点，留空格)．题名［J］．刊名(外文尽可能按原刊名形式缩写)，年份，卷号(期号)：起止页码．例：**[1]** 马焕成，罗致斌，陈义群，等．多功能保水剂对作物抗旱效应的初步研究**[J]**．安徽农业大学学报，**2004，21（4）：404-407**．
- 专著（图书）：序号］作者．书名［**M**］．版次(第**1**版不写)．出版地：出版单位，出版年．起止页码．例：**[2]** 黄昌勇，石伟勇．新世纪现代农业与土壤肥料**[M]**．北京：中国环境科学出版社，**2002：100-145**．
- 论文集中析出的文献：［序号］作者．题名［**C**］//编者．文集名．出版地：出版者，出版年．起止页码．例：**[9] ZHANG Wen-li, WANG Lin-ze, XIE Jiang-hua, et al. Hopf bifurcation of impact damper [C]// Proceedings of the 3rd International Conference on Nonlinear Mechanics. Shanghai: Shanghai University Press, 1998: 437-440.**
- 学位论文:［序号］作者．题名［D］．保存地点：保存单位，年份。例：**[4]** 汪佑宏．马尾松速生材热压干燥及表面强化**[D]**．南京林业大学，**2003：91-92**．

图 6-10　科技论文参考文献撰写格式示例

参考文献的著录方法：根据《信息与文献 参考文献著录规则》（GB/T 7714—2015）中规定采用"顺序编码制"和"著者出版年制"两种，其中，顺序编码制为我国科技期刊所普遍采用。

参考文献顺序编码制是指作者在论文中所引用的文献按它们在文中出现的先后顺序，用阿拉伯数字加方括号连续编码，视具体情况把序号作为上角或作为语句的组成部分进行标注，并在文后参考文献表中，各条文献按在论文中出现的文献序号顺序依次排列（图 6-11）。

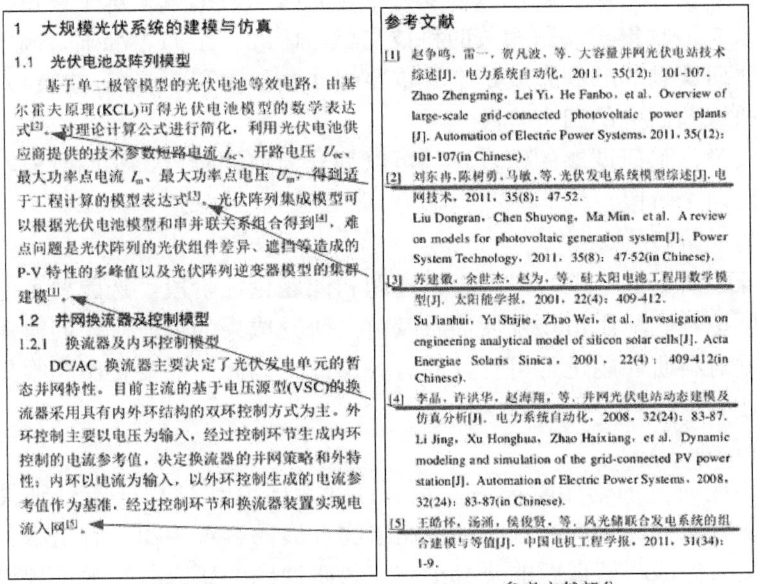
1　大规模光伏系统的建模与仿真

1.1　光伏电池及阵列模型

基于单二极管模型的光伏电池等效电路，由基尔霍夫原理(KCL)可得光伏电池模型的数学表达式[2]。对理论计算公式进行简化，利用光伏电池供应商提供的技术参数短路电流 I_{sc}、开路电压 U_{oc}、最大功率点电流 I_m、最大功率点电压 U_m，得到适于工程计算的模型表达式[3]。光伏阵列集成模型可以根据光伏电池模型和串并联关系组合得到[4]，难点问题是光伏阵列的光伏组件差异、遮挡等造成的 P-V 特性的多峰值以及光伏阵列逆变器模型的集群建模[1]。

1.2　并网换流器及控制模型

1.2.1　换流器及内环控制模型

DC/AC 换流器主要决定了光伏发电单元的暂态并网特性。目前主流的基于电压源型(VSC)的换流器采用具有内外环结构的双环控制方式为主。外环控制主要以电压为输入，经过控制环节生成内环控制的电流参考值，决定换流器的并网策略和外特性；内环以电流为输入，以外环控制生成的电流参考值作为基准，经过控制环节和换流器装置实现电流入网[5]。

参考文献

[1] 赵争鸣，雷一，贺凡波，等．大容量并网光伏电站技术综述[J]．电力系统自动化，2011，35(12)：101-107．
Zhao Zhengming，Lei Yi，He Fanbo，et al．Overview of large-scale grid-connected photovoltaic power plants [J]．Automation of Electric Power Systems，2011，35(12)：101-107(in Chinese)．

[2] 刘东冉，陈树勇，马敏，等．光伏发电系统模型综述[J]．电网技术，2011，35(8)：47-52．
Liu Dongran，Chen Shuyong，Ma Min，et al．A review on models for photovoltaic generation system[J]．Power System Technology，2011，35(8)：47-52(in Chinese)．

[3] 苏建徽，余世杰，赵为，等．硅太阳电池工程用数学模型[J]．太阳能学报，2001，22(4)：409-412．
Su Jianhui，Yu Shijie，Zhao Wei，et al．Investigation on engineering analytical model of silicon solar cells[J]．Acta Energiae Solaris Sinica，2001，22(4)：409-412(in Chinese)．

[4] 李晶，许洪华，赵海翔，等．并网光伏电站动态建模及仿真分析[J]．电力系统自动化，2008，32(24)：83-87．
Li Jing，Xu Honghua，Zhao Haixiang，et al．Dynamic modeling and simulation of the grid-connected PV power station[J]．Automation of Electric Power Systems，2008，32(24)：83-87(in Chinese)．

[5] 王皓怀，汤涌，侯俊贤，等．风光储联合发电系统的组合建模与等值[J]．中国电机工程学报，2011，31(34)：1-9．

正文部分　　　　参考文献部分

图 6-11　科技论文参考文献标注方式示例

9. 附录

附录是指有些材料编入正文会有损编排的条理性和逻辑性，但对正文内容又是非常重要的补充。科技论文常将这些材料作为附录编排于参考文献之后，如重要的原始数据、数学推导、计算程序、注释、框图、统计表、打印机输出样片、结构图等，附录的型号用附录 A、附录 B 等表示。

6.2 科技文献的收集、整理和分析

据美国科学基金会（National Science Foundation，NSF）统计，一个科学研究人员花费在查找和消化学术资料上的时间需占全部科研时间的 51%，计划思考占 8%，实验研究占 32%，书面总结占 9%。

在科学研究和论文写作过程中，科技文献的利用是一项基础性工作，而科技文献利用的前提是通过检索等手段收集科技文献，然后将收集到的科技文献经过整理和分析，为科研课题的研究和科技论文的写作服务。

6.2.1 科技文献的收集

科技文献的收集是每个科技工作者从事教学、科研、生产与管理必不可少的基础性工作。任何科研课题，从选题直至课题结束时的成果水平鉴定，每一个环节都要求系统地收集与课题相关的科技文献。因此，全面、准确、高效地收集科技文献对科研课题的顺利完成是十分重要的（金秋颖和李瑞斌，2014）。

1. 科研课题研究的四个阶段

一般来说，科研课题的研究过程可以划分为前期阶段、初始阶段、中间阶段和总结阶段四个阶段。

（1）前期阶段

科研课题研究的前期阶段主要是选题和课题论证阶段。选题要考虑科学性、学术性、创造性、应用市场发展前景及前人研究成果的调研等，同时需要有足够的科学依据对科研课题进行可行性的有关论证。因此，需要查阅和收集大量国内外相关科技文献信息。

（2）初始阶段

科研课题研究的初始阶段主要是制订课题研究计划和选择科研课题研究方法。科研课题研究计划的制订必须遵循事物发展的客观规律，有组织、有计划、有步骤地按时完成科研课题的研究工作；科研课题的研究方法关系到科研课题研究的成败，为使科研课题能按计划顺利完成，必须设计和选择适合科研课题的研究方法和技术方案。而这些研究方法和技术方案的形成同样要依赖有关的科技文献信息。

（3）中间阶段

科研课题研究的中间阶段主要是科研课题的研究计划和科研课题的研究方法实施的过程。在整理、总结和综合分析科研课题进展情况的基础上，应参考和借鉴前人的经验，及时调整科研课题的研究方法和技术方案，以保证科研课题研究的创新和水平。因此，深入收集科技文献信息就变得尤为重要。

（4）总结阶段

科研课题研究的总结阶段主要是科研课题研究成果的总结、鉴定和科研课题论文的撰写阶段。科研课题研究成果是科研课题中间阶段的产物，对其要进行结果的讨论与分析，在前人研究的基础上提出独到的见解、结论及存在的问题，并接受有关主管部门的鉴定与验收。科技论文的撰写实际上就是对科研课题研究成果的总结归纳，按照科技论文的撰写方法，撰写出科研课题的研究论文。只有参考大量的科技文献资源，才能完成深入的总结、比较与评价。

总而言之，科研课题的每一个研究环节都离不开科技文献的检索、收集和利用。因此，科技文献是一种永不枯竭的资源，科技工作者应充分利用这种资源，不断地收集、积累和利用本专业各种最新的科技文献信息，随时掌握本专业国内外研究现状和发展趋势，避免科研的重复，减少人力、物力和财力的浪费，图 6-12 为科技文献综合利用的主要环节。科技文献的收集有利于选择新的科研起点和科研方向，站在本专业发展的最前沿，实现科技创新。

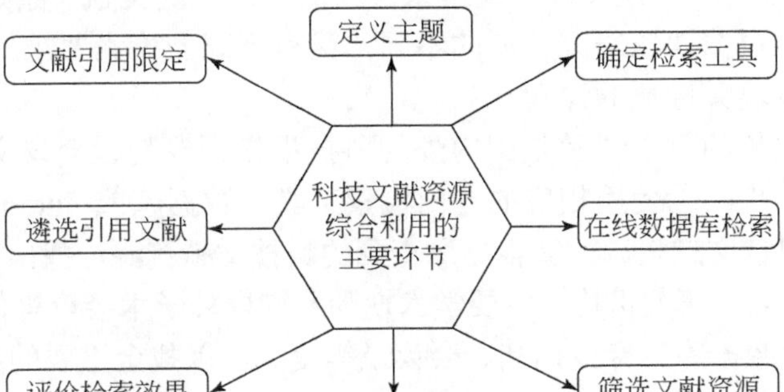

图 6-12　科技文献综合利用的主要环节

2. 科技文献收集的途径

在现有科技文献保障体系下，科技工作者收集科技文献资源的主要途径有以下三个方面（图 6-13）。

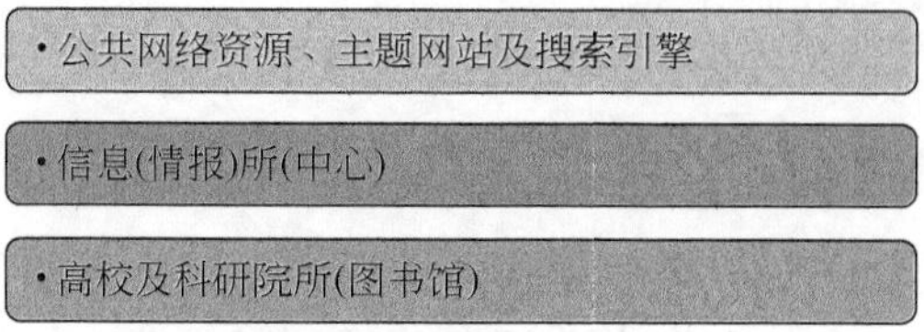

图 6-13　科技文献获取的主要三个途径

1）通过 Google 学术搜索、Google 专利搜索、Baidu 学术搜索等公共网络搜索引擎检索到相关科技文献。但由于搜索引擎主题标注过于宽泛，不能真正揭示科技文献的系统性和脉络性，通过公共网络搜索引擎检索到的科技文献显得分散、杂乱。

2）通过国家、省、市、县、区情报研究所提供的公共服务平台，检索及获取相关科技文献，因各级科技情报研究所主要服务对象为公众，科技文献的专一性和专指性比较弱，通过各级情报研究所提供的公共服务平台检索到的科技文献显得宽泛、片面。

3）通过高校及科研院所购置的专业数据库检索及获取科技文献，因高校及科研院所承担着我国大部分科研项目的研制与开发，高校及科研院所会根据各自学科建设及研究领域的要求，购置国内外权威学术资源数据库，通过高校及科研院所提供的科技文献检索平台检索到的文献往往比较系统、全面。

3. 科技文献的收集方法

科技文献一般的收集流程主要分为科研课题要求—检索线索汇集—三次文献（综述性文献）了解—二次文献（检索系统）检索—一次文献（原始文献）获取等若干个步骤。但根据课题研究性质的不同，又有不同的检索要求。

（1）带技术攻关性质的课题

科技文献收集的重点通常是国内外的科技报告、专利、会议文献和期刊论文等。一般分成两步：①使用相应的专门检索工具、数据库或 Internet 搜索引擎查找一批相关的科技文献资源；②根据所查到的科技文献资源，找出核心的分类号、主题词、作者姓名、研究机构、主要学术期刊及国内外学术会议等信息，通过这些线索再使用专业数据库、专业期刊、会议录等复查，以找全主要的参考文献信息。

（2）带仿制性质的课题

科技文献收集的重点通常是同类的产品说明书、专利说明书和标准资料、科技报告、科技期刊等。收集的步骤一般分两步：①通过各种手册、指南了解有关单位的名称和情况，进而利用检索工具、数据库或 Internet 搜索引擎普查相关的专利和标准，掌握专利占有和标准公布情况，摸清主要的相关单位情况；②通过各国的专利局网站免费获取专利说明书，通过国家质量监督检验检疫总局传递得到相关国际国内标准，通过公共网络资源及科技情报所获取产品样本、产品说明书等。

（3）带综述性质的课题

科技文献收集的重点通常是近期发表的各种一次和三次文献，包括以期刊论文、会议文献、专著丛书、年鉴手册和科技报告等形式出版的综述、述评、进展报告、现状动态、专题论文等。收集的方法以使用专业数据库或检索工具为主，以直接查阅有关期刊、图书和手册等工具书为辅。另外还要注意最新发表的一次文献，以补充已有的三次文献的不足。

（4）带成果水平鉴定性质的课题

科技文献收集的重点通常是专利文献，也包括相关的科技成果公报类期刊、专业期刊和会议文献等。收集的步骤一般分为手工检索和计算机检索两部分。手工检索部分用以摸清基本情况，计算机检索部分利用手工检索所得线索予以扩展和完善，以增加可靠性，这类课题对相关文献的查全率和查准率都有较高的要求，收集时应特别注意检索策略的优化和原文的获取与分析比较。

此外，科技文献的收集还要注意以下三点。

1）根据课题的时间范围和地域范围确定收集文献信息的时间上限、下限及地区范围。

2）在文种选择上，一般先查阅中文文献检索工具和中文专业期刊，这样不仅可以了解和掌握国内相关科技文献信息资源，还可以了解到国外相关科技文献信息资源。此后再查阅外文检索工具、外文期刊或外文专业数据库，以提高相关文献信息的查全率和查准率。

3）对于已收集到的科技文献信息资源，不仅要阅读理解文献的内容，而且还要注意文章后的参考文献，以便从中补充课题所需的有关文献信息。

6.2.2 科技文献的整理

在科研课题分析的基础上，通过检索工具或数据库全面收集与科研课题相关或为科研课题服务的科技文献，接下来，就应对所有收集到的科技文献进行整理与应用。科技文献整理的方法主要包括科技文献的阅读与理解、科技文献的鉴别与剔除、科技文献的分类与排序、科技文献的分析与标注等（李爱国，2005）。

1. 科技文献的阅读与理解

科技文献阅读和理解的一般顺序如下。

1）对于主题相同的中外文科技文献，先阅读中文文献，后阅读外文文献，这样既有助于理解科技文献的内容，又能加快科技文献的阅读速度。

2）对于同一篇科技文献既有文摘又有原文，则应先阅读文摘后阅读原文，根据文摘提供的信息，决定是否读取原文，以节省精力和时间。

3）对于同一类文献既有综述性文献，又有专题性文献时，则应先阅读综述性文献，后阅读专题性文献，这样有助于在全面了解课题的基础上对专题性文献做出选择。

4）对于同一主题文献在发表时间上有先后之分的，则先阅读近期发表的文献，后阅读早期发表的文献，这样有助于了解和掌握最新水平与发展前景。

科技文献阅读和理解一般步骤为粗读—通读—精读—记录。

1）粗读用以确定科技文献和科研课题的相关度。粗读时，短文可全读，长文可只读摘要、引言和结论，以求其梗概。在粗读过程中，要注意对科技文献述及的内容进行初步分类。

2）通读用以了解科技文献研究的主要内容。通读时，先选择综述和述评文献，后选择针对性文献。在通读过程中，注意及时对专业知识进行补充，对科技文献中提及的研究方法、工艺流程、重要论点、核心数据等内容应有清晰认识。

3）精读用以理解重点科技文献的具体研究方法及工艺流程。精读时，先选择中文文献，后选择外文文献，先选择内容摘要，后选择相关章节。在精读过程中，注意对科技文献中述及的研究方法、工艺流程及主要论断进行专业性分析。

4）记录用以掌握科技文献的主要论点或论断。记录时，除了记录文章作者的观点、结果以外，还应就科技文献研究的内容加注自己的评论，并对相关度较高的科技文献进行分析比较。

例如，如果是一本书，应首先阅读内容提要、前言，其次浏览目次表，若发现其中确有需要仔细阅读的章节，应进一步精选。如果是一篇论文，应首先读标题、目录、文摘、前言和总结，其次浏览图表，若发现有价值的章节，应进行仔细阅读。如果是外文文献信息，则须摘译或全译，以求准确理解。

2. 科技文献的鉴别与剔除

在科技文献精读的基础上，对准备应用于课题研究的科技文献，还应进行鉴别。鉴别的主要方法为来源鉴别、作者鉴别、研究内容鉴别。

（1）来源鉴别

对所收集的文献信息，应做来源国家、学术机构、研究机构的对比鉴定。看是否出自发达国家的著名学术机构或研究机构；是否刊登在同领域的著名核心期刊；文献被引用频次多寡，来源是否准确，是公开发表还是内部交流。对那些故弄玄虚、东拼西凑、伪造数据和无实际价值的文献信息，应注意予以剔除。

（2）作者鉴别

对所收集的科技文献的作者应做必要的考证，主要考证内容：①作者是否为本领域的知名专家或者权威学者；②作者是否是课题研究机构或学术机构的科研人员；③作者是否是课题研究领域具有真才实学的学者。

（3）研究内容鉴别

对所收集科技文献的研究内容进行鉴定。主要对科技文献中提出的假设、论据、方法、实验和结论进行鉴别。研究内容鉴定过程中，应首先审定假定的依据、论据的可信程度；其次审定研究方法及实验的可行性，实验数据、调查数据是否真实、可靠，研究结论是否是推理的必然结果。对那些立论荒谬、依据虚构、方法混淆、逻辑杂乱、结论错误的科技文献应予以剔除。

3. 科技文献的分类与排序

当所有的科技文献鉴别完成后，则可按类或主题为标识进行排序，以方便利用。对于涉及课题研究不同阶段的科技文献，应按科技文献涉及的研究内容分别建档、排序，对分类完成后的科技文献，还需要按照文献的质量和权威程度进行再次筛选，剔除或淘汰科技文献研究内容重复或参考价值较小的相关文献，根据研究课题的需要，进行进一步排序，以便课题研究的利用。

4. 科技文献的分析与标注

在收集文献信息的过程中，必须学会使用卡片或即时贴标注科技文献涉及课题研究相关内容，或科技文献拟应用于课题研究的具体范围及阶段，以备课题研究过程中的有效利用。科技文献分析与标注的方法主要有以下四种。

1）题录式标注。指在卡片或即时贴上著录文献篇名、作者、文献出处、日期、卷期号，用于一般文献的笔录。

2）文摘式标注。凡通过检索工具或数据库查得的文摘，可照抄到卡片或者即时贴上（图 6-14）。如果为原文做文摘，则应通读原文，分析出文章内容的要点，在卡片或即时贴上著录文献篇名、作者、作者单位、书刊名称、卷期号、出版时间及内容提要。

图 6-14　即时贴的应用

3）提纲式标注。在卡片或即时贴上记录文献的篇名和章节标题，用以了解作者的逻辑思维和文章的基本内容。

4）原文语句式标注。适用于拟在研究过程中进行参照或对比，或者在科技论文写作过程中准备作为参考文献，在卡片或即时贴上应按照参考文献的具体格式要求进行著录，并在其后附上原文中精华的、重要的语句及段落。

6.2.3 科技文献的分析

科技文献的分析是指对获取的科技文献进行分析与综合的过程。它是根据特定的需要对科技文献进行定向选择和科学抽象的一种活动。科技文献分析的目的是从相关的文献信息中提取共性、方向性或特征性的内容，为进一步的研究或决策提供佐证和依据。经过科技文献分析，由检索、收集和整理而得的科技文献形成了某一个专题的精华文献（许增福和吴春玉，2002）。因此，科技文献的分析过程是一个由粗到精、由低级到高级的文献信息提炼过程。

科技文献分析一般包括六个步骤：①选择研究课题；②收集与研究课题相关的科技文献；③鉴别和筛选科技文献的可靠性、先进性和适用性，剔除不可靠或不需要的科技文献；④分类整理，对筛选后的科技文献进行形式和内容上的整理；⑤分析与标注，利用各种科技文献分析方法对获取的科技文献进行全面的分析、综合及标注；⑥成果表达，即根据课题要求和研究深度，撰写综述、述评报告等。

科技文献分析的方法很多，归纳起来主要有定性分析和定量分析两类。

1. 科技文献的定性分析方法

科技文献的定性分析方法是指运用分析与综合、相关与比较、归纳与演绎等逻辑学手段进行科技文献研究的方法。常用的科技文献定性分析方法有比较法、相关关系法、综合法。

（1）比较法

比较法可以分为纵向和横向两种方法。

纵向比较法是通过对同一事物在不同时期的状况，如数量、质量、性能、参数、速度、效益等特征，进行对比，认识事物的过去和现在，从而分析其发展趋势。由于这是同一事物在时间上的对比，所以又称为动态对比。

横向比较法是对不同区域，如不同国家、地区或部门的同类事物进行对比，又称静态对比，属于同类事物在空间上的对比。横向比较法可以指出区域间、部门间或同类事物间的差距，判明优劣。通过比较方法获得的科技文献分析结果可以使用数字、表格、图形或文字予以表达。

（2）相关关系法

事物之间或事物内部各个组成部分之间经常存在某种关系，如现象与本质、原因与结果、目标与途径、事物与条件等关系，这些关系可以称为相关关系。通过分析这些关系，可以从一种或几种已知的事物来判断或推知未知的事物，这就是相关关系法。

（3）综合法

综合法把与研究对象有关的情况、数据、素材进行归纳与综合，把事物的各个部分、各个方面和各种因素联系起来考虑，从错综复杂的现象中，探索它们之间的相互关系，从整体的角度通观事物发展的全貌和全过程，以达到获得新认识、新方法、新理论的目的。例如，把某一个课题当前的发展情况包括理论、方法、技术及优缺点集中起来，加以归纳整理，就构成了一份不同学派、不同技术的综合材料。科技文献的定性分析方法举例说明如下。

【案例 6-1】运用比较法分析弹性轴承和普通轴承的技术经济性能。

经收集和整理有关文献信息并归纳后认为弹性轴承（一种用橡胶和金属交替组成的部件）与普通轴承相比，具有如下优点。

1）降低维修成本：弹性轴承无须润滑，维修时不用拆卸，维修价格低廉。

2）防止突然失效：轴承具有弹性，不会出现装置突然失灵的现象。

3）消除摩擦凹痕：弹性轴承由于没有滑动和滚动运动，因而不会产生凹痕。

4）有利于保护环境：弹性轴承的弹性具有润滑作用，故无须磨料，也不会产生臭氧，此外弹性轴承减少了振动、撞击和噪声，这些都有利于保护环境。

5）减少了零件数量：由于不需要润滑，因而无须复杂的密封设备或护垫，简化了结构。

6）延长了使用寿命：弹性轴承的使用寿命是普通轴承的 5 ~ 10 倍。

通过以上利用文献信息定性分析的比较法，对弹性轴承与普通轴承技术经济性能的比较，得知弹性轴承的优点远远超过普通轴承，为课题研究的可行性和必要性提供了佐证和依据。

【案例 6-2】运用相关关系法分析专利文献发表数量，预测技术的发展前景。

在科技文献各种类型中，专利文献是显示科学技术发展最敏感的指标。如果对某项技术的专利文献进行全面的调查统计并按照时间顺序画出专利文献的变化曲线，这条曲线一般能够相当准确地反映出该项技术的兴起、发展、全盛和衰落，而且曲线的变化比实际的变化在时间上要早 8 ~ 10 年。

【案例 6-3】运用综合法分析红外技术的应用现状。

红外技术可以应用于矿山、电力、化工厂的安全控制，铸件内部的缺陷与集成电路焊接的无损检测，半导体部件的焊接，矿山、油田的勘探，农业的土壤调查、作物估产、病虫害和林火的探测，癌症的诊断，以及大量民用电器的遥控等各个不同的领域。全面收集红外技术在各个领域应用现状、特点、前景、有待改进的问题，并加以归纳整理，就可以形成一份关于红外技术应用的全面的、完整的综合情报分析报告。

2. 科技文献的定量分析方法

科技文献的定量分析方法是指运用数学方法对研究对象的本质、特征进行量化描述与分析的方法。因为量化描述主要是通过数学模型来实现，所以定量分析也可以说是利用数学模型进行科技文献分析的方法。

定量分析的核心技术是数学模型的建立与求解及模型解的评价判定。数学模型的建立过程包括明确建模目标、确定模型变量、建立数学模型的近似理论公式、确定参数和模型求解、评价模型的性能。

概率统计法是一种常用的科技文献定量分析方法。概率统计方法也称拟合模型法，这种方法的实质是利用已有的数据情报拟合推演出数学模型。其关键是采集加工的数据情报要能够反映出研究对象的特性和运动的机制，数据分析要准确，拟合方法要合理。这种方法适用于非突变性随机问题。运用定量分析方法分析科技文献举例说明如下。

【案例 6-4】利用定量分析方法研究我国安防行业数字存储需求发展趋势。

根据科技文献的检索，特别是统计报告、行业分析报告及年鉴等文献的检索，收集我国安防行业数字存储需求情况及安防行业数字存储在国内数字存储中的比例情况，绘制我国安防行业数字存储需求及设备需求占总需求比例的线性相关图。由图 6-15 可以看出，我国安防行业市场需求金额逐年上升；由图 6-16 可以看出，安防行业数字存储需求比例亦呈逐年上升趋势。

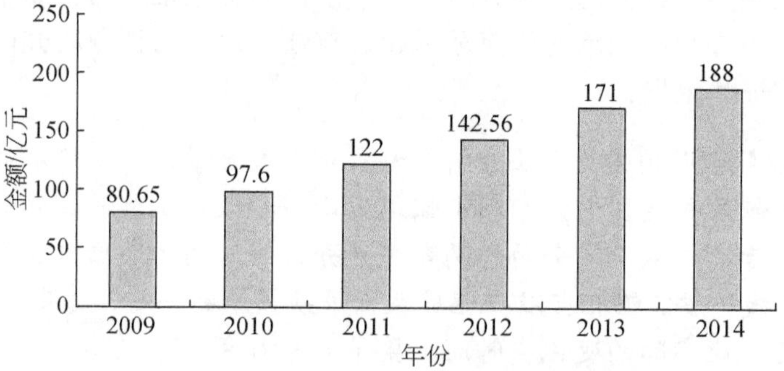

图 6-15　2009～2014 年市场需求金额

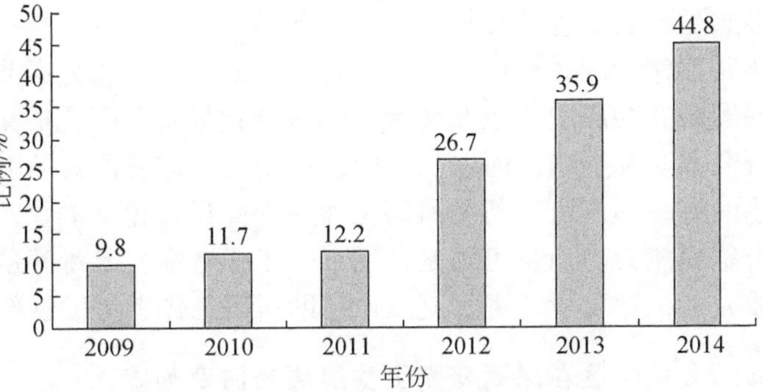

图 6-16　2009～2014 年市场份额比例

【案例 6-5】利用最小二乘法分析我国“石墨烯”文献的发表数量。

以中国知网及万方数据中期刊论文、会议论文及学位论文为检索对象，检索字段为“题名”字段，统计 2011～2016 年我国研究人员关于“石墨烯”发表的文献数量见表 6-1。

表 6-1　2011～2016 年我国研究人员关于“石墨烯”发表的文献数量

年份	2011	2012	2013	2014	2015	2016
编号数 X	1	2	3	4	5	6
文献数量/篇	71	239	720	1138	1788	2313

根据表 6-1，用最小二乘法可预测，2017～2020 年的石墨烯文献数分别为 2718 篇、3102 篇、3425 篇、3867 篇。这表明我国的石墨烯领域在未来四年中将有较大发展空间。

知识点六：文献分析在科研课题研究中的应用如下。

文献分析在科研课题研究过程中，可以通过定性或定量的分析，展示科研课题研究的重要理论意义和现实意义，是一个科研课题获得立项或具有研究价值最主要的依据。科研工作者利用好文献分析工具，不仅可以为课题研究的重要性和必要性提供数据支撑，而且可以为科研课题攻关确定研究方向及研究途径，减少科研工作者不必要的时间浪费。

6.3　文献综述的撰写

文献综述简称综述，是对某一领域、某一专业或某一方面的课题、问题或研究专题搜集大量相关资料，通过分析、阅读、整理，提炼当前课题、问题或研究专题的最新进展、学术见解或建议，做出综合性介绍和阐述的一种学术论文（张其志，2015）。

文献综述的撰写是科研工作者从事科研必须要掌握的一项技能，一名出色的科研工作者必然是一名出色的文献综述撰写高手。

当某一科研工作者准备就研究主题进行深入研究时，首先必须面对三个主要问题：①该课题研究的历史背景及传承；②该课题最新的研究成果及进展；③该课题主要的研究方法及措施。而这三个问题正是文献综述撰写的宗旨和目标。

文献综述的撰写不仅可以帮助科研工作者提高科技论文的撰写水平及提升科技文献的分析整理能力，而且可以是帮助科研工作者在文献综述的撰写过程中与学术界的权威人士、知名学者进行交流，帮助科研工作者迸发创新的灵感。

知识点七：文献综述在课题研究主要解决的问题如下。

1）清楚地了解研究课题的背景和意义：①阐述该专题的历史渊源；②研究课题的理论基础、历史沿革、产生的影响、研究的意义。

2）调查研究课题的历史和现状，了解该课题的当前水平：①近几年已经做了哪些工作？现在正在做着什么？②哪些问题已经解决了？怎样解决的？还有什么问题？③这些没有解决的问题的症结在哪里？关键是什么？④已经得出了哪些结论？这些结论可靠吗？

3）需要展开的内容和执行的研究理论支撑及参照：①已有的研究工作有什么经验和教训？②别人用了什么样的研究手段、设备、方法和技术路线？做了什么样的实验？需要哪些仪器、设备、装置、样品？③在已知问题中，哪些属于现象性的或者是方法不合理和设备不准确所致？哪些是事物的本质所决定的？④已有的实验揭示了什么新的事实和现象？对现象的解释合理不合理？

6.3.1 文献综述的四个作用

1. 提供综合信息

文献综述是在大量的原始文献基础上凝聚成的情报性文献，可以提供综合信息和指导科学研究。通过阅读文献综述，读者可以花较少的时间获取最新的科技综合信息，了解学科（专业、课题）新进展、存在问题、努力方向，在把握学科动态的基础上及时指导自己的科研工作，为确定自己的科研课题提供参照系统。

2. 报道专题文献

文献综述需要对所引用的文献进行标注，并列举相关的参考文献目录，报道专题文献，便于回溯检索。尤其在缺乏专门检索工具的情况下，可将文献综述作为检索工具来使用，从而省时省力地获取所需原始文献的线索。

3. 反映现状趋势

不少文献综述是由有关领域的专家学者所撰写，并为某项科研提供决策依据。文中既有关于成就、数据、纵横对比的客观叙述，也有专家自己的评论、预测、建议等，这就使文献综述成为科研管理部门了解科学发展脉络的重要窗口，能为其决策提供借鉴与参考。

4. 培养文献信息研究能力

撰写文献综述需要查阅大量原始文献，并对其进行整理和研究。一方面，文献综述科研人员获取一手情报信息、把握自己所从事的专业研究状况的重要手段，撰写综述性文章通常是选报课题、撰写学位论文的前期准备工作。另一方面，在撰写文献综述的过程，科研人员的文献检索能力、快速阅读能力、分析整理能力、综合归纳能力和写作能力等都能得到很好的锻炼。

6.3.2 文献综述的四个文体特征

1. 综合性

文献综述是对某一时期同一课题的所有主要研究成果的综合概括。因此，要尽可能把所有重要研究成果搜集到，并认真地加工、整理和分析，使各种流派的观点清楚明晰，不遗漏重要的派别和观点。

2. 描述性

文献综述在对各派别的观点做介绍时，应该保持这些观点的“原味”，这就要求对被介绍的观点进行客观性的描述。因此，撰写文献综述，首先要站在客观的立场上转述各派的重要观点；其次在归纳各种观点时要抓住要点，表述时应简明扼要。

3. 评价性

文献综述不能囿于介绍研究成果、传递学术信息，还要对各研究成果进行恰当而中肯的评价，并表明作者自己的观点和主张。文献综述重点在于“述”，要点在于“评”。由于评价的倾向性，通过文献综述，就会引导出对课题今后发展动向或趋势的说明。

4. 先进性

文献综述不是写学科发展的历史，而是要搜集最新资料、获取最新内容，将最新的科技研究动向及时传递给读者。因此，文献综述的选题必须具有先进性，选用的文献必须具有新颖性。在文献综述撰写的过程中，选题的先进性和新颖性往往以引用参考文献的新旧及权威性作为判断标准。

6.3.3 文献综述的四个内容特点

1. 内容的综合

综合是文献综述最基本的内容特点，主要包含两个方面的含义，一方面，文献综述表现出对大量文献的综合描述。各种类型的综述，其基础都是综合叙述，必须将每一篇需要综述的原始文献置于上下文里，并用某一方面的知识对其进行分析和综合。另一方面，文献综述的时空范围较为广泛，既有纵向描述，又有横向覆盖。

2. 语言的概括

文献综述对原始文献中的各类理论、观点、方法的叙述不是简单地照抄或摘录，而是在理解原文的基础上，用简洁、精练的语言将其概括出来。因此文献综述不同于文摘，不是将原文献的中心内容摘录出来；也不同于节录，不必完全按照原文节选下来。而是将文献中有用的理论、观点和方法用最精练的语言加以概括，提炼出数据，同时舍弃原始文献中的论证、计算、推导过程等细节。

3. 信息的浓缩

文献综述集中反映一定时期内一批文献的内容，浓缩了大量的信息。一篇文献综述可以反映几十乃至上百篇的原始文献，信息密度大。关于一篇文献综述需要有多少参考文献，国内外的学者做过不少研究，有一些不同的意见。评价综述文献的压缩程度可用综述文献正文每页所引用的参考书目平均数或者是被综述的原始文献页数与综述文献页数之比来考察。各学科文献综述的浓缩度是不同的，要以是否集中足够的原始文献和全面反映综述主题为依据来确定。

4. 评述的客观

综述性文献的客观性包括两方面，一方面叙述和列举各种理论、观点、方法、技术及数据要客观，必须如实地反映原文献的内容，不得随意歪曲或断章取义、不顾上下文，同时还要避免因理解不同而出现的误解；另一方面，在分析、比较、评论各种理论、观点、方法时要有一种客观的态度，应从客观角度进行分析、评价，不能出于个人的喜好、倾向进行评论，更不能出于个人的感情有意偏袒或攻击。另外，在做出预测时，要以事实、数据为依据，以科学的推导方法为手段，力求客观，而不是凭空想象、出于主观愿望盲目提出。

6.3.4 文献综述的四种类型

1. 动态型综述

动态型综述是对某一专题研究按照年代和学科发展的历史阶段，由远及近地综合叙述，反映研究工作的进展情况。动态型综述以专题研究内容的时间先后为顺序，重视该学科发展中突破性进展及其形成的阶段性，在每一阶段要将其代表性人物的学术观点和代表性的文献加以综述，全面反映某一特定阶段内的重要成就。这种综述的时间性很强，学科发展的阶段性很明显。这类综述的文题往往命名为“……研究进展”，如《石墨烯去除水中重金属和抗生素的研究进展》。

2. 成就型综述

成就型综述是专门介绍科研领域内某一学科或某一课题的新成就、新技术、新进展。它一般不考虑研究时间的先后顺序，而是开门见山，直接叙述新成就，按照内容的逻辑顺序组织文献资料。对有重大成就的学者的实验结果、工作方法及相关文献进行认真的分析综述，不遗漏。对于一般性的论文不必求全，可以从略。为了突出成就，不分散篇幅，对该课题的内容可不做系统的历史性回顾，在时间顺序上，也不要求连贯。这种综述实用性强，对科研工作有很大的指导意义，这类综述的文题往往命名为“……研究现状”，如《搅拌摩擦点焊技术及其研究现状》。

3. 展望型综述

展望型综述主要是对某一学科或某一课题的今后发展趋势做综述。对于其历史成就可以简略叙述，从现在的成就出发，着重介绍对未来的预测和对策，也包括对一些不同预测意见的反映，如《碳纤维及其复合材料的研究现状与发展趋势——2016 年中国国际碳材料大全介绍》。

4. 争鸣型综述

争鸣型综述就是对在科研领域内长期存在争议的一些问题，选择几种不同的、有代表性的意见进行分析和归纳，故撰写时对原文的引用要特别地严格，所述的内容都要以原文事实为依据。原文的观点与作者的观点要严格分开，不许夹杂在一起，也不许作者做过多的概括和分析，更不能断章取义、歪曲原意，应把事实摆出来，让读者去识别真伪优劣，如《2016 年理论经济学若干热点问题的研究与争鸣》。

6.3.5 文献综述的写作

在《怎样做文献综述——六步走向成功》中，劳伦斯·马奇和布伦达·麦克伊沃提出了文献综述写作的六步模型，将文献综述写作的过程分为六步：选择主题、文献搜索、展开论证、文献研究、文献批评和综述撰写（图 6-17）。

图 6-17 《怎样做文献综述——六步走向成功》实体

本部分结合文献综述撰写的过程，将文献综述从立题—检索—撰写—整理等过程整合成文献检索与获取、文献筛选与论证、文献批评与综述撰写、格式规范与文献标注四部分，下面就文献综述撰写的四部分一一进行说明。

1. 文献的检索与获取

以“基于分布式电源接入的直流微电网”为例，进行文献检索与获取过程的说明。

1）了解“分布式电源”（distributed power）与“直流微电网”（direct current micro-grid，DC micro-grid）两个概念。由主题“基于分布式电源接入的直流微电网”可知，该文献综述涉及主要技术名词或课题方向为 “分布式电源”与“直流微电网”。因此，作者在文献综述撰写或课题研究之前，首先要通过科技词典类文献或百度百科、维基百科对相关概念初步认识；其次通过专业数据库相关文献的阅读，对主题进行精确把握（图 6-18～图 6-21）。

分布式电源 编辑

本词条缺少**信息栏**、**名片图**，补充相关内容使词条更完整，还能快速升级，赶紧来编辑吧！

分布式直流电源装置是指功率为数千瓦至50 MW小型模块式的、与环境兼容的独立电源。这些电源由电力部门、电力用户或第3方所有，用以满足电力系统和用户特定的要求。如调峰、为边远用户或商业区和居民区供电，节省输变电投资、提高供电可靠性等等。

图 6-18　百度百科关于“分布式电源”知识点检索与学习

2. 6. 3　按交直流类型分类

按交直流类型划分，微电网分为直流微电网、交流微电网和交直流混合微电网。

一、直流微电网

直流微电网是指采用直流母线构成的微电网，如图 2－11 所示。DG、储能装置、直流负荷通过变流装置接至直流母线，直流母线通过逆变装置接至交流负荷，直流微电网向直流负荷、交流负荷供电。

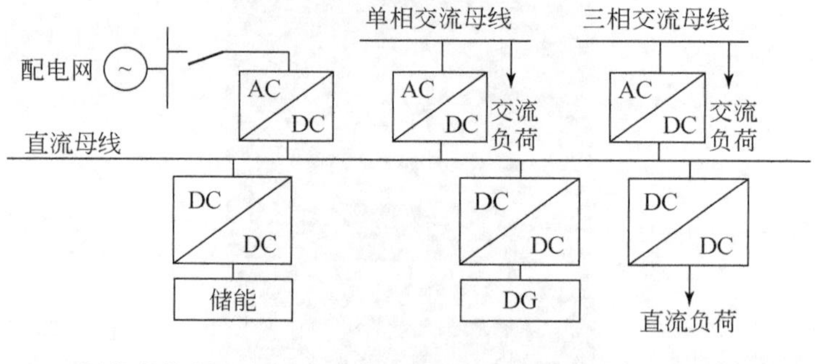

图 6-19　图书类数据平台关于“微电网技术”相关原理性图书获取与阅读

微电网 编辑

本词条缺少**名片图**，补充相关内容使词条更完整，还能快速升级，赶紧来编辑吧！

微电网（Micro-Grid）也译为微网，是一种新型网络结构，是一组微电源、负荷、储能系统和控制装置构成的系统单元。微电网是一个能够实现自我控制、保护和管理的自治系统，既可以与外部电网并网运行，也可以孤立运行。微电网是相对传统大电网的一个概念，是指多个分布式电源及其相关负载按照一定的拓扑结构组成的网络，并通过静态开关关联至常规电网。开发和延伸微电网能够充分促进分布式电源与可再生能源的大规模接入，实现对负荷多种能源形式的高可靠供给，是实现主动式配电网的一种有效方式，是传统电网向智能电网过渡。

中文名	微电网	译 为	微网
外文名	Micro-Grid	类 别	新型网络结构

图 6-20 百度百科关于“微电网”知识点检索与学习

·综 述·　　电器与能效管理技术（2015No. 4）

分布式电源接入直流微电网的研究综述*

姚 钢[1]，陈少霞[2]，王伟峰[3]，潘 瑾[3]，戴莉勤[3]，周荔丹[1]

（1. 上海交通大学 电力传输与功率变换控制教育部重点实验室，上海 200240；
2. 上海电力学院 电气工程学院，上海 201300；
3. 国网上海市电力公司 市区供电公司，上海 200080）

摘 要：论述了推动直流微电网发展的因素及国内外发展状况。对直流微电网的系统结构、多源协调控制方式进行了分析。介绍了直流用电设备和直流保护设备的类型。提出直流微电网存在的问题及未来的发展前景。

关键词：分布式电源；直流微电网；协调控制；直流设备
中图分类号：TM 46　文献标志码：A　文章编号：2095-8188（2015）04-0001-06

Overview of Research on DC Micro-Grid for Distributed Power Access

YAO Gang[1]，*CHEN Shaoxia*[2]，*WANG Weifeng*[3]，*PAN Jin*[3]，*DAI Liqin*[3]，*ZHOU Lidan*[1]

（1. Ministry of Education，Key Laboratory of Control of Power Transmission and Conversion，Shanghai Jiaotong University，Shanghai 200240，China；
2. School of Electrical Engineering，Shanghai University of Electric Power，Shanghai 201300，China；
3. Urban Power Supply Company，Shanghai Municipal Electric Power Company，Shanghai 200080，China）

Abstract：In this article，the DC micro-grid’s development factors and research actuality were discussed. System structures，coordination control methods of micro-sources of the DC micro-grid were analyzed. Then，types of DC electrical equipment and DC protection equipment were introduced. At last，the presented problems and future prospects of DC micro-grid were proposed.

Key words：**distributed power；DC micro-grid；coordination control；DC equipment**

图 6-21 科技类数据平台关于“微电网技术”相关综述性文献获取与阅读

2）基于课题研究内容进行文献检索与获取。通过百度百科、读秀中文学术搜索（图书）、中国知网（期刊）中获取相关文献的阅读，了解到“直流微电网”是“分布式电源”接入的最主要途径，“直流微电网”技术已成为风力发电、太阳能发电等直流电源融入与应用的关键技术，“分布式电源接入直流微电网”的研究具有良好的发展前景和研究空间。通过对课题研究文献的阅读，可以帮助作者对关键词及专业数据库进行初步确定。

拟选检索词：直流微电网、分布式电源、distributed power、DC micro-grid。

拟检数据库：中国知网、万方数据资源服务平台、ScienceDirect、IEEE Xplore Digital Library，各数据库关于“微电网技术”相关研究性文献的获取与阅读如图6-22～图6-25所示。

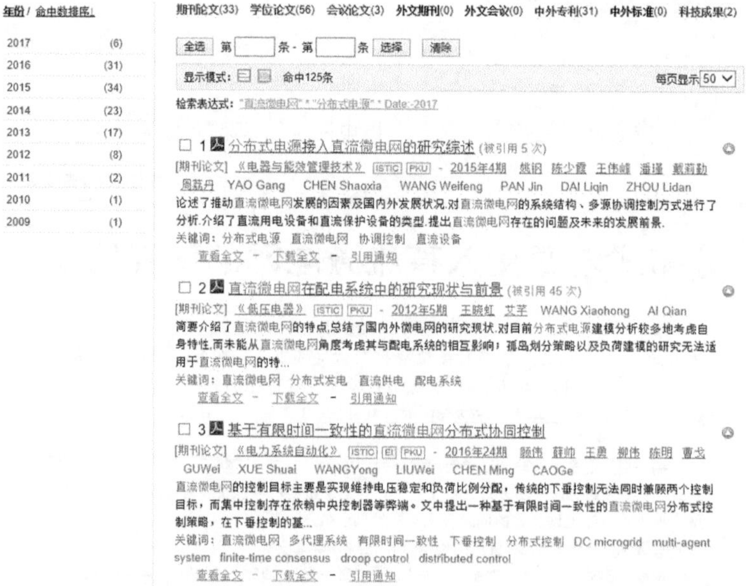

图6-22 万方数据关于“微电网技术”相关研究性文献的获取与阅读

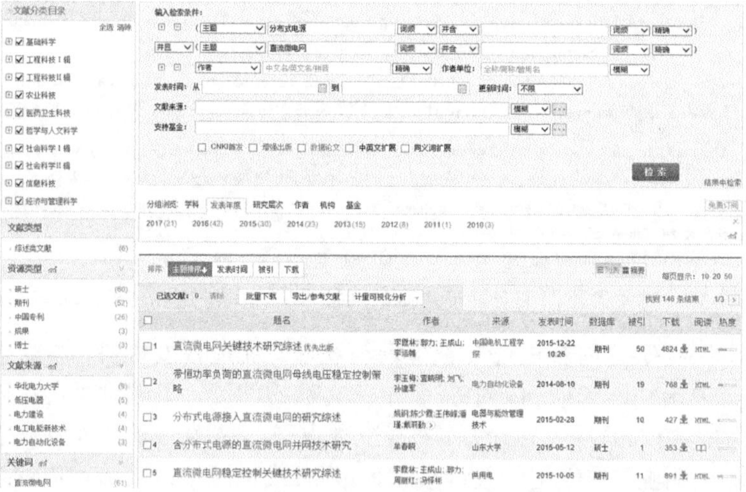

图6-23 中国知网关于“微电网技术”相关研究性文献的获取与阅读

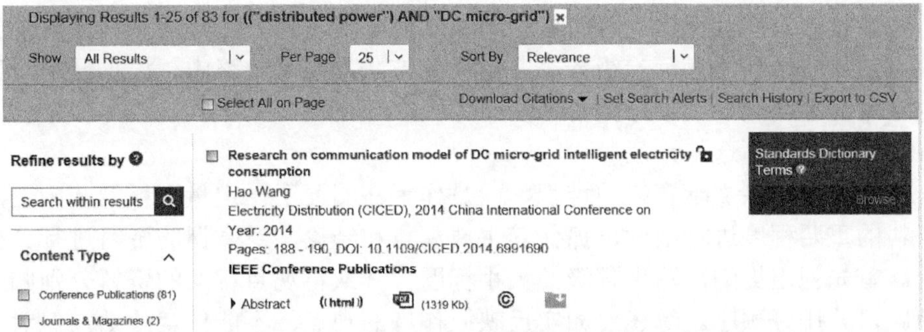

图 6-24　IEEE Xplore Digital Library 关于“微电网技术”相关研究性文献的获取与阅读

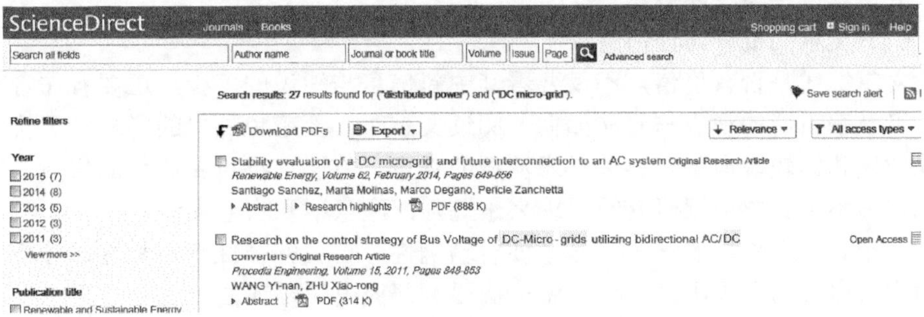

图 6-25　ScienceDirect 关于“微电网技术”相关研究性文献的获取与阅读

特别说明如下。

1）在专业数据库的检索过程中，文献检索的结果总量尽可能不要超过 150 篇，如果文献检索结果过多，要善于利用对相关主题把握，通过检索词的进一步限制，压缩文献的检索结果。

2）文献综述对文献的查全率要求不是很高，但对文献的权威性和典型性有严格的要求，作者在选择相关文献时必须遵循的原则包括：权威>普通，团队>个人，基金>一般，时效>年代。

3）针对专业数据库的检索结果，在获取文献的过程中，要注意文献综述过程中文献利用的首尾兼顾，如果对文献把握不准确，必要时要善于利用文献摘要进行文献的初步筛选。

2. 文献筛选与论证

（1）文献的标引及分类

在大量阅读的基础上，对所获取的文献进行标引，标引内容主要分为文献主要研究的内容，拟应用于文献综述的历史与背景、国内外研究现状、研究方法及技术路线，文献的段落组成及论文布局。

在文献标引的基础上，对所标引的文献按照历史与背景、国内外研究现状、研究方法及技术线路进行一级分类，在研究方法及技术线路中，根据研究对象或研究方法的不同进行二级分类。

（2）文献的筛选与论证

综述不是众多文献资料的堆积，而是作者在阅读了一定量资料的基础上，根据资料的重要程度进行细读，抓住其主要观点和结论，对掌握的资料进行分析、综合。首先列出提纲，写出各级的大小标题；其次将观点相同的资料分别归入有关问题，并排好顺序。综述要如实反映原作者的观点，不能任意改动，但对引用的资料也要加以选择，不要把搜集和阅读过的所有资料都写进去，应有所取舍。

3. 文献批评与综述撰写

（1）文献的批评与评估

文献综述是否有价值，不仅要看其中新信息与知识的多少，还要看作者对文献作者及编辑者的观点与看法如何。阅读文献时，要避免外界的影响和干扰，客观地叙述和比较国内外各相关学术流派的观点、方法、特点和取得的成效，评价其优点与不足。要根据研究的需求来做批判，注意不要吹毛求疵。

一个具有批判性的评论，必须要有精确性、自我解释性和告知性，分析出文章的中心概念与所提出的论据，做出摘要，并提出简要评估。

（2）文献综述的撰写

文献综述的撰写应根据写作提纲，将内容逐项展开，并注意观点与内容的一致。在写作过程中，可根据需要调整结构和补充内容。论述观点时，作者可有倾向性，但不同观点也应列出。初稿写出后，要反复修改和补充，包括内容增减、结构统一、数据核对和文字润色，综述发表前，最好请有关专家和同行审阅，力求做到主题明确、层次清楚、数据可靠、文字精练、表达准确。

4. 格式规范与文献标注

（1）文献综述的格式规范

文献综述的格式与一般研究性论文的格式有所不同，这是因为研究性的论文注重研究的方法和结果，而文献综述注重介绍与主题有关的详细资料、动态、进展、展望及对以上方面的评述。因此文献综述的格式相对多样，但总的来说，一般包含四部分，即前言、主题、总结和参考文献。撰写文献综述时可按这四部分拟写提纲，再根据提纲进行撰写工作。

（2）文献综述的文献标注

参考文献是综述的重要组成部分。一般参考文献的多少可体现作者阅读文献的广度和深度。对综述类论文参考文献的数量不同期刊有不同的要求，一般以 30 篇以内为宜，以最近 3～5 年的最新文献为主。

特别说明如下。

1）在文献综述时，应系统地查阅与自己的研究方向有关的国内外文献。通常在文献综述中应用的文献不少于 20 篇，且文献搜集要客观全面。

2）在文献综述中，应说明自己研究方向的发展历史、前人的主要研究成果、存在的问题及发展趋势等。

思考题

1. 请说明科技论文的主要结构，并对写作格式及内容要求进行简要说明。

2. 请说明科技论文的具体分类，并进行详细说明。

3. 请分别就文献综述的四个部分：历史背景、国内外发展现状、研究方法及研究内容的分析与对比、结论与展望的文献收集要求及对策进行详细说明。

参考文献

金秋颖，李瑞斌. 2014. 信息资源检索与利用 第 2 版. 北京：石油工业出版社.

李爱国. 2005. 工程信息检索. 南京：东南大学出版社.

王水，张晓民. 2011. 软件工程素质导论. 郑州：河南科学技术出版社.

许增福，吴春玉. 2002. 现代信息检索技术. 北京：石油工业出版社.

张其志. 2015. 教育科学研究法. 北京：北京师范大学出版社.

第7章 科技创新与文献驱动

本章主要从科技创新、创新素养的描述出发，从科技创新与科技文献的关系、科技文献驱动创新决策、科技文献驱动科学研究、科技文献驱动技术开发、科技创新过程的文献检索5个方面，阐述科技文献在科技创新各个阶段承担的主要角色，为读者科技创新活动过程中科技文献的具体应用提供参照依据。

创新这一概念是由美籍奥地利经济学家约瑟夫·熊彼特（Joseph Schumpeter）首先提出的。创新是在前人或他人已有发现或发明成果的基础上，做出新的发现、提出新的见解、开拓新的领域、解决新的问题、进行新的运用、创造新的事物。创新概念包括的范围很广，涉及知识和技术性变化的创新和非技术性变化的创新。

7.1 科技创新与科技文献的关系

科技创新是一个从新思想的产生，到产品设计、试制、生产、营销和市场化的过程，也是知识的创造、流通和应用过程，表现为不断追求新发现、探索新规律、创立新学说、创造新方法、应用新技术和新工艺、采用新的生产方式和经营管理模式、开发新产品、提供新的服务，从而占领市场并实现市场价值。由此可见，科技创新不是一般意义上的科学发现和技术发明，而是一种新的经济和社会发展观，它是一个系统，并不是单一的行为或环节，它强调科学与技术有效应用的统一，它重视各要素之间的新组合。

7.1.1 创新素养与创新能力

科技创新素养是以新思维、新发明和新描述为特征的一种概念化修习涵养的过程（储敏伟和付一书，2014）。科技创新能力是指在科学思想指导下，运用科学理论和方法，在科技创新实践中取得创造性成果的能力（高新陵和吴东敏，2013）。

科技创新素养与科技创新能力既相互区别又相互联系，二者相辅相成，缺一不可。科技创新素养包含于创新的自操作和新思维的生成过程，科技创新能力则体现于对物质资源的操作或素质功能充分发挥的过程中，具有外显性特征。科技创新素养是科技创新能力的前提和基础，科技创新能力是科技创新素养的延伸和落脚点。科技创新素养的高低决定着科技创新能力的高低，科技创新能力的提升又会促进科技创新素养的提升。

依据科技创新实践的过程，科技创新能力包含：科技创新意识、科技创新思维、科技创新人格、科技创新知识、科技创新技能、科技创新实践等能力，这些能力在科技创新过程中既有独立的地位和功能，又相互关联、密不可分，形成一个相互作用、相互依赖的有机统一体，在科技创新实践活动中发挥作用。具体如下。

1）科技创新意识。科技创新意识的表现包括：对新知识、新信息、新事物有强烈的好奇心，充满求知欲，博览群书；在自主学习中发现问题，主动查阅资料、搜集信息，思考和探究解决问题；关心科技发展和学术前沿动态，关注社会变革，对科技创新实践和学习富有极大的激情；经常表达自己科技创新的体验，感到充实和幸福，体验能够升华为理念和信念；主动向教师或群体成员倾诉科技创新理想、目标和措施。

2）科技创新思维。科技创新思维的表现包括：善于发现和解决新颖问题，具有怀疑精神，不迷信权威、不盲从书本，敢于批判，凡事有独到见解；具有超常思维，敢于标新立异，敢想人所未想、敢探前所未知、敢创前所未有的创新性，这就决定了它具有随机性、灵活性、多样性、突发性和每次创新过程中的个性。科技创新思维善于从多种角度、方法、途径思考和探究问题，思维角度、方法、路线与众不同；能够对各种数据和材料进行由此及彼、由表及里、去粗取精、去伪存真的分析综合与加工处理，透过现象看本质并揭示其科学规律；善于联想和逆向思考问题，能够将图形、表格及音像符号等抽象知识形象化，并通过归纳、演绎、抽象、概括使感性认识上升到理性认识，实现各种思维形式的统一。

3）科技创新人格。科技创新人格的表现包括：具有超常的意志力、观察力和独立精神，具有为追求真理和人生价值而终生奋斗的奉献精神；能够吃苦耐劳，勇于面对挫折，不怕困难，即使身处逆境也能顽强地生存和发展；具有敏锐的观察力、极强的问题意识和深刻的反思力；具有张扬的个性和丰富的想象力，视野面开阔；具有独立精神，善于独立思考、独立判断、独立果敢地行动，充满自信心；具有合作精神，有宽容的人际关系，能主动与他人密切合作，取得他人的理解和支持；善于用幽默乐观的态度调整情绪和情感，始终保持愉快向上的心理期待和饱满的精神状态；敢于承担责任，对他人、集体、社会有强烈的责任感。

4）科技创新知识。科技创新知识的表现包括：具有广博的知识面，精深的专业知识，掌握丰富的各学科知识，形成独特的、合理的知识结构；具有一定的知识创新和知识重组能力；能够不断地掌握及融合各学科的综合知识；熟练掌握和运用科技创新的方法论知识和理论，具有科学的人文精神。

5）科技创新技能。科技创新技能的表现包括：具有新知识、新信息的获取、加工、处理和综合能力；能够按照知识产生与发展过程自行提出和设计实验方案，对现实生活中的各种模型、模具进行结构、功能、样式及构思进行新探索和改进设计；熟练掌握实验器材选配、设备调试等操作技巧，具有较强的实验动手操作能力；具有将新思想、新知识、新技术、新工艺等科技创新成果以适当方式表现和物化的能力。

6）科技创新实践。科技创新实践的表现包括：能够积极参与学术科研的讨论与交流，大胆发表意见，敢于质疑；主动参加科技创新活动，具有良好的创新操作习惯，能够根据自己的新思路、新创意设计、制造出具有一定理论价值和现实价值的创新产品。

7.1.2 科技文献与科技创新

科学技术是关于人类知识范畴的一个抽象概念，在现实生活无处不在。现代社会中一切工业装备与工农业产品、交通工具、卫生设施和社会生活设施都是科学技术的化身，即物化了的科学技术，其中既包括非文献（如实物）信息资源，又包括与之共生的设计、制造、工艺技术文件，以及使用、维护等文献资料。此外，人类科技活动的知识还大量存在于科技图书、科技期刊、会议论文、学位论文、科技报告、专利文献、技术标准、电子及网络信息源等各种类型的其他文献中。

21 世纪，人类社会已进入以知识和知识创新为中心的知识经济时代。经济全球化趋势及国际竞争的日益加剧，促使知识、知识创新与知识资源共享成为国际社会高度关注的迫切问题，知识已成为经济与社会发展的首要资源，知识的生产、传播、利用的创新水平也是衡量国家或区域竞争力的主要因素。从文献作为知识重要载体的意义上来理解，科技文献与科技创新的关系，可以从科技文献与科技创新的关系或科技文献与知识创新的关系来认识。人们在产生、搜集、整理、加工、传递及开发、利用文献资源时，所关注的只是文献所传递的创新知识，以及如何利用上述科技文献促进知识创新。

图 7-1 第二次世界大战德国 V-2 地地弹道导弹

【案例 7-1】20 世纪初，俄国科学家齐奥尔科夫斯基提出了著名的齐奥尔科夫斯基公式，为火箭设计奠定了理论基础，这是源头创新。后来，德国陆军炮兵局的科学家在齐奥尔科夫斯基公式研究和大量学术论文调研的基础上，进行技术攻关，解决了燃料性能、发热部件的冷却、燃料预热技术、发动机结构重量、发动机的持续可靠性、导弹结构与控制等技术问题，为成功发射第一枚 V-2[①] 导弹（图 7-1）奠定了基础。

---

① V-2 导弹，德文全称为 Vergeltungswaffe-2，意为报复性武器-2。

7.1.3 文献检索与知识创新

知识创新是知识经济社会的核心，它是通过科学研究获得新的基础科学知识与技术科学知识的过程。知识创新表现在探索新规律、创立新学说、创建新理论、创造新产品或新方法、改进新工艺及累积新知识等方面。知识创新是技术创新的基础，知识创新过程的最大特征是知识的继承性和创造性。古今中外一切科学技术成就或发明创造，无一不是在继承、吸收他人知识，加以利用，并在现有技术的基础上进行创造而获得的。这种学习与继承、研究与创新的过程，正是通过对知识的利用与再创造来实现的。

科技文献（知识资源）已被认为是继能源、物资资源之后最重要的战略资源之一，是国家利益的重要组成部分。作为整个社会信息资源主要组成部分的科技文献资源，在人类社会不断的知识创新历程中，积累了前人的智慧与创造，是当前数量最大、利用率最高、可信性最高的信息资源（李爱国，2005）。它记录着无数有用的事实、数据、理论、方法、假说、经验和教训，是人类进行跨时空交流、认识和改造世界的基本工具。对文献信息资源的新型开发和利用是知识创新的基础与源泉。

【案例 7-2】1965 年，中国科学院上海生物化学研究所、中国科学院上海有机化学研究所、北京大学生物系等单位联合攻关，首次在世界上人工合成牛胰岛素，图 7-2 为中国人工合成牛胰岛素 50 周年纪念标徽。科学家在定题前就全面、准确地进行了信息检索，得知英国牛津大学和美国麻省理工学院对该课题已进行了长达 10 年的研究，并已掌握了牛胰岛素的分子结构。中国的科学家在获取有关牛胰岛素分子结构文献资料的基础上，进一步分析、研究、实验，最终人工合成了牛胰岛素，向人类认识生命、揭开生命奥秘迈进了一大步。

图 7-2 中国人工合成牛胰岛素 50 周年纪念标徽

7.1.4 文献检索与文献判断

在文献信息增加速度远远大于文献信息接收速度的今天，对科技文献真伪判断的失误或者对科技文献分析处理的不当，都会给科技创新活动的开展带来无法估量的困难，甚至遭受重大的经济损失。因此，在文献检索过程中，精准地进行文献的判断与选择，就显得非常重要。

1）可靠性判断。这是对文献准确性的判断。对于可靠性的判断，最基本的是考核科技文献所提出的内容，在国内外实践中的实际应用和验证情况。具体来说，在文献撰写的内容方面，论据充分、数据精确、逻辑严谨的文献可信度高；在引用的文献方面，引文为权威专家、被引文献较高的文献可信度高；在提供文献的机构方面，权威机构比一般机构的可信度高。

2）先进性判断。这是对新度和深度的判断。一般来说，技术方面的新观点、新方案、新设计、新标准、新配方、新工艺、新设备、新材料等是先进的。但是，对情报需求者来说，“新”是相对的。除了考虑上述因素之外，还要结合自身的条件，从能否采用、有何经济效益、对环境的影响如何等方面综合判断文献的先进性。

3）适用性判断。这是对响应指标的考核。所谓适用性，主要是指可否直接采用，还是参考采用，或仅仅是具有启发和引导作用。同时，要看其原料、工艺、产品等方面是否适合国情与自身的生产条件。对于科技文献的适用性，还要分析它是处在哪一阶段，对已鉴定和商品化的技术，适用性就高，而处于探索阶段、研究阶段的技术，适用性就差。

7.2 科技文献驱动创新决策

科技创新决策渗透于一切科技创新的执行过程之中，换句话说，科技创新决策是科技创新的首要任务，只有正确的科技创新决策才能保证科技创新的顺利展开。科学、客观、准确的科技创新决策必须是在对社会环境、竞争环境、技术环境、资源环境等方面信息资源进行充分分析的基础上形成的，其中竞争环境、技术环境的把握尤为重要。因此，科技创新决策方案的形成必须以丰富多样的科技文献信息资源和科学合理的科技文献检索能力为基础。

科技创新决策是由文献激活知识、知识优化决策、决策驱动创新等一系列创新思维过程组成的。科技创新决策离不开丰富的科技文献信息资源，丰富的科技文献信息资源离不开专业的科技文献检索能力，专业的科技文献检索能力离不开丰富的知识背景，所以，科技创新决策活动的核心是科技文献驱动创新决策，本节把科技文献驱动创新决策的过程定义为知识激活、决策过程、决策分析等三个部分构成。下面就从科技创新决策的过程中的知识激活、决策过程、决策分析等方面对科技文献的需求进行一一说明。

知识点一：科技文献检索三原则如下。

1）文献适度原则：文献适度原则是指在科技文献检索、收集、阅读和整理的过程中，做到合理的舍弃与排斥，既要做到对不需要的文献“视而不见”，不假思索地放弃，也要做到对明显谬误的文献“视若无睹”，毫不犹豫地排斥。

2）文献帮助原则：文献帮助原则是在利用各种检索文档、检索工具、搜索引擎、文献数据库等检索系统的过程中，充分利用系统提供的检索帮助、文献导航及计量工具等，既要做到在“战略上藐视敌人”，也要做到在“战术上重视敌人”。

3）文献素质原则：文献素质是指在各种科技文献交叉渗透、技术高度发展的科技创新体系中，具有较强的信息意识和文献处理的能力，包括文献搜集、文献开发、文献鉴别，以及文献综合分析能力、文献技术运用能力、文献利用道德水平。

7.2.1 知识激活对科技文献的需求

任何个人或机构在进行科技创新活动时，首先需要对科技创新领域进行全面的知识积累和客观的知识分析，我们称之为知识激活。知识激活的根本目的是要把原来以静态方式存在的各种科技文献（存在于数据库、图书馆及人们头脑中的文献）变成一种直接服务于科技创新的活跃的知识，即生成科技创新过程中实际需求的知识。

知识激活过程实现的基本要求如下。

1）专业的知识背景：任何一项创新都必须建立在丰富的知识积累的基础上，创新者在科技创新决策过程中，必须善于使用科技文献提升自己的专业知识背景，其中与创新相关的学术专著、综述性论文、学位论文等文献类型的阅读尤为重要。

2）多源的信息途径：科技创新决策是一个系统工程，在决策过程中对信息源的需求必须是多方面的，包含社会环境、竞争环境、技术环境、资源环境等方方面面，因此应该综合多方面资源为科技创新决策服务，其中尤以科技文献最为重要。

3）合理的检索策略：在专业知识背景积累的基础上，通过学习掌握的科技文献检索方法，制定合理的科技文献检索策略，精准获取相关文献信息为科技创新决策服务，特别需要注意，因数据信息源的不同，应进行相应检索策略的调整。

4）综合的处理能力：在文献获取过程中，要善于将所检索的文献按照时间、内容、层次、机构等进行标引、分类、整理及整合，要善于将涉及科技创新相关的新思想、新方法、新技术、新工艺等科技创新成果以适当方式进行表现和物化。

【案例 7-3】2008 年初，一场罕见的雪灾袭击了我国南方大部分地区(图 7-3)，交通运输部急需国外雪灾道路应对方案。我国情报人员在掌握国内外大量资料的基础上，采用主题词自动标引技术，迅速标出各资料主题，据此选取相关资料，同时对其进行主题对比与分析，找出了各国在不同环境下的应对措施及其依据和特点，形成了国外雪灾公路应对分析报告，为交通运输部做出决策提供了依据。

图 7-3　2008 年我国百年未遇的雪灾

7.2.2　决策过程对科技文献的需求

决策过程是个人（或其他决策单位）从认识一项创新，形成看法和态度，到决定是否采纳、实施这项创新，并认可自己决策的全过程。创新决策过程一般包括五个阶段，即认知、说服、决策、实施和确认（黄海洋，2015）。

1）认知阶段：认知是创新决策的前提和基础，认知阶段需要创新决策人员通过科技文献检索解决三个问题。一是“是什么”，是关于创新存在的历史脉络信息及技术发展信息；二是“怎么样”，是关于创新可行的科技信息及社会信息；三是“为什么”，是关于创新实施的基本原理或基本方法。

2）说服阶段：对创新的赞成态度在很大程度上影响着创新的采纳行为，由于创新带有某种不确定性，在说服阶段，创新者需要通过科技文献检索，在大量文献信息资源的基础上，积极地寻找创新评估信息（包含社会信息、市场信息、竞争信息及技术信息），以降低创新预期后果的不确定性。

3）决策阶段：决策是做出采纳或拒绝某项创新的决定过程，采纳是决定把某项创新作为有可能实行的最好行动方案，拒绝是决定不采纳某项创新。在创新采纳或拒绝过程中，科技文献是创新决策最佳的信息依据及数据支撑，只有在客观科技分析及数据认证基础上的决策，才是科学的决策。

4）实施阶段：在实施阶段，对于某项创新预期后果的不确定性仍然存在，创新的实施者往往是与决策者不同的一群人，组织的人员构成、组织文化等都可能会影响到实施是否成功。因此，在创新实施过程中，通过科技文献跟踪竞争对手、了解市场信息、掌握实施进度是行之有效的管理手段。

5）确认阶段：决策与实施常常不是创新决策过程的结束，在确认阶段，决策者在进一步了解创新相关信息后，可能做出对前期创新决策的肯定，也可能转变以前采纳或拒绝的决定，进而中止采纳或重新采纳某项创新。因此，支持或否定自己的创新决策均需要大量的科技文献信息支撑。

【案例 7-4】汉字激光照排系统的发明人王选，走的正是这样一条“捷径”。1976 年，时任北京大学助教的王选，提出用数学的办法描述字形，超越日本的第三代阴极射线管照排机的激光照排系统，引起学界一片哗然：“你要是能搞第四代，那我就能搞第八代。”当时国内权威都认为应该跟着日本人的步伐，完善光学机械式印刷系统。但是王选就是不盲从权威，开题立项之前曾用了一年的时间，检索和研究了大量国外专利信息，了解到照排技术从手动式、光学机械式、阴极射线管式已经发展到第四代，即激光照排，但是激光照排还不完善，国外尚无商品。于是，王选便越过当时日本流行的光学机械式、欧美流行的阴极射线管式，直接研制成功第四代激光照排系统，实现了跨越式发展，节约了科研经费和时间，图 7-4 为方正集团华光系列汉字激光照排系统。

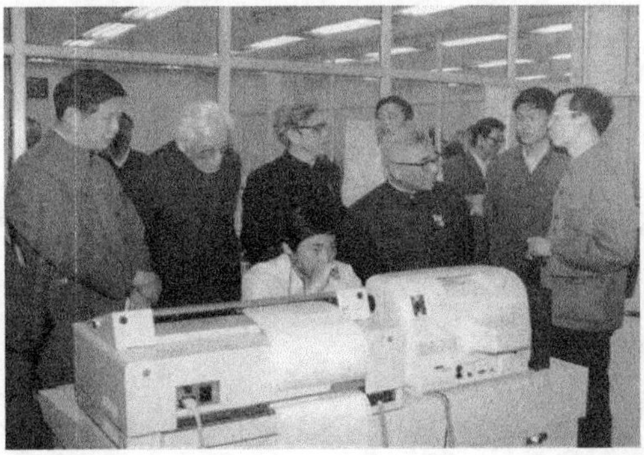

图 7-4　华光Ⅱ激光汉字照排系统成果鉴定现场

7.2.3　决策分析对科技文献的需求

决策分析是科技创新决策人员通过有效手段的整理、描述、统计、分析，在创新实施过程中收集的各种科技文献及数据信息资源，并在此基础上，对科技创新决策做出系统性的推断，并给出结论与建议。决策分析依赖于大量的科技文献资料及统计分析数据，因此，决策分析首先需要对科技创新对象进行调查，收集相关文献资料及数据资料，其次对数据资料进行整理使之系统化，为科技创新的决策分析打下基础。下面就决策分析文献及数据资料的收集、整理及描述进行说明。

1）文献资源收集：基于创新决策层面的文献及数据资源收集，涉及国内外相关研究、产品、专利、标准、市场数据、统计数据、分析数据等多种文献信息资源，在文献资料收集过程中，要充分考虑文献资源中涉及技术创新性、先进性、知识产权、项目前景、项目风险、市场现状、可持续发展等相关信息。

2）文献资源整理：文献资源整理是指根据决策分析的需要，将搜集到的大量个体资料，用科学方法进行加工处理，把它们转化为总体资料，使之系统化、条理化，成为能反映事物总体特征的综合资料的过程。在文献整理过程中不仅涉及对原始资料的整理，而且涉及对已经加工的统计资料的再整理。

3）文献资源描述：为便于创新决策的可视化分析，需将收集整理后的文献数据资源进行数据描述，描述成统计分析工具可用的频率（频数）数据，描述后频数分布可大致呈现出科技创新决策数据的形状分布、类型分布和趋势分布，通过后续介绍的分析工具进行分析后，可直观展示创新决策结果。

4）统计分析工具：基于决策数据分析的方法包括回归分析法、聚类分析法、因子分析法等，基于信息分析的方法包括德尔菲法、交叉分析法、头脑风暴法等，基于文献分析的方法包括文献计量学方法、引文分析法和内容分析法等，基于组织分析的方法包括 PEST①分析法、SWOT②分析法、核心竞争力分析法等。

图 7-5 《人民画报》刊登的王进喜近照

【案例 7-5】日本是一个信息大国，非常善于利用信息。20 世纪 60 年代的中国对外严密封锁大庆油田的信息，地图上并没有大庆市，因此日本人无法获得大庆油田的信息，于是开始研究所有关于大庆市的零星情报。仅靠当时中国《人民日报》和《人民画报》的几段报道和几幅图片，日本人就获得了深层次的信息，分析步骤如下。

1）确定大庆市的大概位置。画报封面上有王进喜的照片（图 7-5）：王进喜身穿大棉袄，天空下着鹅毛大雪；还有一幅照片的背景是广袤的黑色土壤的平原。日本人据此分析大庆市应该在东北地区，否则不会下这

① PEST，即政治（politics）、经济（economy）、社会（society）、技术（technology）。

② SWOT，即优势（strength）、弱势（weakness）、机会（opportunity）、威胁（threat）。

么大的雪，土壤也不会是黑色的，但还是无法判断大庆市的具体地理位置。《人民日报》有一篇报道提到，王进喜到了马家窑，说了一句：“好大的油海啊！我们要把中国石油落后的帽子扔到太平洋里去。”日本人据此分析，马家窑就是大庆市的中心；“好大的油海”暗示油田的储油量很大。

2）确定大庆市的中心位置。《人民日报》报道，中国工人阶级发扬了一不怕苦，二不怕死的革命精神，大庆市的设备不用马拉车推，完全是肩扛人抬。日本人分析油田不会远离火车站，远了就拉不动设备。后来日本派了一名经济间谍以游客的身份前往东北研究铁路线，结果发现了油罐车，顺着铁路找到了离马家窑不远的车站。

3）推算产油量和石油需求量。1966 年，王进喜光荣地参加了全国人民代表大会。根据这一消息，日本人分析大庆油田一定出油了，假如不出油，王进喜当不了人民代表大会代表。根据《人民日报》上一幅钻塔的照片，以钻台上手柄的架势与几位操作工人手臂的对比，算出油井的直径是十几厘米，根据直径推算每天的产油量。结合国务院政府工作报告公布的数据，把该年产油量减去上一年产油量，就得出大庆油田的石油产量，算得很准。日本还预测，大约在 1980 年以后，中国的工业将有较大发展，会需要大量石油。

4）提前设计适合中国专用的石油设备。日本根据当时中国的工业水平预测，中国无法自行设计制造石油设备，必然会向全世界公开招标，于是决定根据中国的需求特点预先设计石油化工设备。果然，大庆油田出油后，我国向世界很多国家征求设计都不成功，此时日本人说：“早就为中国设计好了！”结果日本从中获利不少。

7.3 科技文献驱动科学研究

科学研究的继承性决定了它离不开科技文献检索，特别是在做前沿性科学研究时，科技文献的获取通常比设备和资金更重要。因此，科技文献检索的成果往往决定着科学研究的成败，而科技文献检索的成败取决于对科研项目的了解程度。

7.3.1 科学研究对文献的依赖

科学研究的所有过程都离不开科技文献检索。从科研项目的确定到实验方案的取舍、制定，再到研究过程中的信息跟踪，最后到成果鉴定，科技文献检索贯穿于科研过程的始终。在科研的初始阶段，需要通过科技文献检索了解科研项目的意义、国内外研究现状及存在的问题，除了检索相应的期刊论文外，更重要的是检索与阅读综述性文献或某一方面的学位论文，以便对相应科研项目有一个概貌的了解和全局的把握。在具体的实验、调查、模型建立及方案设计等研究工作中，可通过相关的科技文献检索借鉴前人的研究方法和研究结果，此时应检索最新的研究论文。在进行成果总结、鉴定、提交、发表等后续科研工作时，相关的科技文献检索也是必要和相当重要的。因此，科研工作与科技文献检索是密不可分的，科研工作对科技文献检索有较大的依赖性。

7.3.2 课题类型对科技文献的需求

1）基础研究课题：基础研究课题属于原始创新，这类研究课题更多关注的是原理、机理。对于大多数基础研究课题，那些专利创造性及质量不高、可信度较弱的论文可以忽略。检索工具首选 SCI、CNKI 检索平台，应该着重研究影响因子高、引用次数多的论文，特别是英文文献。需要指出的是，基础研究课题多数为原始创新，因此能直接借鉴的文献往往很少。基础研究课题创新的前提条件有两个方面：一是需要很深厚的学科底蕴；二是借鉴其他学科的知识。

【案例 7-6】虫子中最著名的迁徙莫过于帝王蝶（图 7-6），帝王蝶北美大陆用“生命接力”的方式完成超过 4000km 的迁移，每年千百万只帝王蝶在北美大陆南北迁徙，可谓大自然的一大奇观。其实，会迁徙的昆虫不仅帝王蝶，科学家已经发现有很多种昆虫都有迁徙或迁飞的习性，而且昆虫迁飞的个体数量可能远远超过人们的想象。2016 年，南京农业大学胡高年在 *Science* 上发表论文揭示，英格兰南部天空中每年的昆虫迁移量达 3.5 万亿次，其生物量的质量达 3200t，相当于每年秋季从英格兰飞往非洲的 3000 万候鸟质量的 7 倍多，且虫子的迁移量有随季节发生变化，大量的昆虫在春季往北迁移，在秋季往南迁移。这项基础研究的成功是胡高利用在英国洛桑实验站做访问学者期间，获取长达 10 年雷达和网捕监测对英格兰南部高空（高于 150m）飞行昆虫分析数据资料的基础上形成的，这再一次说明，中国学者能做出高质量的基础研究工作，其关键在于支持这些基础研究的可靠数据的积累与支持。

图 7-6 帝王蝶在北美大陆南北迁徙

2）应用研究课题：应用研究课题属于引进消化再创新。与基础研究和应用基础研究最根本的区别是，应用研究课题面对企业的实际问题，既要考虑技术上的可操作性，又要考虑经济上的可行性。因此，在检索时除了技术方面的文献之外，相关的政策、新闻、经济方面的信息都要关注。产品说明书、网上企业主页介绍也是一种有用的信息。对于此类研究来说，CNKI 检索平台能给出其他中国期刊全文数据库所没有的信息；此外，还要多查 CA①和专利，即使原文是读不懂的德语或意大利语，或者发明点隐藏较深不易看出，也能从 CA、专利给出的英文摘要中得到启发。

【案例 7-7】北京低压电器厂开发漏电保护开关，经过一年多的探索仍没有找到理想的技术方案，后来利用 7 天的时间查阅了大量的专利信息，找出 70 多篇相关技术资料，经过对专利信息的分析，大受启发，仅用了 3 天就制定出一套切实可行的技术方案，研究开发出具有国际先进水平的新产品，并申请了专利。

7.3.3 研究层次对科技文献的需求

任何一个科研项目都包含 3 个层次：研究方向、研究领域和研究课题（周金元，2013）。例如，有人研究纳米氧化锆粉体的制备，其研究方向是纳米材料，研究领域是纳米粉体，研究课题是纳米氧化锆的制备和表征；有人研究用二氧化钛（TiO_2）作为光催化剂来处理有毒有机废水，其研究方向是废水处理，研究领域是有毒有机废水的处理，研究课题是 TiO_2 光催化剂处理有毒有机废水。

知识点二：科研层次决定科技文献的内容。

研究方向层次的文献，一般涉及基础知识、基本理论，使读者了解当前科研的重大进展与趋势。

研究领域层次的文献，涉及某研究领域的焦点与热点，包括已经、正在或即将进行的课题。

研究课题层次的文献，一般涉及全面了解某学科历史、现状、展望、主要机理及实验手段等。

由此可见，从研究方向到研究领域再到研究课题，人们对研究对象的了解越来越专深，这是科研工作者做科研的必经之路。需要指出的是，科研工作者往往忽略对研究方向即大背景的关注，导致不知自己研究的课题在整个社会中处于怎样的位置，有何意义，与相邻领域有何交叉与联系。这种“只见树木，不见森林”的研究方法只会把自己变成井底之蛙。

① CA 是美国《化学文摘》的简称，其检索平台为 SciFinder。

【案例 7-8】在欧洲中世纪，约翰内斯·古登堡（Johannes Gutenberg）（1397～1468 年）发明了活版印刷机，据说，约翰内斯·古登堡首先研究了硬币打印机，它能在金币上压出印痕，可惜压痕的面积太小，没办法用来印书。接着，约翰内斯·古登堡又看到了葡萄压榨机，由两块很大的平板组成，成串的葡萄放在两块板之间便能压出葡萄汁。约翰内斯·古登堡仔细比较了两种机械，从“求同思维”出发，把二者的长处结合起来，经过多次试验，终于发明了欧洲第一台活版印刷机，图 7-7 为约翰内斯·古登堡及其活版印刷机的油画。活版印刷机采用压印方法（与雕刻版的刷印方式有所区别），为木制，底部座台上固定已排好字的活字版，上面的压印板借铁制螺旋杆控制，可上可下。螺杆下有拉杆，以人力推动，得到印刷时所需的压力。用羊皮包以羊毛的软垫蘸墨，将墨刷在活字版上，再铺上纸，摇动螺杆位杆，通过压印板压力即印出字迹。活字印刷机使长期被僧侣和贵族阶层垄断的文化和知识迅速传播开来，为欧洲科学技术的繁荣和整个社会的进步做出了巨大贡献。

图 7-7　约翰内斯·古登堡及其发明的活版印刷机油画

7.3.4　研究过程对科技文献的需求

科技文献检索贯穿于一个课题研究过程的始终，从选题与实验方案的制订、实验仪器材料的购买，到理论的分析、科研论文的撰写，再到科研成果的推广应用，无不穿插着科技文献检索工作。

知识点三：科学研究各阶段对科技文献的需求如下。

研究初期，科研工作者往往对刚确定的课题知之甚少，因此应该对该课题的研究背景、国内外研究现状及存在的问题进行全面了解。

研究中期，科研工作者必须大量查阅该领域的理论和实验文献，熟知该领域的机理、实验方法及领军人物，确定自己的研究路线并进行实验。

研究后期，科研工作者必须将自己的实验数据整理、总结，以构造模型、解释机理、得出结论，并发表文章或申请专利，进行必要的知识产权保护。

对于刚刚踏入某研究领域的新手，必须阅读大量的文献，才能把握本领域的动态和方向。但不同科研阶段对信息“查”与“阅”的要求是不同的，时而需“查全”，时而需“查准”，时而需“精读”，时而需“泛读”。

知识点四：科学研究相关文献主要分为重要文献、相关文献和其他文献 3 种文献类型，科研人员应根据所读文献的重要性、相关性进行分类，采取精读与泛读相结合的方法。

重要文献是指对本领域的发展具有里程碑式意义的文献。由某些权威专家撰写的综述及详细描述某些重要实验方法的资料应设法获得原文并仔细阅读。

相关文献是指相关领域的重要文献和自己领域内除重要文献以外的其他文献。对这些文献应以阅读文摘为主，在阅读过程中若发现启发性的文献，可以升级为重要文献，并仔细阅读全文。

其他文献是指描述相关领域的一般研究工作的文献。科研人员可以用非常短的时间浏览文章题目及摘要（国外刊物的题目一般准确反映了其研究内容和结果）。这一工作可为自己在将来某一时间进入相关领域做好准备。

科研工作者在科研的道路上应由浅至深、由广到专，首先鸟瞰整个“森林”，其次见到每棵“树木”，再次关注每片“树叶”，最后聚焦叶子上的每条“纹路”。

【案例 7-9】丰田佐吉所处的时代，世界纺织业生产还相当落后，竞争却非常激烈。作为一名发明家和企业家，丰田佐吉深知专利文献在引领科技发展中的重要作用。为了全面了解和研究世界纺织业的最新发展状况，积极寻找有益于自己企业发展的新技术，丰田佐吉专门派人从英国购买了英国专利局出版的全部专利说明书摘要。开始针对专利文献上登录的相关技术进行认真地查阅、分析和研究，并对重要的发明性技术一一做了简短评语。刚开始进行查阅时，他并没有明确的发明目标，只是对行业技术进行了全面的了解，经过认真的研究和筛选之后，他才将目标固定在蒸汽机和一款比较先进的织布机上。最后，他经过充分利用和综合上述两项技术，最终研制出一款蒸汽动力自动织布机（图 7-8），极大地提高了纺织工业生产，震惊了世界纺织业。

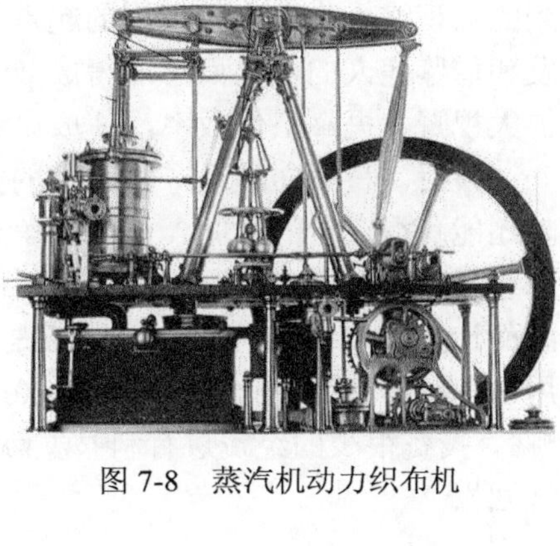

图 7-8　蒸汽机动力织布机

7.4 科技文献驱动技术开发

技术是人类知识和经验物化的成果，可以说技术是文献得以存在的根本，文献是技术得以传承的基础，技术开发过程必然是文献的积累与知识升华的过程。因此，技术开发的过程不仅是文献检索结果的应用过程，同时也是新技术生成与新文献产生的过程。

7.4.1 技术开发对文献的依赖

科技文献检索是技术开发工作的基础，它贯穿技术开发的全过程。从确定开发方向、选择开发项目、制定设计方案，到开发成果的应用，科技文献检索都起着十分重要的作用。

首先，科技文献可为技术开发的决策提供依据。技术开发是一项复杂的系统工程，对条件的要求很苛刻，它必须依据技术发展的内在规律，充分了解拟开发技术所处的发展水平和创新程度，掌握开发技术的时限要求。特别是现代，由于技术开发费用的越来越大，技术开发承担的风险也越来越大，只有在全面而周密地收集和分析与技术开发相关科技文献的基础上，技术开发决策才是科学、客观、可行的技术开发。不掌握可靠的科技文献的技术开发决策，形同盲人骑瞎马，后果是不堪设想的。

其次，科技文献对于提高技术开发的效率有着重要的作用。技术开发的目的是创新，为此，就必须充分掌握前人的成果，在前人所达到的最高水平上前进。知识是在认识和改造自然和社会的斗争中积累起来的，每一代人都是把前人所达到的认识终点作为自己认识的起点。在科学技术飞速发展的今天，不利用技术开发和借鉴他人的成果而想取得成效是不可能的。技术开发人员充分利用情报可以扩大视野、提高工作效率，使成果更富于创造性。

最后，科技文献是一种廉价的资源，可以产生巨大的经济效果。通过科技文献还能赢得宝贵的时间，赶在竞争对手之前研制出新产品去占领市场。此外，利用科技文献，避免重复劳动的经济意义也是很大的，由于没有充分利用科技文献而造成重复研究的案例比比皆是。据统计，如果科研经费是 1，则中间试验费用是 10，实现工业化的投资是 100～200，科技文献的费用只占科研经费的 2%～5%，投资很少的经费进行科技文献的积累与收集，可以得到几十倍、几百倍的经济回报。

7.4.2 开发决策对科技文献的需求

技术开发主要分为独创型技术开发与转移型技术开发。其中独创型技术开发是指在成熟的技术研究理论及技术应用实践的基础之上，技术开发人员利用自身力量或与其他单位联合进行技术研究或产品研制的一种技术开发活动；转移型技术开发是在引入、吸收、消化外来已成形技术的基础上，技术开发人员对国内外成形技术进行转移开发和技术引进的一种技术开发活动。

技术开发决策阶段主要是围绕技术开发项目的确立和可行性研究开展科技文献检索服务，利用的最高形式是通过科技文献的调研分析指导技术开发的决策、管理与实施。因此，在技术开发决策阶段对科技文献的需求主要分为计划制定阶段、开发实施阶段、技术鉴定阶段三个阶段。

1）计划制定阶段：通过科技文献检索掌握有关技术的国内外发展情况、当前水平与未来趋势，衡量本企业的技术在同类技术中的地位，明确技术开发的可能方式，从中择出最优者；通过科技文献检索掌握技术开发的环境、资源、能源的消耗情况，产品生产与市场结构，以及开发技术的短期和长期效益，确认技术开发的可行性。

2）开发实施阶段：通过科技文献检索全面搜集与技术开发领域相关科学研究及技术研发的科技文献，结合技术开发的基本原理、技术组成、结构要素等，明确技术借鉴与技术攻关的具体关键技术；通过科技文献检索全面搜集与技术开发过程相关的设计及技术管理的科技文献，在此基础上进行正确的管理决策。

3）技术鉴定阶段：技术一经投入，对投入的开发技术应进行全面的技术水平评价和经济效益分析，完善技术创新的整个过程。因此，技术鉴定必须与科技文献检索工作相结合，从“鉴定”工作出发，在全面搜集及分析相关科技文献的基础上，综合政策、环境、市场等信息，提供准确、客观的技术鉴定结果。

【案例 7-10】反倾销是欧美国家在对外贸易中常用的手段之一。而中国企业经常成为它们的目标，目前中国是世界上出口产品受到反倾销调查最多的国家。欧盟早在 1998 年就制定了 CR 法规[①]草案，矛头直指浙江省打火机厂商。CR 法规规定，售价在 2 欧元以下的打火机必须安装“安全锁”，并将“使用寿命达 5 年以上”作为安全锁设置的衡量标准。这一规定，浙江省企业无一有能力做到，这意味着，如果该法规被付诸实施，浙江省绝大多数生产打火机的企业都将从欧盟市场“失业”，带来无法估算的损失。

[①] CR 法规，即 child resistance law，儿童防护法规。

7.4.3 技术研究对科技文献的需求

技术研究工作与科学研究工作一样，需要科技文献检索贯穿于技术研究过程的始终，从技术选择、技术论证、开发实施、技术鉴定及技术应用等阶段，无不穿插着科技文献检索工作。

1）技术选择阶段：通过科技文献检索了解拟选择技术的技术组成、设备需求、环境要求、检测方法、应用范围等，结合拟选择技术的社会环境、自然环境及影响因素等信息，确定技术选择方案。

2）技术论证阶段：通过科技文献检索了解已有成果的成熟性、发展水平、基础研究转移等，结合条件基础、开发潜力、市场状况，预测技术开发成功的可能性，为风险性决策提供依据。

3）开发实施阶段：围绕研究开发的各个环节及攻关技术，进行科技文献信息源的综合开发，有效地为组织专题文献提供服务；围绕研究开发的组织工作，将内部、外部的科技文献搜集纳入正常工作的轨道，随时掌握与技术有关的各种动向。

4）技术应用阶段：加强技术、市场与产品文献调查，确立技术深层开发的重点，以解决投入过程中的各种关键问题，并依据已检索的科技文献信息，进行技术市场、经济效益的有效分析，为技术进入市场提供管理决策依据。

【案例 7-11】切斯特·卡尔森（Chester Carlson）在美国一家主营分析专利表格和论文的公司任小职员。他每天的工作就是抄写、临描科技文稿和各类图表，因而感到非常枯燥、乏味。为了提高工作效率，找到替代抄写的更好办法，他决心发明一种便利的复印设备。为此，他充分利用业余时间，每天来到纽约的公共图书馆，查阅世界各地的专利文献和相关技术资料，他发现利用静电原理进行复印还是一个空白点，继而又阅读和分析了大量关于静电方面的技术和发明。之后，卡尔森开始进行大量的研究实验。结果发现硫在黑暗中容易带上静电，并且在强光照射时会失去其电荷。于是，他首先将硫颗粒撒在一块金属板上，放在黑暗的屋子里，用丝绸摩擦金属板使其带电。其次用铅笔蘸了油脂在一块玻璃板上写字，将其放在金属板上面，用强光照射，然后将玻璃板移开，在金属板上撒上粉末状的墨，用来黏住带电量的硫颗粒。最后把一张纸压在金属板上将墨颗粒转移到纸上。尽管复印成功了，但这种方法只能复印写在玻璃板上的字，却无法复印纸张上的字，而且这种机器使用起来非常复杂。

卡尔森的发明遇到了极大的困难。为了进一步获取灵感，他又回过头来，再一次认真查阅大量专利文献及相关学术研究资料。通过认真研究相关资料，他发现照相技术原理非常适合应用到复印技术当中，照相机通过调整焦距使反射光在相机里成形，而他需要的正是其中的调焦透镜。亮光照射纸张时，反射回来的光线通过透镜聚焦，就可以反射在带电金属板的硫颗粒上，卡尔森给这种方法取名为“静电复印术”，图 7-9 为卡尔森及其发明的静电复印机。

图 7-9　卡尔森及其发明的静电复印机

7.4.4　技术转移对科技文献的需求

国内技术转移开发，既可以通过国内技术市场进行有偿交易活动（如通过“专利”进行技术转让），也可以通过各种“合同”关系输入实用技术、引入技术深层开发的新材料与设备等。技术转移对科技文献的需求主要分为项目选择、方式选择、转移开发、成果投入四个阶段。

1）项目选择阶段：围绕技术开发内容，进行系统的专题文献检索，从成果公报、专利等信息源中发现线索，掌握成果水平、鉴定结果、开发前景及所有者的基本情况，以便具体决策转移开发项目。

2）方式选择阶段：围绕技术开发内容，对拟转移项目的成果进行科技文献检索，了解拟转移项目的背景资料，掌握项目承建者的专利、成果、市场等基本情况，通过对比分析，确立转移对象及合作者。

3）转移开发阶段：围绕技术开发内容，通过科技文献检索，对鉴定方法、标准、同类技术等细节进行详细了解，明确技术成果输出者技术占有及合作份额，确保技术攻关及转移开发的科技文献信息保证。

4）成果投入阶段：围绕技术开发内容，通过科技文献检索，获取技术经济信息，进行综合性的技术经济信息分析，以求进一步挖掘技术潜力、完善技术项目，为今后的技术发展及技术完善提供决策依据。

目前，技术转移已成为我国技术开发及技术改造的一种主要方式，它不仅可以充分发挥我国的技术潜力，而且有利于新技术的推广与应用，因此，这方面的科技文献检索与信息保障应成为科技开发人员关注的重点，只有“知彼知己”，才能在技术转移中占据主动地位。

【案例 7-12】2006 年，在充分文献检索及技术市场调研的基础上，中国科学院研究生院（现为“中国科学院大学”）计算与通信工程学院通过与北京银易通网络科技有限公司的合作，建立产学研联合体，依托中国科学院研究生院的研究实力和引进韩国 GBTEC 公司在嵌入式软件开发领域的技术优势，走产学研联合体和消化、引进吸收国外先进技术并形成自我知识产权的发展道路，加快“移动铁路票务系统”和“嵌入式终端多媒体数字版权管理系统”项目的产业化，并与中国银联、商业银行、移动运营商、移动终端制造商建立移动支付产业促进联盟，促进中国移动支付标准化工作，掌握标准工作话语权，形成具有自主知识产权的核心技术，图 7-10 为易通支付主题 LOGO。

图 7-10　易通支付主题 LOGO

7.4.5　技术引进对科技文献的需求

中国正处在加速工业化和产业技术升级的重要阶段，一方面，中国要进一步加大引进国外先进技术的力度，推动结构调整与优化；另一方面，中国必须把提高自主创新能力放在更加突出的位置，以此作为推进经济结构调整的中心环节，加快建设中国特色的国家创新体系。这是当前我国面临的双重选择，因此，在技术引进过程中，进行全面的科技文献检索是技术引进成功与否的关键，在技术引进过程中科技文献检索应用主要分为引进项目论证与决策、技术引进谈判与签约、技术引进实施与开发三个阶段。

1）引进项目论证与决策阶段：通过科技文献检索，对引进技术的先进性、成熟性、完整性、适用性、经济性等方面进行全面的了解，为技术引进的选择对象提供参考依据。

2）技术引进谈判与签约阶段：通过科技文献检索，对引进技术的构成、水准、组成、来源、垄断性等方面进行全面了解，为引进技术的价格谈判提供重要的决策依据。

3）技术引进实施与开发阶段：通过科技文献检索，对引进技术规范和设备（包括仪器、材料等）、国家和国际标准、国际通用检测和验收方法等方面进行全面了解，为引进技术的检测、验收及后续开发提供资料支撑。

【案例 7-13】1982 年，石家庄市第三印染厂准备与联邦德国卡佛公司以补偿贸易形式进行为期 15 年的合作生产，规定由外方提供黏合衬布的生产工艺和关键设备，该工艺包含了大量的专利。初次谈判的卡佛公司要求石家庄市第三印染厂支付专利转让费和商标费共 240 万马克。石家庄市第三印染厂厂长马上派人对这些专利进行了情报调查，调查发现其中的主要技术“双点涂料工艺”专利的有效期将于 1989 年到期失效。在第二轮的谈判中，石家庄市第三印染厂摆出这个证据，并提出降低转让费的要求，外商只得将转让费降至 130 万马克。

7.4.6 产品开发对科技文献的需求

产品开发与技术开发，二者既相互联系、有机结合，又有着不同的“分工”和内容。一般说来，产品开发必须以一定的生产技术作为保证，在设计、制造新产品过程中往往伴随着技术开发活动。但是，技术开发与产品开发又有着不同的方面，其中技术开发包括了以提高生产效率、降低生产成本等目标为基础的技术创新，而产品开发则包含了更广的技术、经济活动。因此，在产品开发过程中，科技文献的需求与技术研发、技术转移、技术引进等又呈现不同的形式。

1）产品设计阶段：科技文献需求主要集中在同类产品和零部件的有关数据和资料；有关标准、能源、环保等方面的规定；有关产品及零部件的新理论、新结构、新材料、新工艺等；有关产品或零部件的试验、测试的新方法、新手段；等等。

2）产品开发阶段：科技文献需求主要集中在同类产品加工工艺和流程；生产条件和各种有关数据；用户对现有产品的意见和建议；科技发明的趋势和竞争企业的行为；产品开发过程中各种技术难题的解决；等等。

3）产品生产阶段：科技文献需求主要集中在产品生产前的设备准备和技术准备；产品生产前的技术规范和技术标准；产品生产中的原料组成及成分检测；产品生产中的技术支持与设备维护；产品生产后的检测方法及验收标准；等等。

【案例 7-14】汪克尔转子发动机是德国人发明的（图 7-11），日本开展此项研究的时间比德国晚 10 年，但由于日本政府和有关公司全力以赴地搜集、检索德国这方面的情报，结果日本先于德国 10 年将装有这种发动机的小汽车投入市场，前后共计为日本赢得了 20 年的时间。汪克尔转子发动机是由德国人菲加士·汪克尔（Felix Wankel）（1902～1988 年）发明，他在总结前人研究成果的基础上，解决了一些关键技术问题，研制成功了第一台转子发动机，该转子发动机采用三角转子旋转运动来控制压缩和排放，与传统的往复活塞式发动机的直线运动迥然不同，转子发动机取消了无用的直线运动，因而同样功率的转子发动机尺寸较小、重量较轻，而且振动和噪声较低。

图 7-11 “汪克尔”转子发动机结构

7.5 科技创新过程的文献检索

科技创新与科学技术研究离不开文献检索与利用，文献信息是科技和经济发展的重要战略资源，文献信息开发利用的程度直接影响科技创新的效率和质量。

7.5.1 科技创新初期的文献需求

在科技创新初期，创新者对科技创新领域所知甚少，此时检索策略强调“准”、“快”而不是“全”，科技文献阅读强调“粗”而不是“细”。科技文献资源应首选专著、综述及相关性较大的文章。此时文章只需阅读摘要、引言和结论部分（具体的实验方法、原理、机理留到研究中期完成），主要对科技创新主体的研究领域、意义、背景及国内外研究状况、存在的问题和相关名词术语有一个大致而宽泛的了解。这样做的目的是以最短的时间、最快的速度了解拟科技创新领域相关技术，并对科技创新内容有一个整体直观的印象。

学术专著是作者根据在某一学科领域内科学研究的成果撰写成的理论著作，

可以帮助科研工作者对相关研究领域的基础方法、基础理论、工艺路线等进行全面的学习及理解。综述性论文是权威专家对某一段时间内众多文章的总结，可以帮助科研工作者对国内外相关领域的研究内容、实现方法及阶段理论进行全面的了解。研究性论文是某一学术课题在实验性、理论性或预测性上具有的新的科学研究成果或创新见解和知识的科学记录，可以帮助科研工作者对相关研究领域的最新研究成果进行全面把握。学位论文是作者在充分阐述相关研究领域成果的基础上，通过大量的思维劳动而提出的学术性见解或独创性结论，因其从基本知识写起，计算方法、公式都非常详尽，易读易懂，尤其是绪论部分往往信息量很大，可以帮助科研工作者对初涉的研究领域进行充分了解。

中国工程院院士周立伟在《博学笃志 追求卓越——献给研究生的 12 条忠告与建议》的文章中指出："读书一定要精读几部本学科现代的经典著作……这是学术大师或博学者对本学科学问的系统总结，它从理论到实践全面反映了著者本人或当代科学学派的创造性思想以及这一学科的最新成就。我认为，读现代的经典著作是研究生攀登这一门学科最好的阶梯和捷径。在初学阶段，不妨先阅读一些优秀教材，对该学科的基本知识和基本理论有一个全面、系统的了解，使自己快速进入这一学科领域。"

有了科技创新领域经典现代科技文献阅读与了解的基础，就可以制订出更接近科技创新本质的检索策略，为科技创新中期的科技文献检索做好准备。

【案例 7-15】20 世纪初，化学家开始把发明新药的目光投向化学合成，德国化学家保罗·埃尔利希（Paul Ehrlich）（1854～1915 年）也在研究通过化学合成制备新的药物（图 7-12）。当时，化学家发明了一些染料，能够用来给细胞染色，但细胞被染色以后会失去生命，因此，染色剂也是杀菌剂。保罗·埃尔利希想，染料染色的同时也在杀灭微生物，用它来消灭危害人类健康的锥虫病（锥虫是当时流行于非洲等地的致命微生物），会取得怎样的效果呢？保罗·埃尔利希试图用染色剂来杀灭锥虫，但实验了许多次都失败了。

图 7-12　保罗·埃尔利希及其工作室

1907年的一天，他从一本化学杂志上看到用化学品“阿托什尔”能杀死锥虫，治好昏睡病。但“阿托什尔”会使视神经受到损坏，造成双目失明，锥虫病治好后病人将在黑暗中生活一辈子。这篇文章给保罗·埃尔利希极大的启发，“阿托什尔”能治好锥虫病，说明它的基本元素和基本结构对致病微生物有一定的抑制作用，能不能在这个基础上加以改进呢？沿着这条思路，保罗·埃尔利希发现“阿托什尔”是一种含有砷元素的药物，含砷的药物一般都有较强的毒性。保罗·埃尔利希心想，物质的结构变了，化学性质也会发生变化。与“阿托什尔”结构相似的化学物质也许既能杀虫，毒性又较小。他开始与同事们不断地合成新的物质，不断地改变“阿托什尔”的结构，一次次实验它们的生化功能，终于在失败了605次后，1909年的春天，保罗·埃尔利希研制的第606号药剂取得了成功，研制出了一种名为砷凡纳明的新药，它与“阿托什尔”有相似的结构和性能，但它没有那么强的毒性，因而可以治疗昏睡病。

7.5.2 科技创新中期的文献需求

科技创新中期是科技创新最核心的阶段，在此阶段要做3项工作：熟知该领域的典型实验的机理（中前期）、确定科技创新的研究路线和实验方法（中中期）、科技创新相关实验及数据的展开（中后期）。

科技创新中期最需要从文献中获得灵感和启发，文献的查阅量急剧上升。阅读过程为由点到面、由杂到精，对应的检索策略为由准到全、由全到准。该阶段文献需求的特点是先“输入”后“输出”，即研究者对拟科技创新领域的理论和实验方法必须先消化吸收，变成自己的知识后，才能有想法并制订出实验方案。因此，一定要“深入细致”地阅读文献。

（1）“点”的阅读

由“准”的检索策略做保障，检索并挑选出各时期的经典论文（引用次数最高的论文）、近期质量较高的文章（期刊上影响因子较高的文章）各10篇左右进行研读（“点”），每一部分都仔细阅读，将各部分的内涵基本掌握，大致了解该领域中解决问题所采用的方法、理论基础和实验手段。

（2）“面”的阅读

如果检索策略仅强调“准”，则会遗漏很多有用的文献，所以应用“全”的检索策略来互补，以检索出范围更广的文献（“面”）来阅读。不同作者的研究方法也不相同，只有多读才能比较出优缺点，从中确定拟科技创新领域的创新点和研究方法。

广义的文献应包括所有可以阅读的出版形式。例如，要了解化工分离的基本形式，最好是看教材；要学习如何设计精馏塔，最好是看专著；要知道最新研究进展，最好是查阅期刊论文；要把握其他人的研究动向，最好是参加学术会议或看会议论文汇编。

对于这些范围较广的文献应采取“跳读”的方法阅读，具体过程如下。

1）先看标题、摘要、引言，再看结论，其中引言最重要。引言揭示某课题的研究意义、存在的问题，以及该课题在前人解决过程中还存在什么问题、作者准备采用何种方法解决何种问题。

2）浏览正文所有图表，这些图表简明、清晰地反映了全文的信息，若有兴趣可再进一步阅读文字部分。阅读正文时应找出论文真正具有实质内容的部分，它经常隐藏在某个角落里。但是，往往作者认为最有创新性的地方，未必是读者感兴趣的，反之亦然。

3）如果该文献确实有价值，则应通篇精读，详细了解它的理论依据、实验方法、解决了前人哪些问题、还有哪些不足（在讨论和结论部分）。若研究者希望进一步解决该问题，则新的科技创新由此产生。

（3）“精”的阅读

有了对文献“由点到面”宽泛而深入的研读，以及一定的知识基础后，对于繁杂的文献，要有个人的判断，达到“由杂到精”，“精”表现在两个方面。

1）专门针对某一专题进行查阅。例如，进入科技创新的中后期，需要对众多实验方法进行比较后得出优劣，确定最适合于科技创新方向的研究条件、创新者自身知识结构的最佳方案，此时只需阅读每篇文章的实验方法部分即可。此后，分析实验现象、与文献对比实验数据、提出某种机理时，用的都是专题查阅方法。

2）追踪课题组、领军人物、高质量期刊。科研人员应了解该领域的历史和学科流派；注意作者观点的改变，探究其原因；比较同一专题论点的发展，掌握其新方法、新结论；定期浏览最新相关期刊，从面上了解学术进展和热点。

对于刚步入研究大门的创新人员来说存在很多难题，如：如何做实验、步骤是什么、用什么实验仪器设备和试剂、性能测试用什么标准等。虽然从期刊论文中能知道一些，但期刊论文往往写得非常简单而学位论文的实验步骤往往较为详尽，很有参考价值，是初研人员较佳的文献利用类型。

7.5.3 科技创新后期的文献需求

科技创新后期所做的工作是将研究中期得到的实验数据进行归纳整理，构造模型以得出某些结论，然后撰写文章、申请专利。

不要以为文献检索和阅读工作在这个阶段已经结束了，恰恰相反，此阶段采用的检索策略是“超级全”。为了分析、解释实验中出现的某种现象，为了支持文章中提出的某个创新观点，尤其是在申请专利、递交文章之前一定要进行一次地毯式搜索，确定自认为具有新颖性的科研成果是他人没有做过的、是绝对新颖还是相对新颖的、前人已有的专利是全部覆盖还是部分覆盖科研人员准备申请专利的、提出的某个观点是否违反常理的。为了论文不轻易被拒，以及申请专利中希望被保护的条款不被专利审查员认为是“公知常识”，科研人员必须将核心词改为扩展词进行一次全面搜索。

论文写作过程中，如果提出了很新颖的想法和结论，特别是对以前的某些论点提出否定时，一定要小心，必须检索到位。对此应进行专题检索，并将检索范围往外扩展。例如，原来的课题是“A 物质+B 方法”，那么，此时检索范围应扩展到没有任何物质限制的“B 方法”，看看其他文章中的相关方法是否有借鉴之处。

【案例 7-16】我国高铁的土建技术基本上是根据我国特有地形条件而创造出来的原始创新专利。在国外转让专利方面，外方常常坚持核心技术不转让原则，中方只能依据现有条件，自行摸索与实践，经过原始创新、集成创新和再创新，耗时多年才完全掌握了高铁的九大核心技术及大量的配套技术，图 7-13 为中国高铁宣传效果图。中国高铁的许多核心技术在国内申请专利后并未及时在各个主要国家及潜在市场国申请专利，而发达国家常用的做法是在技术面世之时，便同时在本国、重要市场国家及潜在市场国家申请专利，抢占专利高地。因为没有做好核心技术的知识产权保护，我国高铁在“走出去”过程中，陷入了一些发展中国家的“专利陷阱”。

图 7-13　中国高铁宣传效果图

整个科技创新阶段如何检索与阅读文献，有人发表了很好的见解：对文献的熟悉程度不同，阅读文献的方式大不相同。科技创新新手的学习式阅读要逐字逐句，搞清细节，掌握最基本的知识点。最初的十几篇、几十篇要精读，精华的几篇甚至要背诵。科技创新的老手要进行搜索式阅读，由于他们已熟悉各种研究的常见模式和一般套路，能够迅速提取关键信息、把握思路，因此他们经常不按常规顺序阅读。科技创新的高手要进行批判式阅读，一针见血，直指问题所在。实际上没有一篇论文是无懈可击的。新手要稳，老手要准，高手要狠。

思考题

1. 请根据本章所述内容，从文献驱动创新的角度，说明文献驱动与科技创新的内在关系。

2. 请根据本章所述内容，就中国企业在科技创新过程中的技术转移与技术引进对科技文献应用的途径和方法进行分别说明。

3. 请结合中国“一带一路”倡议，分析中国高铁走出国门应注意哪些知识产权方面的问题。

参 考 文 献

储敏伟，付一书. 2014. 基于 CO-OP 的应用型金融人才培养模式改革 4. 上海：上海财经大学出版社.

高新陵，吴东敏. 2013. 科技文献信息与科技创新. 南京：河海大学出版社.

黄海洋. 2015. 大学技术创新扩散的机理与模式研究. 上海：上海交通大学出版社.

李爱国. 2005. 工程信息检索. 南京：东南大学出版社.

周金元. 2013. 研究生信息素质高级教程. 镇江：江苏大学出版社.

第 8 章　创新思维与知识发现

本章主要通过创新思维、知识发现概念的描述，以文献作为沟通纽带，构建文献驱动知识，知识驱动思维、思维驱动创新的科技创新驱动模式，为读者科技创新提供基于文献与知识的实现途径，助推“大众创业，万众创新”战略的实现。

马丁·海德格尔（Martin Heidegger）在《存在与时间》一书中认为，知识是人类思维中的存在，具有时间性。知识发现就是从大量存在的学术文献及科研成果的角度出发，通过对大量知识的挖掘与分析，获取科学研究及文献记录中的规律与趋势，为创新思维提供发现知识的源泉。

8.1 创 新 思 维

创新思维是指以新颖独创的方法解决问题的思维过程，通过这种思维能突破常规思维的界限，以超常规甚至反常规的方法、视角去思考问题，提出与众不同的解决方案，从而产生新颖的、独到的、有社会意义的思维成果（苏振芳，2013）。

8.1.1 创新思维的特征

创新思维作为一种思维活动，既有一般思维的共同特点，又有不同于一般思维的独特之处（吴晓义，2016）。其特征具体表现在以下七个方面。

1. 求异性思维

创新思维在创新活动过程中，尤其在初期阶段，求异性特别明显。它要求关注客观事物的不同性与特殊性，关注现象与本质、形式与内容的不一致性。有一位英国科学家认为：“科学研究工作就是设法走到某事物的极端而观察它有无特别现象的工作。”创新也是如此，一般来说，人们对司空见惯的现象和已有的权威结论怀有盲从和迷信的心理，这种心理使人很难有所发现和创新。而求异性思维则不拘泥于常规，不轻信权威，以怀疑和批判的态度对待一切事物和现象。

图 8-1　中国著名数学家华罗庚铜像

【案例 8-1】华罗庚在数学上崭露头角，就是从怀疑开始的（图 8-1）。1930 年，20 岁的华罗庚从一本杂志上读到苏家驹的一篇论文，谈代数五次方程的解法。华罗庚在认真细致地读了这篇论文之后，经过缜密的推理、独立的运算，得出了与之完全相反的结论。面对已经是当时中国数学界权威的苏家驹，华罗庚没有盲目跟从，而是根据自己的研究，大胆地对苏家驹的文章提出了质疑，写出了《苏家驹之代数的五次方程式解法不能成立之理由》的论文，引起了数学界的强烈反响。从此华罗庚走上了数学研究之路。

2. 联想性思维

联想是将表面看来互不相干的事物联系起来，从而达到创新的界域。联想性思维可以利用已有的经验创新，如人们常说的由此及彼、举一反三、触类旁通，也可以利用别人的发明或创造进行创新。联想是创新者在创新思考时经常使用的方法，也比较容易见到成效。能否主动、有效地运用联想，与一个人的联想能力有关，然而在创新思考中若能有意识地运用这种方式，则是有效利用联想的重要前提。任何事物之间都存在一定的联系，这是人们能够采用联想的客观基础，因此联想的最主要方法，就是积极寻找事物之间的一一对应关系。

图 8-2　火车用气动刹车装置

【案例 8-2】现代火车的刹车装置，是由美国发明家乔治·威斯汀豪斯（George Westinghoue）发明的。他为了创造这种能够同时作用于整列火车每一节车厢的制动装置，曾经苦苦思考了很久，一直想不出什么办法。后来他在某一专业杂志上看到，在挖掘隧道时，驱动风钻的压缩空气是用橡胶软管从几百米以外的空气压缩站送来的，从而联想到火车刹车装置可用类似的办法解决，结果发明了气动刹车装置（图 8-2），直至今天仍然被广泛应用。

3. 发散性思维

逻辑思维往往是沿着一条直线方向固定向前的思维，它的目的常常是寻找一个正确答案，即它的答案具有单解性及正确性的特点。与此相反，创新思维具有发散性，它既可以是同一或相反方向的思维，也可以是平面内的二维思维，或者是三度空间的立体思维。发散性思维是一种开放性思维，人的行动自由可能会受到各种条件的限制，而人的思维活动却有无限广阔的天地，是任何外界因素难以限制的。发散性思维的优势在于它能够产生众多的可供选择的方案、办法及建议，使一些似乎无法解决的问题迎刃而解。

【案例 8-3】英国有个叫吉姆的小职员，整天坐在办公室里抄写东西，常常累得腰酸背痛。他消除疲劳的最好办法，就是在工作之余去滑冰。冬季很容易滑冰，而在其他季节，吉姆就没有机会滑冰了。怎样才能在其他季节也能像冬季那样滑冰呢？对滑冰情有独钟的吉姆一直在思考这个问题。想来想去，他想到了脚上穿的鞋和能滑行的轮子。吉姆在脑海里把这两样东西的形象组合在一起，想象出了一种“能滑行的鞋”。经过反复设计和实验，他终于制成了四季都能用的“旱冰鞋”（图 8-3）。

图 8-3　轮式旱冰鞋效果图

4. 综合性思维

综合性思维是把某一事物的某些要素分离出来，组接到另一事物或事物的某些要素上的创造性、创新性思维的过程。综合是把对事物各个侧面、部分和属性的认识统一为一个整体，从而把握事物本质和规律的一种思维方法。综合性思维不是把事物各个部分、侧面和属性的认识随意地、主观地拼凑在一起，也不是机械地相加，而是按它们内在的、必然的、本质的联系，把整个事物在思维中再现出来的思维方法。综合就是创新，这一观念在实践中已产生巨大的效应。

【案例 8-4】美国在 1969 年 7 月 16 日，实现了“阿波罗”登月计划（图 8-4）。参加这项工程的科学家和工程师达 42 万多人，参加单位 2 万多个，历时 11 年，耗资 300 多亿美元，共用 700 多万个零件。美国“阿波罗”登月计划总指挥韦伯曾指出：“‘阿波罗’登月计划中没有一项新发明的技术，都是现成的技术，关键在于综合。”可见“阿波罗”登月计划是充分运用综合性思维方法进行的创新。

图 8-4　阿姆斯特朗登月留影

5. 逆向性思维

逆向性思维是对司空见惯的、似乎已成定论的事物或观点反过来思考的一种思维方式，敢于“反其道而思之”，让思维向对立面的方向发展，从问题的相反面深入地进行探索，树立新思想，创立新形象。逆向性思维就是有意识地从常规思维的反方向去思考问题的思维方法。如果把传统观念、常规经验、权威言论当作金科玉律，常常会阻碍创新思维活动的展开。因此，面对新的问题或长期解决不了的问题，不要习惯于沿着前辈或自己长久形成的、固有的思路去思考问题，而应从相反的方向寻找解决问题的办法。

图 8-5　罗巴切夫斯基肖像

【案例 8-5】欧几里得几何学建立之后，从公元 5 世纪开始，就有人试图证明作为欧氏几何学基石之一的第五公理，但始终没有成功，人们对它似乎陷入了绝望。1826 年，罗巴切夫斯基运用与过去完全相反的思维方法，公开声明第五公理不可证明，并且采用了与第五公理完全相反的公理。从这个公理和其他公理出发，他终于建立了非欧几何学（图 8-5）。非欧几何学的建立解放了人们的思想，扩大了人们的空间观念，使人类对空间的认识产生了一次革命性的飞跃。

6. 独创性思维

图 8-6　电梯及其镜子的设置

独创性思维敢于打破陈规陋习，敢于摒弃陈腐观念，敢于怀疑现成的东西，敢于怀疑具有权威性的理论。越是被世俗公认完美无缺的东西，就越要敢于怀疑它，要“学而多疑”，并且要敢于推翻那些理论，发现自己的新见识，提出自己的新见解，去实现新的突破。独创性思维就是用自己的头脑，以自己的方式，去做自己认定的事。它在思路的探索上、思维的方式方法上和思维的结论上，都能提出新的见解，做出新的发现，实现新的突破，具有开拓性、延展性、突变性。

【案例 8-6】纽约的一栋摩天大厦因为楼层太高，电梯又来不及运送，让许多乘客等得不耐烦。

他们乱按按钮，电梯的按钮经常损坏。物业公司在电梯旁贴出告示，请乘客不要这样做，但是收效甚微。一位心理学家想出了一个办法解决了此问题，即在电梯旁装一面镜子（图 8-6）。由于镜子会使客人清晰地看到自己的模样，于是那些平时举止粗鲁的人，只要站在镜子前就不得不改变自己的形象，变得绅士淑女，耐心等待。

7. 灵活性思维

创新思维具有极大的灵活性。由于创新思维不是按照“例行公事”的方式解决问题，并无现成的思维方法可循，所以能够不受僵化的框框、条条限制。具有灵活性思维的人，可以在知识的海洋里纵情遨游，在想象的王国里自由驰骋。创新思维还可以从一个思路跳到另一个思路，从一种意境踏入另一种意境。为了试探解决问题的办法，创新思维需要根据情况的变化随时做出相应的调整和修正，因而思维敏捷，机智灵活，尤其善于变通。

【案例 8-7】“超级明星”米老鼠是如何“孕育”、诞生的呢？这就得提到他的制作人、美国动画艺术片的先驱华特·迪士尼。1901 年他出生于芝加哥，幼年当过报童，先后通过函授和入校，学习了美术。18 岁那年，他开始以绘制商业广告为生。20 岁出头，他开始研究创作动画片，厂址就在好莱坞一间破旧的老鼠经常出没的汽车房里。那些日子，他一有闲空，就饶有兴味地观察钻出钻进的小老鼠。于是，一个新“角色”的雏形，就在他脑中浮现。一次，他从纽约乘火车去洛杉矶。在漫长的旅途中，闲来无事，他抓起笔即兴作画。一只穿着红天鹅绒裤、黑上衣、带着白手套的小老鼠在画纸上出现了。嘻！本来令人讨厌的老鼠，在他笔下，竟如此幽默可爱，顿时引起旅伴们的注意，风行世界近百年之久的“米老鼠”就这样诞生了（图 8-7）。

图 8-7　迪士尼及其设计的米老鼠形象

8.1.2 阻碍创新思维的枷锁

当代心理学家认为，思维是人脑对客观事物概括的、间接的反映。从字面上来说，思就是思考，维就是方向，思维可以理解为沿着一定方向进行思考。人的大脑有一个思维特点就是一旦沿着一定的方向，按照一定的次序思考，久而久之，就会形成创新思维的主要障碍和枷锁（吴晓义，2016），具体表现在以下四个方面。

1. 思维定式

所谓思维定式，就是按照积累的思维活动经验教训和已有的思维规律，在反复使用中所形成的比较稳定的、定型化了的思维路线、方式、程序、模式（在感性认识阶段也称作“刻板印象”）。一方面，思维定式具有积极作用。它可以根据面临的问题联想起已经解决的类似问题，将新问题的特征与旧问题的特征进行比较，抓住新旧问题的共同特征，将已有的知识和经验与当前问题情境建立联系，利用处理过类似旧问题的知识和经验处理新问题。

另一方面，对于创新思维来说，思维定式具有更多的消极作用。它容易使人们产生思想上的惰性，形成一种呆板、机械、千篇一律的解题习惯。当新旧问题形似质异时，思维的定势往往会使解题者步入误区。大量事例表明，思维定式确实对问题解决具有较大的负面影响。当一个问题的条件发生质的变化，思维定式会使解题者墨守成规，难以涌出新思维、做出新决策，往往会造成知识和经验的负迁移。

【案例 8-8】有一种鱼叫作狗鱼。狗鱼很富攻击性，喜欢攻击一些小鱼。科学家做了这样一个实验：把狗鱼和小鱼放在同一个玻璃缸里，在两者中间隔上一层透明玻璃。狗鱼一开始就试图攻击小鱼，但是每次都撞在玻璃上，慢慢地，它放弃了攻击。后来，实验人员拿走了中间的玻璃，这时狗鱼仍没有攻击小鱼的行为，这个现象被叫作狗鱼综合征。狗鱼综合征的特点是对差别视而不见、自以为无所不知、滥用经验、墨守成规、拒绝考虑其他的可能性、缺乏在压力下采取行动的能力。

2. 点状思维

点状思维是一种片面的思维方式，只看到了表面的认识和点点面面，而没有深层次追究探求它的起源和本质。对以往做的成功或失败的事情不清楚原因，在处理相同或类似问题时就像以前没见过一样，以往的经验根本不起作用。点状思维主要表现为以偏概全，将点上的思维扩展到面上思维，而没有意识到点与面之间已经发生了主客观条件的变化，很多时候，点上的经验和知识不能普及到面上。这种思维认识往往容易让人走入误区，不利于问题的有效解决，只是照搬前人的模式，喜欢“拿来主义”，而没有自己的主见和创新。

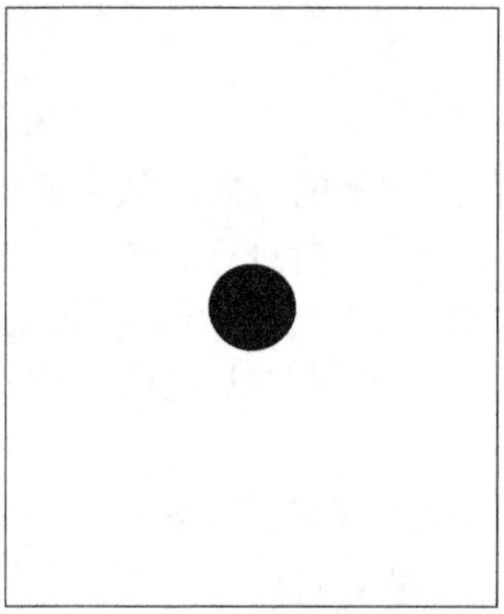

图 8-8　白纸上的黑点

【案例 8-9】一位讲课的老师在课堂上展示出一张白纸，白纸上有一个不大不小的黑点（图 8-8），老师问：“同学们，你们看到了什么？”，学生们几乎是异口同声地说：“一个黑点”！“同学们你们再仔细看一看，看到了什么？”学生交头接耳后回答：“除了黑点没有什么。”教师严肃地说道：“我看到的是一张白纸，而不是一个黑点。同学们，为什么你们的眼睛仅盯住那个黑点，而没有看到黑点旁边的那一大片白纸？”

3. 刻板印象

刻板印象指的是人们对某一类人或事物产生的比较固定、概括而笼统的看法。刻板印象对社会信息加工起到很大的影响和作用，它既有积极的一面，也有消极的一面。刻板印象对具有许多共同之处的某类人在一定范围内进行判断时不用探索信息，直接按照已形成的固定看法即可得出结论，这就简化了认知过程，有利于人们应对周围的复杂环境。然而，刻板印象在创新过程中，会引导研究人员在有限材料的基础上做出普遍性的结论，会使人在认知别人时忽视个体差异，从而导致知觉上的错误，造成先入为主，妨碍对研究过程做出正确的评价。

【案例 8-10】甲对乙说：“如果我送你一只鸟笼，并且挂在你家最显眼的地方，我保证你过不了多久就会去买一只鸟回来。”乙不以为然地说：“养只鸟多麻烦啊，我是不会去做这种傻事的。”于是，甲就去买了一只漂亮的鸟笼挂在乙的家中。接下来，只要有人看见那只鸟笼，就会问乙：“你的鸟什么时候死的，为什么死了啊？”不管乙怎么解释，客人还是很奇怪，如果不养鸟，挂个鸟笼干什么。人们开始怀疑乙的脑子是不是出了问题，乙只好去买了一只鸟放进鸟笼里，这样比无休止地向大家解释要简单得多，这就是非常著名的鸟笼逻辑，又称“空鸟笼效应”（图 8-9）。

图 8-9　鸟笼逻辑漫画

4. 书本枷锁

书本在人类发展过程中所起的作用是显而易见的，一般来说，一个人读的书越多，他的知识就越丰富，本领也就越大。但是需要指出，由于书本知识反映的是一般性的东西，表示的是理想化的状态，与客观现实之间往往存在较大的差异。在处理问题时，如果忽视这种差距，无视实际情况，不加思考地盲目运用书本知识，一切从书本出发，那么书本在为我们带来无穷好处的同时，也会招来不小的麻烦。

【案例 8-11】在托马斯·爱迪生（Thomas Edison）研制灯泡时他想知道灯泡的体积，便让从大学数学专业毕业的助手阿普拉去测量。阿普拉接到任务后，又是测量灯泡的直径，又是测量灯泡的周长，然后列出公式进行计算。由于灯泡不是球形，计算起来十分复杂，算了密密麻麻几大张纸，仍然没有结果。过了几小时，爱迪生催问结果，阿普拉还没算好。爱迪生一看，他算得太复杂了，便拿起了灯泡，沉在水里，让灯泡中充满水。然后把灯泡中的水倒入量筒中，看完量筒的读数，便轻而易举地知道了灯泡的体积（图 8-10）。

图 8-10　爱迪生及其发明的灯泡

8.2 知识发现

1985 年，美国芝加哥大学信息科学荣誉教授斯旺森（Don.R Swanson）提出了知识发现的概念。百度百科中根据斯旺森历次发表的论文，将知识发现含义归纳为“从公开发表的非相关文献中发现某些知识片段间的隐含联系，并在此基础上提出科学假设或猜想，引导科研人员进行公关或实验，从而发现新知识”。

一般称斯旺森的知识发现为“基于文献的知识发现”。目前，除了斯旺森提出知识发现的概念外，还有一些文献认为“知识发现就是数据挖掘，目的是发现隐藏于数据中的有用信息和知识，发现数据之间的关系、结构和模式，知识发现的手段包括数据处理、数据挖掘和知识表示”。虽然国内外的很多文献都对知识发现给出了不同的定义，但是在专业上，还没有对知识发现给出一个统一的定义，基本上都与上述两种表述相似。

本节在这两种表述的基础上，对知识发现的定义进行拓展和归纳为从公开发表的文献之间的关系，发现某些知识片段之间的隐含联系，这种联系可以是相似或同一学科之间相关文献的联系，也可以是看似不相关的文献之间的联系，可以是横向的联系，也可以是纵向的联系。通过这些联系，可以发现科学发展的脉络，或者引导人们提出科学假设或猜想，引导科研人员进行攻关或实验，从而发现新的知识。

8.2.1 知识发现的主要方法

知识发现的最终目的就是通过数据挖掘与数据清洗找到自己需要的科技文献，并将其转化为能为自己认识与利用的知识。所以如何从文献检索中发现有用的知识是知识发现中非常重要的一环，也是知识发现的真正意义所在。知识发现是一种很好的科学研究的途径，但是实现知识发现要有很多必要条件，其中知识发现方法的应用尤其重要（陈荣，2015），基于相关文献的知识发现方法主要有以下四种。

1. 文献计量法

文献计量学是借助文献各种特征的数量，采用数学与统计学方法来描述、评价和预测科学技术的现状与发展趋势的图书情报学分支学科。这一术语最早是1969年由英国人阿伦·普里查德（Alan Britchard）提出的。文献计量学由于其方法论的特色而在知识发现领域中表现出无与伦比的优势，目前常用的文献计量学方法是引文分析法和H指数法。

（1）引文分析法

引文分析法，就是利用各种数学及统计学的方法进行比较、归纳、抽象、概括等的逻辑方法，对科学期刊、论文、作者等分析对象的引用和被引用现象进行分析，以揭示其数量特征和内在规律的一种信息计量研究方法。

在科学领域，文献的引证分布有一定的规律，作为一种信息分析方法，引文分析法在信息分析领域有着广泛的应用，通过引文分析发现文献之间的联系所隐含的知识，是一种基本的知识发现方法。引文分析法主要采用一些测度指标对文献进行定量分析，常用的测度指标包括引文率、影响因子、引证系数、被引证系数、同被引强度[①]。

说明：某位学者或机构的文献被引用率高，就可以说明作者或某个科研机构的学术水平比较高，能起到同一领域领跑者的作用。通过文献的引用与被引用关

① 同被引强度：如果两篇或两篇以上论文共同被后来的一篇或多篇论文所引用，共同引用它们的论文数量称为同被引强度。

系还可以发现某一研究方向的发展脉络，预测研究趋势，而这样的结论仅靠一篇文献是完成不了的，必须研究大量文献之间的关系才能发现这些隐含的知识，这就是知识发现与普通文献检索之间的根本区别，即知识发现研究文献之间的关系，而普通文献检索只关注文献本身。

（2）H 指数法

H 指数法是 2005 年由美国加利福尼亚大学圣地亚哥分校的物理学家乔治·希尔施（Jorge Hirsch）提出的，具体定义为一名科学家的 H 指数是指这名科学家发表的 N 篇论文中有 H 篇每篇至少被引 H 次，而其余 N-H 篇论文每篇被引均少于或等于 H 次。与引文分析法不同，H 指数法同时考虑某研究者的论文数量及其论文被引用的次数，可用于评估研究人员的学术产出数量与学术产出水平。乔治·希尔施曾经通过 ISI 的网络数据库资料，对各个领域的科学家进行统计分析，发现有成就的科学家确实有较高的 H 指数，普林斯顿高等研究院研究弦理论的粒子物理学家 Edward Witten 的 H 指数是 110，这表明他发表的论文中有 110 篇被引用了至少 110 次。

【案例 8-12】按照 2015 年 Google 数据统计发现，全世界物理学科最高的 H 指数为 152，是普林斯顿高等研究院的爱德华·威腾（Edward Witten），图 8-11 为爱德华·威腾肖像。通过了解发现，爱德华·威腾是犹太裔美国物理学家、数学家，菲尔兹奖得主，普林斯顿高等研究院教授，弦理论和量子场论的顶尖专家，被美国《生活》周刊评为第二次大战后第六位最有影响的人物，爱德华·威腾专长为量子场论、弦理论和相关的拓扑和几何，主要贡献包括广义相对论的正能定理证明、超对称和莫尔斯理论、拓扑量子场论、超弦紧化、镜像对称、超对称规范场论和对 M 理论[①]存在性的猜想。

图 8-11　爱德华·威腾肖像

2. 内容分析法

内容分析法是一种定量的分析法，即对各种信息载体上的内容进行客观、系统地描述和分析，将文字表示的资料转换为数量表示的资料形式化方法。如果说引文分析法是从文献之间的纵向联系中发现隐含的知识，那么内容分析法就是从文献之间的横向联系中发现隐含的知识，内容分析法通过对同一研究领域大量文献的对比分析，寻找它们之间的联系和共同之处，从而得出一个综合、全面和客

① M 理论：由单一理论来解释所有物质与能源的本质与交互关系。

观的结论，完成知识发现过程，主要分析方法如下。

（1）抽取文献样本

内容分析的抽样常常从各种文献的标题或期号中进行，或者在作者、书籍、章节、段落、句子、短语、词汇等层次上进行，各种层次的抽样方法都可以采用，可根据具体的研究目的确定如何抽取文献样本。

（2）确定分析单位

分析单位也即内容单位。常用的分析单位有词汇、主题等。如果以主题词作为分析单元，则以主题词出现的频率统计为基础进行分析推断。例如，以小说的主题为分析单位对有关刊物小说所反映的爱国主义、理想主义或人际矛盾等主题进行统计，研究当代中国小说反映社会实际的程度。

图 8-12 《世界大趋势》封面

（3）文献内容数量化

文献内容数量化的主要方法包括对某种信息出现的次数进行计量；对某种信息在载体中出现的位置、篇幅进行计量等。例如，对新闻在报纸中的位置打分，头条位置打最高分，其他次之。也可以对不同主题的新闻在报纸中所占的篇幅进行打分，篇幅越大，打分越高，反之越低。

说明：内容分析法最早产生于传播学领域，20 世纪 50 年代美国学者贝雷尔森的《传播研究的内容分析》一书，确立了内容分析法的地位。真正使内容分析法系统化的是 J. 奈斯比特，由他主持出版的“趋势报告”就是运用内容分析法，享誉全球的《世界大趋势》（图 8-12）一书就是以这些报告为基础写成的。

3. 聚类分析法

聚类分析又称群、集分析，是以大量对象的测量或计量为基础，把具有相似性的一些数据组合为同一类的研究方法，是定量研究样品或指标分类问题的一种多元统计方法。聚类分析作为一种定量的分析方法，数据量一般较大，所以需要用计算机辅助完成。聚类分析要深入文献的具体内容进行分析，所以严格说来也是内容分析，但是聚类分析的目的并不在于就某一方面得出具体的结论，而是按照不同的指标将研究内容归类。聚类分析的指标有多种，可以按照具体的需要确定，但是其最终的归类依据都是距离和相似度。

说明：聚类分析被应用于很多方面，在科研上，聚类分析被用来发现物质的本质联系或潜在研究方向，如偏头痛与镁缺乏的相关性（图 8-13）。在商业上，聚类分析被用来发现不同的客户群，并且通过购买模式刻画不同的客户群的特征。在生物上，聚类分析被用来对动植物和基因进行分类，获取对种群固有结构的认识。在地理上，聚类分析能够帮助在地球中被观察的信息熵趋于的相似性。在保险行业上，聚类分析可以通过一个高的平均消费来鉴定汽车保险单持有者的分组，同时根据住宅类型、价值、地理位置来鉴定一个城市的房产分组。在互联网应用上，聚类分析可以在网上进行文档归类，从而修复信息。

图 8-13　补镁治疗偏头痛漫画

4. 专利技术分析法

专利权是知识产权的一种，专利文献是科学研究中重要的参考文献类型之一，通过对专利文献的检索和分析，不仅能提高科研效率，还可以规避侵权风险。专利技术分析旨在从技术层面了解某专利技术的分布情况，以确立技术开发的方向，避开竞争对手的“专利陷阱”，有助于企业做出技术研发决策。鉴于专利权和专利文献的重要意义，专利技术分析将以上各种知识发现方法应用于专利文献。作为一种知识发现方法，更关注的是专利文献之间横向和纵向的关系，从而发现专利文献之间隐含的知识。

说明：专利技术分析法是指对有关的专利文献进行筛选、统计、分析，使之转化成可利用信息的方法，主要有定量分析和定性分析两种。定量分析即对专利文献的外部特征（专利文献的各种著录项目）按照一定的指标（如专利数量）进行统计，并对有关的数据进行解释和分析。定性分析是以专利的内容为对象，按技术特征归并专利文献，使之有序化的分析过程。现在可免费注册使用的有国家知识产权局专利信息分析系统、中国科学院专利在线分析系统、广东省专利大数据应用服务系统。

8.2.2 知识发现的主要途径

知识发现的最终目的就是在大量科技文献中通过数据挖掘与数据清洗找到自己需要的知识，并将其转化为能被自己认识与利用的知识，所以如何从科技文献检索中发现有用的知识是知识发现中非常重要的一环，也是知识发现的真正意义所在。知识发现是一种很好的科学研究的途径，但是实现知识发现要有很多必要条件（陈荣，2015），主要有以下三个方面。

1. 丰富的文献资源

知识发现存在于大量文献之间的关系中，首先要保证一定的文献数量，所以要有一个收录相对全面的数据库。同时，计算机的巨大贡献之一在于快速实现人类的思想维度并让我们看到结果，基于科技文献的知识发现仅靠人力是无法实现的，必须借助计算机分析软件，才能挖掘文献之间的关系。

说明：基于国外公开发表的外文文献知识发现的数据资源平台有 Summon 系统、Arrowsmith 系统、FIND+系统等，此外，Web of Science、Engineering Village 和 IEEE Xplore 数据库也都有基于各自数据资源集合的知识发现系统。基于国内公开发表的中文文献知识发现的数据资源平台有中国知网的知网节、万方数据的知识脉络分析、超星知识发现系统、维普智立方资源发现系统等。

2. 合理的检索策略

知识发现是对大量具有相同特征的科技文献资源的数据挖掘与数据清洗，因此，检索策略的制定必须能保证运用该策略获得的检索结果具有极高的查全率，只有在检索结果具有极高查全率的情况下，数据对比分析的结果才能反映知识发现的规律，数据对比分析的对象才能具有一定数量的文献基础。在确保查全率的基础上，通过检索策略获取科技文献同样也要保证具有极高的查准率，这样，被分析的科技文献才有参与的价值及分析的必要。

说明：查全率和查准率之间存在互逆的关系，正常情况下，提高查全率必然导致查准率下降；反之，提高查准率则导致查全率下降。正常情况下，如果在研究过程中进行学科分析或学科预测，查全率要优于查准率；如果在研究过程中进行文献考证或文献调研，查准率要优于查全率。在查全率和查准率之间找到一种平衡才叫合适，确定合适的检索策略是知识发现的重要环节，因此，往往需要在检索的过程中不断重复尝试与调整完善，才能在最后获得理想科学的检索策略。

3. 科学的文献分析

文献分析方法是一种对文献内容做客观系统的定量分析的方法，其目的是弄清或测验文献中本质性的事实和趋势，揭示文献所含有的隐性情报内容，对事物发展做情报预测。因此，文献分析实际上是一种半定量的研究方法，其基本做法是把文献载体上的文字、非量化的有交流价值的信息转化为定量的数据，建立有意义的类目分解交流内容，并以此来分析信息的某些特征。

说明：在文献收集与分析过程中，初期重广度，中期重深度，后期重评论与检验。只有处理好浏览（阅读摘要与结论）、泛读（了解主要文献，可能要直接引用的地方要读懂原意）与精读（仔细、反复读懂全文）的关系，才能科学客观地对科技文献进行分析与评价，并应用到学术研究及科技创新的成果中。

8.2.3 知识发现的分析要素

知识发现主要从科技文献的特征出发，包括：科技文献的题名、作者、机构、关键词、摘要、发表时间、数据分类等，采用统计分析方法与文献计量方法，对大量具有相同特征的科技文献进行统计与分析，以获得整个领域研究成果的纵向和横向分布情况，从宏观角度把握所研究领域的现状，为进一步科学研究或科技创新提供数据及资源支撑。

1. 研究成果的年代分布

通过研究成果的年代分布可以掌握相关研究是从什么时候开始的，哪些年是该领域研究最密集的时候，什么时候相关研究趋于成熟或饱和，这种年代分布反映了什么相关问题，如研究成果和社会热点或科学发展的水平之间的关系等。

2. 研究成果的人员分布

通过该项分析，得到在该领域成果最多的研究专家，对于这些研究专家的文献进一步跟踪分析，可以发现在这一领域比较领先的研究成果集中在哪些方面、哪些人在这些方面掌握了比较核心的技术，这些对于拓展自己的研究视野和开展行业合作有着重要的启发作用。

3. 研究成果的机构分布

通过对作者单位的统计分析，可以了解在该领域内研究相对深入的机构和正在开展此项研究的机构，从而了解在哪些地区该研究已经相对成熟，可以考虑拓宽研究；在哪些地区这些研究还比较薄弱，可以继续进行深入研究。从而避免重复的研究工作，同时借助于对研究机构的分析结果，科研人员还可以寻求可能的合作机会。

4. 研究成果的区域分布

通过研究成果所在国家和地区的分布，可以了解基于世界范围内各国家及地区科研人员在该领域的学术研究及知识产权布局情况，这项统计分析对于学术研究的合作及专利成果的布局尤为重要，涉及新技术引进开发的必要性，以及核心技术的研发和拓展等。

5. 研究成果的类型分布

常见的文献出版类型包括图书、期刊、报纸、科技报告、专利、标准、学位论文、会议文献、档案、政府出版物等。每一种文献类型都有自己的特点，正是因为这些出版类型的不同特点，反映了研究成果的成熟度、新颖度、广度和深度，掌握文献类型的分布特点，就可以全方位了解该领域的研究程度。尤其是专利文献不仅反映了技术的进步，还可以反映科研成果的受保护领域，这对于科学研究来说尤为重要，可以保证自己的研究成果新颖和可用。

6. 研究成果的学术分布

通过对关键词、主题词等的词频分析，可以得出该研究领域都有哪些研究方向，这对于整个领域研究的整体把握起到了非常重要的作用。关键词和主题词的分析会让研究人员从宏观上把握整个领域的研究分支，有些时候，这样的分析会给科研人员带来很重要的灵感，发现研究的空白或薄弱领域，引领自己研究向更宽的方向发展。

8.3 知识发现驱动创新思维

创新的本质在于求新，创新思维强调思维对新事物的敏感性，既以动态的、开放的观点看待一切新产生、新出现的事物和现象，又在变化发展中发现和寻求新的对象、内容、方法、价值等，整个思维活动以丰富或扩张性的知识、发现、创造新事物为思维的出发点与目的（周苏，2016）。

心理学研究发现，人在孩提时期最具创新能力，而后随着年龄的增长和受教育程度的提高，创新能力就会逐渐衰退。随着人们年龄的增长，“现实”的力量不断扼杀人们的想象力，让人们将注意力越来越多地放在“大事”上，从而忽视了对各种现实可能性的关注（赵蕴华，2015）。知识发现正是借助大量文献信息资源，采用数学与统计学方法来描述、评价和预测科学技术的现状与发展趋势，为创新思维活动提供丰富或扩张性的知识发现。

8.3.1 知识驱动思维的基础条件

1. 丰富的知识储备

在创新思维过程中，通过知识创造、积累和运用，可以提高创新思维拓展的能力，提高科技创新的知识水平和工作技能，实现技术的突破或创新，形成与众不同的技术和知识积累，进而为创新不断提供新的、差异化的思维与技术，形成科研工作人员的核心竞争力。

在知识储备的过程中，必须正确处理好指向积累与全面积累的关系，在指向积累的基础上，全面进行知识的积累与储备，才能为知识发现与创新思维等活动的开展提供丰富的知识基础和扎实的基本条件。

说明：指向积累的介绍。在科学分类越来越细、科学研究越来越渗透的情况下，科研工作人员不可能在许多领域中取得出色的成就。知识的海洋无边无际，而人的时间和精力总是有限的。因此，在科研工作人员确定了自己科学研究的目标后，积累知识就应有明确的方向，战线不可拉得太长。积累得太杂，往往会淹没研究的重点，以至喧宾夺主，劳而无功。

全面积累的介绍。马克思有句名言："研究必须充分地占有材料，分析它的各种形式，探求这些形式的内在联系。"研究某一具体问题，必须尽可能地占有涉及这一问题的所有知识。只有在大量知识的基础上进行归纳分类、分析、综合才能有所发现和创见。在知识积累过程中要注意纵横兼顾。所谓纵，就是积累那些有利于使自己的研究向深层次发展的知识；所谓横，就是在积累那些专门学科知识的同时，搜集与自己研究的领域密切相关的那些学科的知识，以便在阐述自己观点时能够旁征博引。

做好相关科研领域知识的指向积累与全面积累，关键还在于有条理地整理获得的知识。积累知识不仅要有所学、有所获，还要将所学、所获的知识转化为所积累的知识，因此在知识积累过程中必须处理好"消化-简化-序化"三个环节。

说明："消化"是从阅读材料到实现有效积累的第一步，所谓"消化"就是将纷繁如麻的学习材料或没有理解的信息符号，通过学习进行理解与消化，转变为自己的知识。"简化"是在消化所读材料的基础上，进一步借助思维的武器，将材料概括、抽象，使之能够采用简化的表达方式，反映极其复杂的内容。"序化"是将掌握的新知识嵌入脑中已经积累的知识系统之中，一旦新知识嵌入了已经掌握的知识序列，就会如同布鲁纳所指出的："是最有希望在记忆中'自由出入'的材料。"

2. 直观的知识挖掘方法

知识挖掘是从数据集中识别出有效的、新颖的、潜在有用的及最终可理解的模式的非平凡过程。知识挖掘源于全球范围内数据库中存储的数据量急剧增加，人们的需求已经不只是简单的查询和维护，而是希望能够对这些数据进行较高层次的处理和分析以得到关于数据总体特征和对发展趋势的预测。因此，知识挖掘是对文献所蕴含的概念特征信息、汇总信息和比较信息等的概括、精练和抽象的过程，被挖掘出的知识可以结合可视化技术以直观的图表形式（饼图、柱状图、曲线图、立方体等）展示给用户，也可以作为其他应用（分类、预测）的基础知识。

在知识挖掘过程中，对文献特征信息的理解和对知识之间关系的把握是知识发现得以成功的关键，只有基于准确的文献信息理解、精准的知识关系把握的知识发现才是成功的知识发现。因此，在知识发现过程中，充分理解关联知识与类知识的概念，就显得尤为重要。

说明：关联知识是反映一个事件和其他事件之间的依赖或关联。数据库中的数据关联是现实世界中事物联系的表现，但是，数据之间的关联是复杂的，不仅仅是依附在数据模型中的关联，大部分是蕴藏的。关联知识挖掘的目的就是找出数据库中隐藏的关联信息。关联可分为简单关联、时序关联、因果关联、数量关联等。这些关联并不总是事先知道的，而是通过数据库中数据的关联分析获得的，因而对决策具有新价值。

类知识是按照一定的特征信息刻画具有某种意义的共同特征的一类事物。分类是知识挖掘中的一个重要目标和任务，类知识挖掘就是通过构建分类模型（亦称为分类器），把数据库中的数据项映射到给定类别中，并通过分类图表、概念树、分类网络等直观的形式表示出来。由于知识挖掘是从文献数据源集合中挖掘知识的过程，因此，类知识也必须来自于文献数据源，类知识挖掘就是对文献数据源集合的过滤、抽取（抽样）、压缩及概念提取等，给每个文献样本对象标记基于分类模型的类标志，通过文献样本形成的类知识对文献数据源进行分类，进而预测未来数据的归类。

3. 多样的聚类分析手段

聚类分析是指将物理或抽象对象的集合分组为由类似的对象组成的多个类的分析过程，它是一种重要的人类行为。聚类分析的目标就是在相似的基础上收集数据来分类。聚类是将数据分类到不同的类或簇的一个过程，所以同一个簇中的对象有很大的相似性，而不同簇间的对象有很大的相异性。

聚类分析是一种探索性的分析，在分类的过程中，科研工作人员不必事先给出一个分类的标准，聚类分析能够从样本数据出发，自动进行分类。聚类分析所使用方法的不同常常会得到不同的结论。因此，在聚类分析过程中，采用合理的聚类分析方法针对文献数据源特征信息及聚类分析的对象信息就显得尤为重要，下面就常用的划分聚类法、层次聚类法、密度聚类法进行介绍说明。

划分聚类法就是给定一个包含 n 个对象的数据集，将数据集划分为 k 个子集（划分），其中每个子集均代表一个聚类（$k \leqslant n$）。也就是说将数据分为 k 组，这些组满足以下要求：①每组至少应包含一个对象；②每个对象必须且只能属于某一个组。给定需要划分的个数 k，一个划分方法创建一个初始划分，然后利用循环再定位技术，即通过移动不同划分（组）中的对象来改变划分内容。一个好的划分衡量标准通常就是同一个组中的对象“相近”或彼此相关，而不同组中的对象“较远”或彼此不同，划分聚类法具体实现方法如图 8-14 所示。

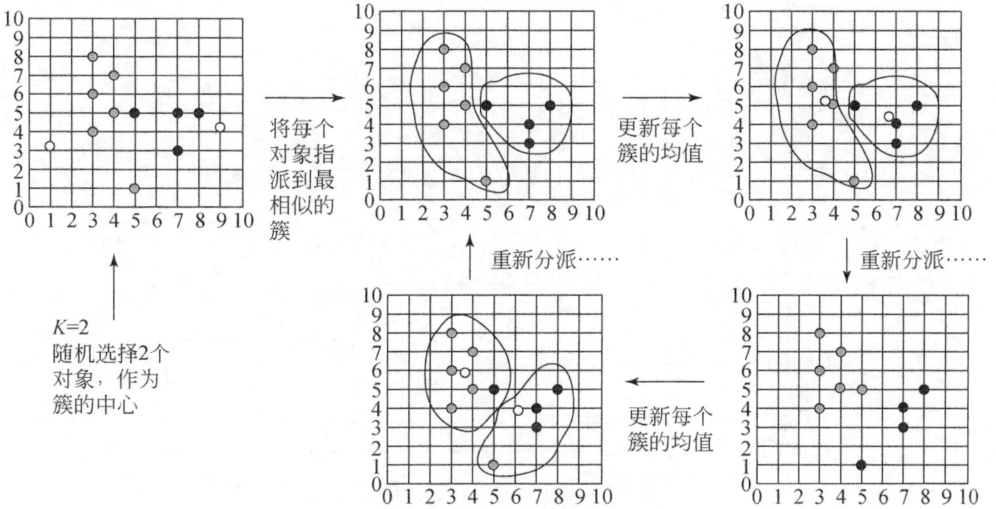

图 8-14　划分聚类法具体实现方法

层次聚类方法就是通过对数据集按照某种方法进行层次分解，直到满足某种条件为止。按照分类原理的不同，可以分为凝聚和分裂两种方法：①凝聚的层次聚类是一种自底向上的策略，首先将每个对象作为一个簇，其次合并这些原子簇为越来越大的簇，直到所有的对象都在一个簇中，或者某个终结条件被满足，绝大多数层次聚类方法属于这一类，它们只是在簇间相似度的定义上有所不同；②分裂的层次聚类与凝聚的层次聚类相反，采用自顶向下的策略，它首先将所有对象置于同一个簇中，其次逐渐细分为越来越小的簇，直到每个对象自成一簇，或者达到了某个终止条件，层次聚类法具体实现方法如图 8-15 所示。

密度聚类法就是通过不断增长所获得的聚类直到“邻近”（数据对象或点）密度超过一定阈值（如一个聚类中的点数或一个给定半径内至少必须包含的点数）为止。由于层次聚类法和划分式聚类法往往只能发现凸形的聚类簇，为了弥补这一缺陷，发现各种任意形状的聚类簇，开发出基于密度的聚类算法。这类算法认为，在整个样本空间点中，各目标类簇是由一群稠密的样本点组成的，而这些稠密的样本点被低密度区域（噪声）分割，而算法的目的就是要过滤低密度区域，发现稠密的样本点。这种方法可以用于消除数据中的噪声（异常数据），以及帮助发现任意形状的聚类，密度聚类法具体实现方法如图 8-16 所示。

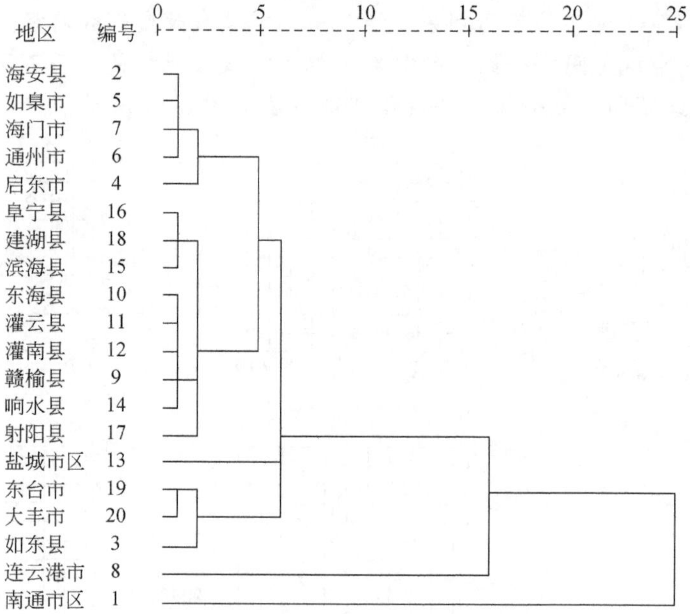

图 8-15 层次聚类法具体实现方法

聚类分析原点图　　聚类形状识别图

图 8-16 密度聚类法具体实现方法

8.3.2 知识驱动思维的常用工具

1. 超星知识发现系统

超星知识发现系统（http：//www.chaoxing.com）以近十亿海量元数据为基础，利用数据仓储、资源整合、知识挖掘、数据分析、文献计量学模型等相关技术，较好地解决了复杂异构数据库群的集成整合、完成高效、精准、统一的学术资源搜索，进而通过分面聚类、引文分析、知识关联分析等实现高价值的学术文献发现、纵横结合的深度知识挖掘、可视化的全方位知识关联，超星知识发现系统界面如图 8-17 所示。

图 8-17　超星知识发现系统界面

2. 中国知网知识发现网络平台

中国知网知识发现网络平台（http：//nvsm.cnki.net/KNS/）以中国知网数以亿计的学术文献、外文文献、学位论文、报纸、会议、年鉴、工具书等为基础，利用数据仓储、资源整合、知识挖掘、聚类分析、文献计量等技术，为用户提供高效、精准、统一的学术资源搜索，并在检索的基础上提供聚类分析、引文分析、知识分析等可视化知识分析服务，中国知网知识发现网络平台界面如图 8-18 所示。

图 8-18　中国知网知识发现网络平台界面

3. EDS Find+资源发现系统

EDS Find+资源发现系统（http：//en.seu.findplus.cn/）是美国 EBSCO 公司出品的 EBSCO Discovery Service（EDS）资源发现系统在中国大陆地区的本地化版本。EDS 资源发现系统利用 EDS 平台授权提供的国外出版商合法元数据和先进的外文多语种搜索技术，提供数亿条外文学术资源、数千种优质的专业电子书、数万种电子期刊资源的检索服务，是国内支持与移动图书馆的智慧图书馆服务平台之一，用户不必到图书馆，现场也能便捷、高效地查阅到图书馆的相关资源和信息，EDS Find+资源发现系统界面如图 8-19 所示。

图 8-19　EDS Find+资源发现系统界面

4. CiteSpace 聚类分析软件

CiteSpace 是大连理工大学长江学者讲座教授陈超美开发的专门用于科学知识图谱绘制的免费软件，目前是国内使用最多知识图谱绘制软件，可用于追踪研究领域热点和发展趋势，了解研究领域的研究前沿及演进关键路径、重要的文献、作者及机构。该软件支持划分聚类分析、层次聚类分析及密度聚类分析，可用于对 ISI、CSSCI 和 CNKI 等多种文献数据库获取的文献进行聚类分析，CiteSpace 聚类分析软件如图 8-20 所示。

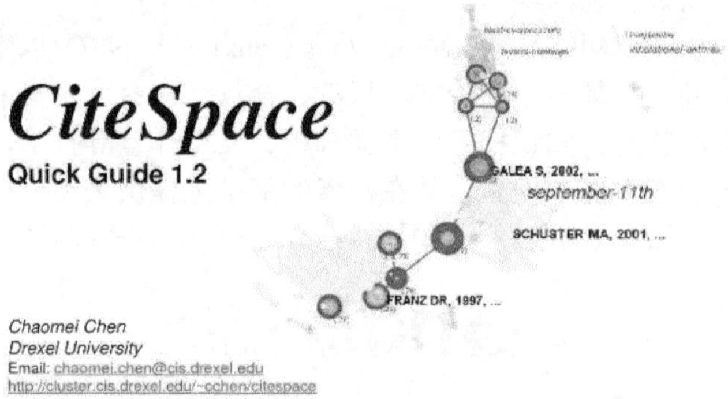

图 8-20　CiteSpace 聚类分析软件

5. HistCite 聚类分析软件

HistCite 聚类分析软件是尤金·加菲尔德（Eugene Garfield）等于 2001 年开发的科学文献引文链接分析和可视化系统的免费软件。可对 ISI 的 SCI、SSCI 和 A&HCI 等文献数据库的引文数据进行计量分析，生成文献、作者和期刊的引文矩阵和实时动态引文编年图，直观地反映文献之间的引用关系、主题的宗谱关系、作者历史传承关系、科学知识发展演进等，HistCite 聚类分析软件如图 8-21 所示。

图 8-21　HistCite 聚类分析软件

8.3.3　知识驱动思维的具体案例

【案例 8-13】利用超星知识发现系统探讨“织物增强混凝土”学术研究价值。

检索主题词：织物 AND 混凝土。

步骤一：输入关键词（图 8-22）。

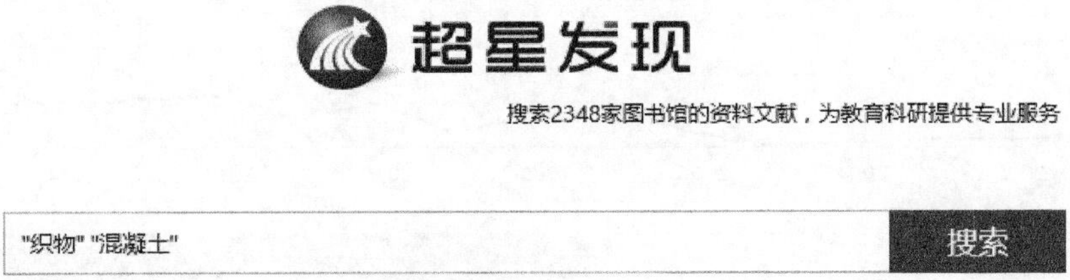

图 8-22　输入关键词

步骤二：点击学术趋势（图 8-23）。

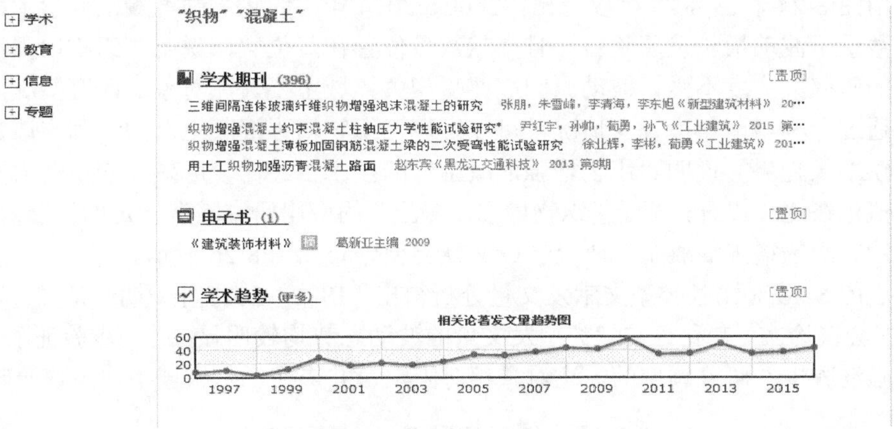

图 8-23　点击学术趋势

1）“织物增强混凝土”研究领域发文量分布如图 8-24 和图 8-25 所示。

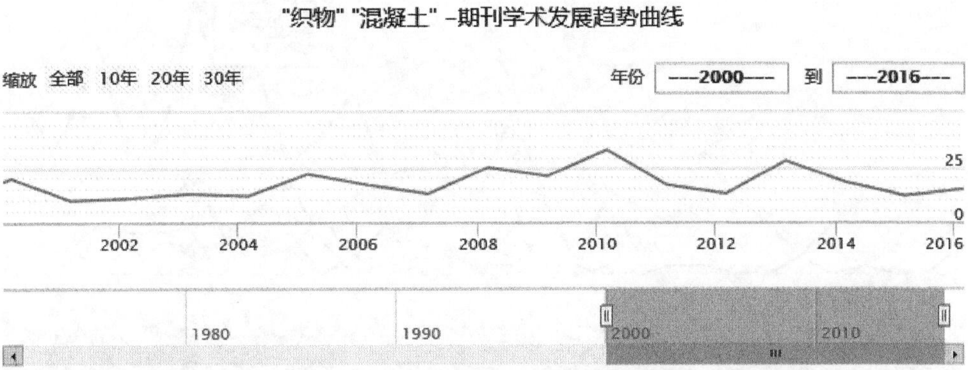

图 8-24　“织物增强混凝土”研究领域学术期刊发文量分布

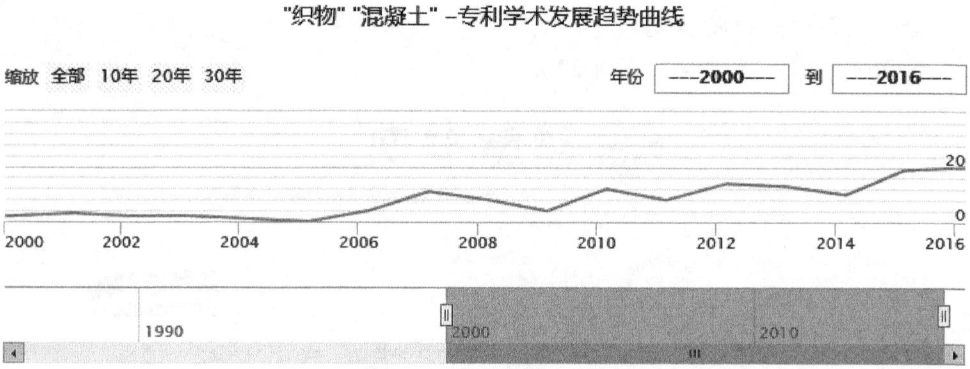

图 8-25 “织物增强混凝土”研究领域专利发文量分布

由图 8-24 和图 8-25 可以看出，2000～2016 年“织物增强混凝土”学术期刊文献数量呈波动增长发展趋势，且文献数量位置在两位数，说明“织物增强混凝土”的研究关注度不强，波动原因主要受相关领域主要关注对象的研究情况而影响。通过专利申请年度发文情况，可以发现“织物增强混凝土”的专利申请数量呈逐年增长趋势，说明“织物增强混凝土”的技术已经比较成熟，应用潜力及市场价值正在逐步提升，基于“织物增强混凝土”的应用研究具有一定的发展前景。

2）“织物增强混凝土”研究领域文献类型分布如图 8-26 所示。

由图 8-26 对比各类型文献发文量分析得出，1986～2016 年，期刊论文、学位论文、会议论文、专利等文献类型发文量的波动态势均较明显，进一步验证了“织物增强混凝土”研究领域的关注对象相对固定，并未在学术领域中成为普遍研究

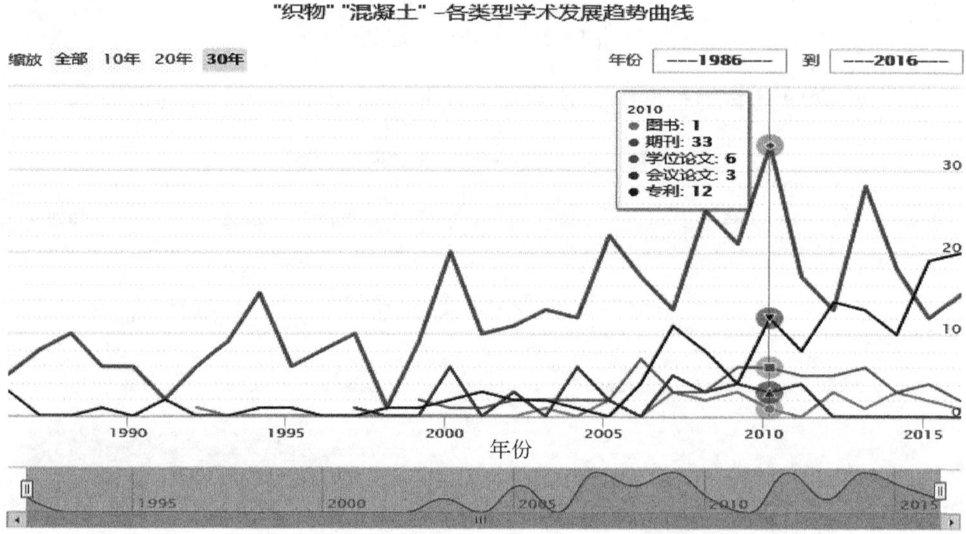

图 8-26 “织物增强混凝土”研究领域文献类型分布

热点，出现波动的原因是研究成果的产生与相关机构研究重点的变化。出现以上问题主要可能存在两个方面：①该领域研究学术要求相对较高，其他科研机构或科研人员参与研究的可能性较低；②该研究领域相对单一，研究成果及学术价值相对偏弱，还不能在整个学术领域成为研究热点。

【案例 8-14】利用超星知识发现系统助推“壳聚糖微胶囊”制备工艺研发。

检索主题词：壳聚糖 AND 微胶囊。

1）“壳聚糖微胶囊”研究领域学术研究关联方向如图 8-27 所示。

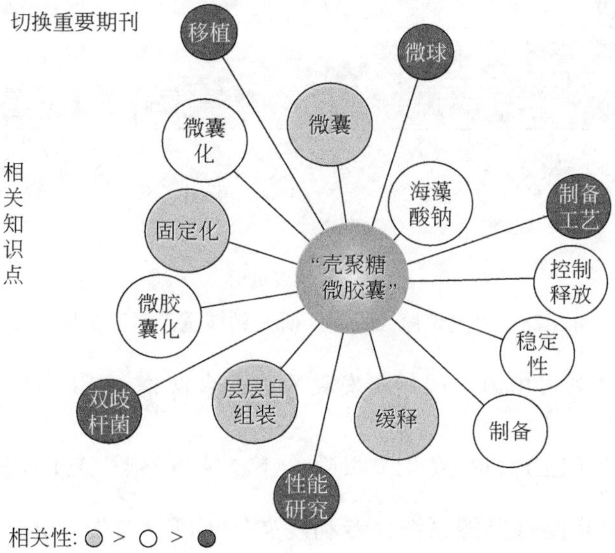

图 8-27 “壳聚糖微胶囊”研究领域学术研究关联方向

由图8-27可以发现该领域研究关注主要集中在海藻酸钠在壳聚糖微胶囊中的应用、壳聚糖微胶囊的层层自组装方法、壳聚糖微胶囊的固定化方法、壳聚糖微胶囊的缓释效果等方面，其实上述主要研究热点同样也可理解为原料为海藻酸钠+壳聚糖，组装方法为层层自组装，通过固定化方法研究实现微胶囊的成型，并探讨其缓释效果。通过上述热词组合，基于热词及热点的壳聚糖微胶囊的研究路线及生产应用方法呼之欲出，科研工作者或科研机构的关注重点也随之产生，企业生产实践者的主要工艺路线也应运而生。

2）“壳聚糖微胶囊”研究领域重点研究机构分布如图 8-28 所示。

由图 8-28 可以发现，在“壳聚糖微胶囊”研究领域，中国科学院处于国内领先地位，其他依次为江南大学、浙江大学、吉林大学等。科研工作者如需进行相关课题的研究，需优先了解相关机构的主要学术成果，在综合相关机构科研成果的基础上，进行课题的研究，可以节省大量盲目浏览或检索文献的时间，少走弯路；企业生产者如需进行相关产品的研发，可选择与相关科研机构合作，同时可以根据区域及合作成本情况，选择相关最优合作单位进行课题的研发及生产的实践，减少研发成本及缩短中试时间。

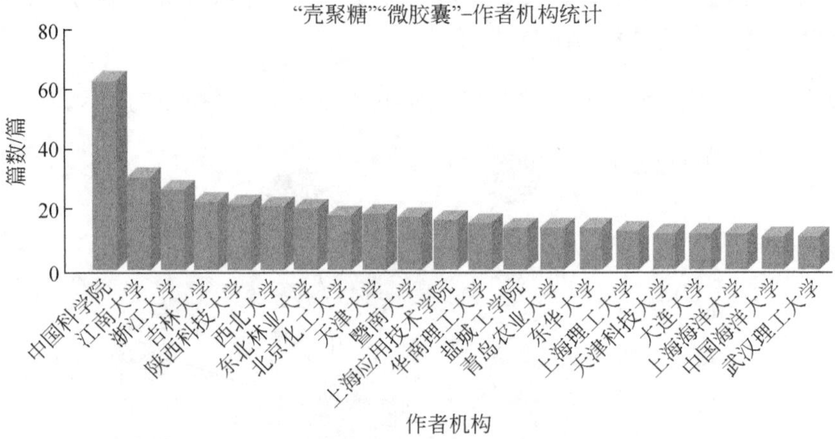

图 8-28　“壳聚糖微胶囊”研究领域重点研究机构分布

【案例 8-15】利用中国知网知识发现网络平台助推“LED[①]城市路灯监控系统”开发。

检索主题词:（LED OR 发光二极管）AND 城市路灯 AND（监控 OR 控制）。

1）“LED 城市路灯监控系统”专利发文量年度分布如图 8-29 所示。

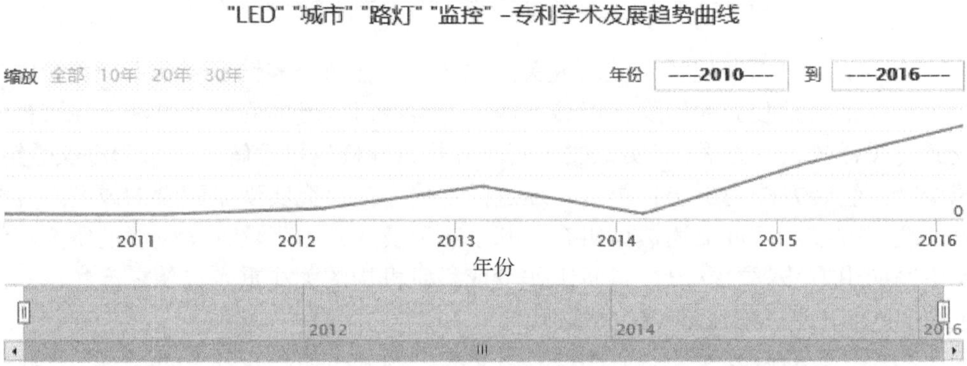

图 8-29　“LED 城市路灯监控系统”专利发文量年度分布

由图 8-29 可以发现，随着 LED 技术在 2014 年后开始在城市公共管理系统中

① LED，即 light emitting diode，发光二极管。

应用推广，专利申请量呈直线上升趋势，说明“LED 城市路灯监控系统”技术研发的市场前景优良。但在了解专利申请数量趋势的基础上，必须要了解相关专利的主权项相关内容，注意在研发过程中尽可能回避或另辟蹊径。

2）“LED 城市路灯监控系统”研究关注机构及学者如图 8-30 和图 8-31 所示。

由图 8-30 和图 8-31 可以发现，在获得相关科研机构和学者的基础上，可根据实际研发需求分成以下两种情况：①独立研发。利用检索主题词（LED OR 发光二极管）AND 城市 AND 路灯 AND（监控 OR 控制）为起始点，筛选出重点

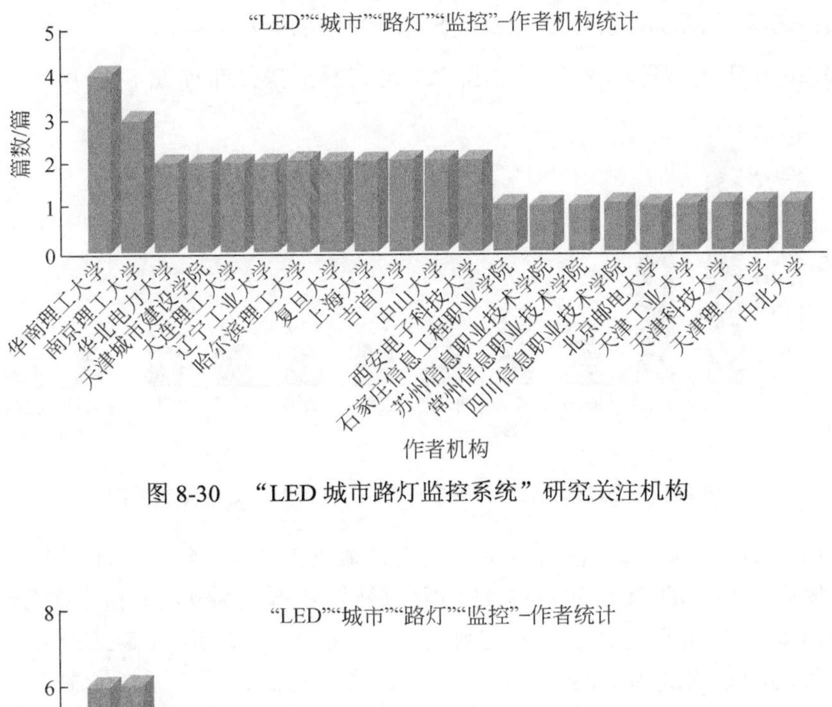

图 8-30 “LED 城市路灯监控系统”研究关注机构

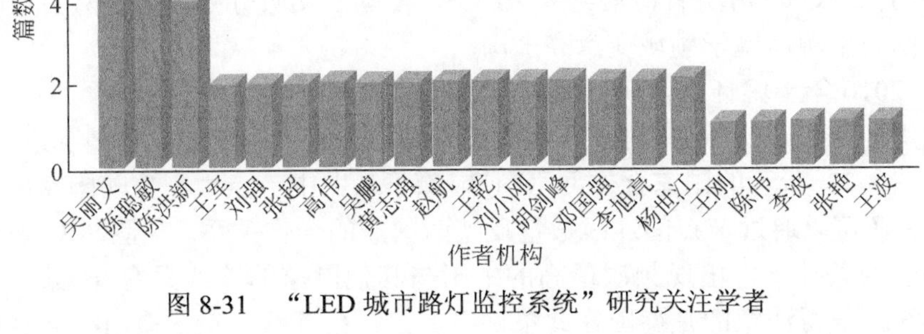

图 8-31 “LED 城市路灯监控系统”研究关注学者

关注机构或权威学术机构的相关科研文章，或者筛选出权威学术机构结合重点关注学者的相关科研文章，进行阅读整理，形成综合分析报告，遴选出研究热点、研究重点、研究难点等作为其研发的起始点，进一步深入进行研究。②合作研发。利用图 8-30 和图 8-31 中机构列表，结合自己的研究方向及区域、成本等情况，选择适合自己的科研机构或学者进行合作研发，其中特别要注意，研发合作过程中必须选择适合自己科研方向的科研机构或学者，这样才能在科研过程中形成互补，确保“LED 城市路灯监控系统”研发计划的顺利实施。

【案例 8-16】利用 Web of Science +CiteSpace 分析 2016 年土壤环境学研究热点。数据选择：Web of Science 核心合集。检索主题词：soil。

1）2016 年土壤环境学主要国家 SCI 论文发文量分布如图 8-32 所示。

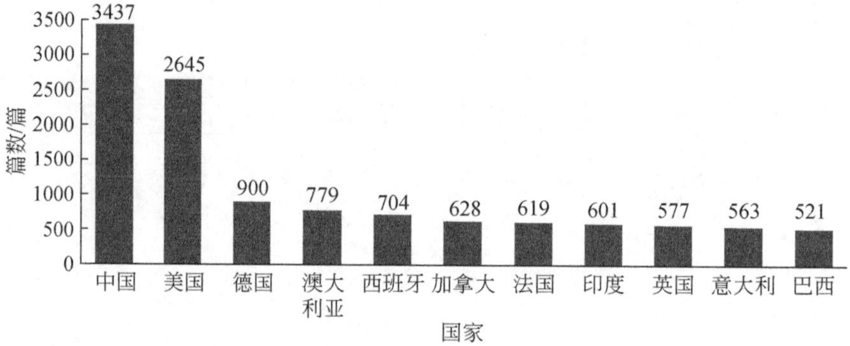

图 8-32　2016 年土壤环境学主要国家 SCI 发文量分布情况

利用 Web of Science 核心合集数据库检索得到 2016 年度土壤科学和环境科学与土壤研究相关的 SCI 论文 13 024 篇，通过 Web of Science 自带的分析工具，对 13 024 篇 SCI 论文进行国家发文数量分析。如图 8-32 所示，SCI 论文发文量超过 500 篇的国家依次为中国、美国、德国、澳大利亚、西班牙、加拿大、法国、印度、英国、意大利、巴西。其中，中国是该研究领域发文数量最多的国家，共发表 3437 篇文章，占所有检索结果 26.39%，美国发文数分别为 2645，占 20.31%，中美两国为土壤环境学领域文章高产国。

2）2016 年土壤环境学研究领域国际合作关系网络。

利用 CiteSpace 软件，对出现频次最高的前 50 个国家的合作情况进行分析，得到如图 8-33 所示的国家合作网络图谱。除了从图中节点大小反映国家出现频次的高低，还可以通过节点间连线数量反映两国家的合作关系。从图 8-33 发现在该节点阈值的条件下，出现频次最高的中国与其他国家的连线只有 6 条，美国有 8 条连线，值得注意的是德国在此条件下有 19 条连线，英国有 16 条连线，法国有 11 条连线，说明中国与国际上在该领域有较高文章产出国家的合作研究方面，同德国、英国、法国等国家还有差距。

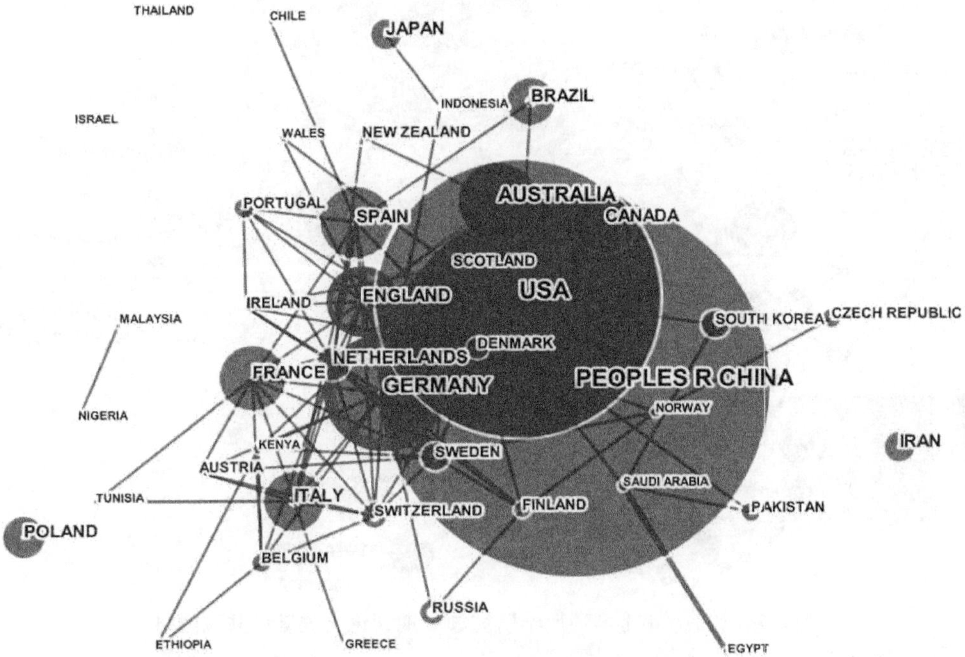

图 8-33　2016 年土壤环境学研究领域国际合作关系网络

3）2016 年土壤环境学研究领域期刊论文关键词共现网络。

利用 CiteSpace 软件，对检索的 13 024 篇 SCI 论文进行关键词共现情况分析，得到如图 8-34 所示的关键词共现网络图，发现与重金属节点直接相连的一批关键词有污染（玷污）土壤（contaminated soil）、农业土壤（agricultural soil）、污泥（sewage sludge）和沉积物（sediment）；与重金属污染研究相连的关键词有生物可利用性（bioavailability）、重金属形态（speciation）、风险评价（risk assessment）等。其中在中国出现频次较高，说明对中国重金属污染的研究仍是国际研究热点。聚类图中还出现镉（cadmium）、铅（lead）、锌（zinc）、铜（copper）重金属元素，其中镉（cadmium）是出现频次最高、中介中心性最强的重金属元素；累积（accumulation）、植物（plant）、生长（growth）、产量（yield）、质量（quality）、小麦（wheat）、稻米（rice）、植物修复（phytoremediation）、根际（rhizosphere）、微生物群落（microbial community）等关键词的出现，表明植物对重金属的累积效应及修复方式受到研究人员关注。

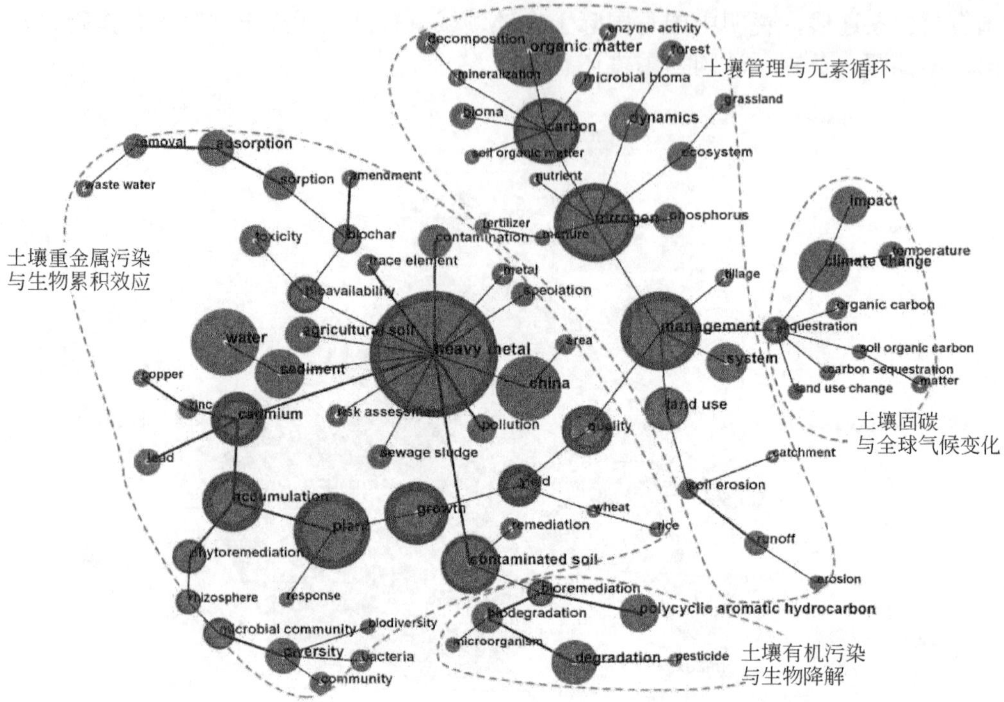

图 8-34　2016 年土壤环境学研究领域期刊论文关键词共现网络

思考题

1. 请根据本章所述内容，从文献的角度，说明创新思维与知识发现的内在关系。

2. 请结合石墨烯半导体材料学术研究情况，采用超星知识发现系统分析国内研究关注热点及主要研究机构。

3. 请结合量子通信的国际学术研究情况，采用 CiteSpace 软件分析量子通信的国际合作与共现关键词的情况。

参 考 文 献

陈荣. 2015. 信息检索与案例研究. 上海：华东理工大学出版社.

苏振芳. 2013. 创新思维方法论. 北京：社会科学文献出版社.

吴晓义. 2016. 创新思维. 北京：清华大学出版社.

赵蕴华. 2015. 服务于科技创新的专利分析实践与案例. 北京：科学技术文献出版社.

周苏. 2016. 创新思维与科技创新. 北京：机械工业出版社.

|附录 1|　世界著名图书馆掠影

1. 爱尔兰特里尼提学院图书馆

附图 1　爱尔兰特里尼提学院图书馆

2. 葡萄牙国立宫殿图书馆

附图 2　葡萄牙国立宫殿图书馆

3. 意大利安吉莉卡图书馆

附图 3　意大利安吉莉卡图书馆

4. 德国维布林根修道院图书馆

附图 4　德国维布林根修道院图书馆

5. 捷克斯特拉霍夫修道院神学图书馆

附图 5　捷克斯特拉霍夫修道院神学图书馆

6. 奥地利阿德蒙特修道院图书馆

附图 6　奥地利阿德蒙特修道院图书馆

7. 英国伯明翰中央图书馆

附图 7　英国伯明翰中央图书馆

8. 奥地利默克修道院图书馆

附图 8　奥地利默克修道院图书馆

9. 西班牙马德里康普顿斯大学图书馆

附图 9　西班牙马德里康普顿斯大学图书馆

10. 法国上院图书馆

附图 10　法国上院图书馆

11. 荷兰马斯特里赫特教堂书店

附图 11　荷兰马斯特里赫特教堂书店

12. 阿姆斯特丹美国图书中心

附图 12　阿姆斯特丹美国图书中心

13. 柏林洪堡大学图书馆

附图 13　柏林洪堡大学图书馆

14. 西雅图中央图书馆

附图 14　西雅图中央图书馆

15. 美国加利福尼亚大学图书馆

附图 15　美国加利福尼亚大学图书馆

16. 中央美术学院美术馆

附图 16　中央美术学院美术馆

17. 法国国家图书馆

附图 17　法国国家图书馆

18. 日本东京 Tama 艺术大学图书馆

附图 18　日本东京 Tama 艺术大学图书馆

19. 德国斯图加特市图书馆

附图 19　德国斯图加特市图书馆

20. 荷兰代夫特图书馆

附图 20　荷兰代夫特图书馆

21. 瑞士圣高修道士图书馆

附图 21　瑞士圣高修道士图书馆

22. 中国国家图书馆

附图 22　中国国家图书馆

|附录 2|　论文写作常见问题分析

学生在大学阶段主要学习基本知识、基本理论和基本技能，因此，尽管经过刻苦的努力和教师的指导，但写作的毕业学位论文中肯定还会有这样或那样的问题，只不过是问题的程度不同、方面不一样而已。毕业学位论文的成绩是具有相对性的，即使是优秀的毕业学位论文，也还是能够找出许多问题的，并且作为科学研究是无止境的。人们对问题的认识也是逐步深化的。本部分剖析和列举了学位论文中常见的一些问题，供学生在学位论文写作过程中引以为鉴、尽量避免犯类似的错误。

1. 选题与观念方面的问题

（1）选题方面的问题

选题是否得当会直接影响学位论文的质量，常见的选题方面的问题有以下几种。

1）选题过大。学位论文的选题应选取有科学价值或实用价值、有现实可能性、大小适中的题目。选题太大，难以把握问题的切入角度。此外，题目太大，难以深入细致地剖析问题，容易泛泛而论。

2）选题过难。由于学生受时间、精力的限制，以及材料方面的局限，应注意选题的难度既不要过大，也不要超出了自己所学的专业领域。例如，有人想在短时间内探讨“中国 3G 通信技术发展力向与策略”，这个问题是应该探讨，但需要多个部门的人员共同努力，进行比较深入的调查研究才能完成。虽然毕业论文的选题不能过大过难，但也不能太小太简单，否则毕业论文的工作量不够，质量也不会高。

3）选题陈旧。选题不要太陈旧，如果查阅文献有太多类似文章，缺乏新鲜感，最好换一个选题。切忌一切照搬别人的材料和结论，应该在前人的基础上，敢于提出前人没有提出或尚未完全解决的问题，最好多选一些与现实生活、当代经济与科学技术发展密切相关的课题，注重研究现实生活中出现的新问题。

（2）标题方面的问题

标题一定要准确地概括学位论文内容，文字要简练，便于分类，能反映出研究范围、方向和深度，让人不仅从题目上就能判断出研究的是什么学科范畴，而且能看到研究课题的特点。所以说，标题不仅是学位论文的“眼睛”和“窗口”，还起着“指引内容、吸引读者”的作用。一个好的标题能起到对学位论文画龙点睛的效果。常见的标题方面的问题有以下几种。

1）标题“悬”。一些毕业学位论文标题过于模糊笼统或抽象，使人看了标题不知道主要写些什么内容，抓不住中心和要领。例如，一篇题为“党的喉舌”的论文，可能是与报纸、电视或广播有关的内容，但作者写的却是农村宣传网。像这种含义很不明确的标题必须要修改，使其含义明确。

2）标题“大”。有的学位论文标题太大，涉及面过宽、过深，也比较复杂，超越了大学生的能力水平，短时间内很难完成。例如，“世界通信技术发展”“论中国的电商技术”等题目不宜作为学位论文来写，可以由有关专家写成一本专著。

3）标题“老”。以前别人已多次写过的、非常明了定性的题目，如果没有新认识、新角度和新材料，再写就很难写出新意。例如，“论脱硫脱硝工艺的必要性”“因特网技术的发展起源”等题目，一般写这类学位论文与他人已写过的大同小异，不会有什么新意。

4）标题“长”。一般标题的长度在 20 个字以内，有的毕业论文标题过长，甚至超过 30 个字，这样读起来费力，也不便于理解和记忆。

（3）观点方面的问题

观点是文章的灵魂，确立一个明确的观点是学位论文写作的关键。观点要力求正确、有新意、有理有据，这是写好毕业论文的基本前提。常见的观点方面的问题有以下几种。

1）基本观点错误或有偏颇。基本观点是指统率全篇学位论文的基本论点或总结论。如果基本观点错了，其他一切论点、论据都不能成立，整篇论文也就站不住脚了。

2）观点主观、片面。既要避免学位论文的观点走极端、妄下定论，也要防止观点顾一头，缺少唯物辩证法所要求的全面性。例如，有一篇论文为了说明企业分配制度改革，提出用“三铁”打破工人的“铁饭碗”，这“三铁”是“铁心肠、铁手腕、铁面孔”，这就在批判“铁饭碗”时走了极端，把工人放在被改革的一面；有部分论文捕风捉影，主观臆断，任意夸大或缩小观点，然后就轻易匆忙地谈看法、下结论，这样的论文，缺乏准确性和真实性，所以就缺乏科学性。

3）观点不鲜明，重点不突出。对于文章写作，毛泽东多次强调要力戒“概括不明”“判断不恰当”。而有些学位论文的中心论点没有把问题的实质想清楚，抽象概括也不准确，形成观点含糊不清、似是而非、似有若无。有的学位论文过多地叙述工作过程或选材不严，众多的材料缺乏认真的整理、消化，中心论点不明显，重点不突出，这种情况在毕业论文中比较多见。还有的学位论文似乎成了一份工作总结或汇报，或是对某一项工作所做的调查报告，却没有自己的见解。

4）缺乏新颖性和创新性。科学研究就是要不断开拓新的领域和途径，有所发现，有所创新，从而推动科学文化的不断发展。因此，作为反映科研成果的毕业论文，也必须有新颖性和创造性，提出新的思想、新的理论、新的见解，有独创性。而在毕业论文中，有些文章重复别人已经谈过的东西，人云亦云，亦步亦趋，没有个人创见，没有什么新角度、新材料。造成这种情况的原因是作者不注意阅读文献资料，研究信息掌握不足、研究的问题是别人已研究或解决了的，或者是作者对某问题缺乏钻研精神，没有提出自己独特的见解。

2. 结构和格式方面的问题

学位论文不仅应有正确的立意，还要求结构合理，格式规范。

（1）结构方面的问题

学位论文不仅要做到“言之有理”“言之有物”，还要做到“言之有序”。学位论文的结构也有规律性，这就是论证所遵循的“序”。遵循了“序”，在布局谋篇上才会更完整，逻辑才会更严密。学位论文的结构要在中心论点的统领和支配下，把各个论证部分严谨周密地组织起来，分清主次轻重，做到层次分明，详略疏密有致。常见的结构方面的问题有以下几种。

1）结构不完整、不平衡。学位论文要浑然一体，布局完整。但有的学位论文开头没有说明选题的来源或研究目的、意义，也不交代研究的方法和调查的手段，一开始就列举大量事实和数据，让人觉得“没头没脑”；有的结论部分没有个人的观点和见解，缺乏必要的分析和评论；有的论文应该详细的不详细，应该简略的却过于冗长，对中心论点的论证不充分，而对其他分论点却长篇大论。诸如以上问题的出现，使学位论文的结构显得不完整、不平衡。

2）结论松散，缺乏条理。学位论文要有层次、有条理。自然界或社会上的事物之间有各种不同的关系，反映这种关系的材料之间也有各种不同的关系，如平行关系、递进关系、接续关系、对立关系等。总之，理清了事物之间的相互关系，并在结构中体现出来，文章的眉目就清楚了。但有的学位论文内容上东拼西凑，层次既不遵循各部分内在逻辑顺序，也不符合作者和读者的认识规律；有的缺乏总体布局观念，写作时任笔端自由驰骋，可能就会出现前后不衔接，甚至前后重复、前后矛盾或颠三倒四、东拉西扯，上下两段明显地割裂开来，缺少自然的过渡等问题，使人感到生硬和意思不连贯；有的论文分段太长，甚至一连几页也不分段，显得层次不明，看起来费力。

3）论证不得力，缺少逻辑性。这种结构性的问题主要有两种情况：第一种是只有理论分析，从理论到理论，缺少必要的、充分的事例和数字的依据；第二种是材料很多，但在选材和组织材料上欠佳，缺少周密严谨的逻辑性。第二种问题在许多毕业论文中容易出现，一般表现在几个方面：①忽视“新颖性”的选材要求，材料陈旧，用一些人们熟知的老例子，缺乏新鲜感和吸引力；②不能有选择地利用典型、精练的材料形成作者自己的观点，例子滥而散，没有从中整理作者自己立论的角度和起笔的由头；③论据缺乏典型性和必要性，仅凭在特定环境中极少发生的某些事实，就得出该环境中与大量发生的事实所不同的结论，因而论证缺乏说服力；④提出论点、罗列论据之后，不做深入分析甚至不做任何分析，使用“由此可见”“大量事实证明”等语句，转而扣合所提出的论点；⑤以偏概全、以点代面，以小论据支撑大论点，论据不足，犯了“推不出”的毛病；⑥主次不分明、重点不突出或论点与论据之间没有必要的联系，两者互相脱节，互相矛盾，犯了“引论失据”的毛病，其原因是对概念和事实并没有真正理解；⑦分析问题时不是从实际出发，从对事实的分析中得出结论，而是用观点去套例子，用事实去印证观点；⑧前后论点有矛盾，中心论点与分论点有矛盾或回避论题不客观，没有进行必要的和充分的论证；⑨结构单一，缺乏层次性，几千字的长内容，中间不用序码，看起来很吃力，或是首尾脱节，缺乏完整性。

4）摘要、绪论和结论相混淆。由于部分学生不同程度地存在不明白摘要、绪论和结论的作用及其关系，致使三者内容相混。在一些学位论文中，摘要、绪论和结论写作不当是一个较为突出的问题。

摘要也叫内容提要或内容摘要，相对而言，是学位论文写作中最容易出现问题的地方。例如，摘要过于简单，信息量不足，不能确切地表达论文的主要内容；不够精练，篇幅超出规定的字数；关键词数量过多或过少，用词不当；出现了图表、公式或是对学位论文内容的评论及自我评价；需要有外文摘要时，外文摘要翻译不准确。

有些学位论文的绪论夸夸其谈，长篇大论，但许多内容跟主要研究内容关系不大，没有很好地起到导引本论的作用；有的绪论整段抄录教科书的有关内容，对一些人所共知的一般知识不厌其烦地做介绍，却不提及自己的研究任务和课题的意义，内容空泛，文不对题。

很多学位论文的结论也不符合写作要求。例如，有的学位论文在写完研究过程和所能获得的数据材料之后，没有归纳和总结，也没有评价与建议，不能完整、准确地表达自己的研究成果或结果。这样的学位论文反映不出工作的最终成果，看不出研究或设计任务是否完成和完成的质量。还有些学位论文在结尾处写上几点一般性老生常谈的体会，这种肤浅的认识和感受，是不能代替论文结论的。

摘要是全文内容的缩影，绪论部分主要是导出学位论文的中心论点，结论是通过大量理论和事实依据进行分析论证后的归纳。如果说摘要是贯穿于全文始终的一根“线”，绪论和结论则分别是一个“点”，“点”“线”不能混淆。摘要既不能和开头部分等同，也不能与结尾部分等同，三者不能混为一谈。

5）论证方法单调。有的学位论文在论证主题过程中，方法比较单调，显得平铺直叙，没有波澜起伏。例如，有的文章从头至尾采用一种例证法，围绕大论点，提出小论点，用一个事例说明，由此得出一个大结论，使得论证缺乏科学性和说服力；有的文章格式单调，往往按照现状、存在问题及原因、对策模式，再加上陈旧的观点和数据，使得文章没有论证的力度和说服力；有的文章结构刻板，缺乏创造性，结构千篇一律，总是“三部曲”（现状-原因-对策）或“四部曲”（成绩-问题-成因-对策），缺乏新鲜感和吸引力。要克服这些问题，就要在文中反复使用各种论证方法，除了例证法以外，还要学会用喻证法——运用比喻的方法把道理引出来，说明论点的论证方法；类比法——根据两种事物在某些特征上的相似处，得出它们在其他特征上也可能相似的结论；对比法——把两种事物加以对照、比较，从而推导出它们的差异点；反驳法——通过否定对方的观点和看法，来阐明自己的观点；归谬法——反驳对方论点，首先假设对方的论点是正确的，其次加以引申、推论，从而得出荒谬的结论来。

（2）格式方面的问题

学位论文格式上的一些问题是普遍存在的共性问题，虽然这看似是一些小问题，但会影响学位论文的质量和成绩评定，所以千万不能忽视。有些学位论文评阅教师或答辩教师评审首先从格式开始，连标点符号都不放过，他们认为做科学技术研究首先要严谨、准确、细心，如果一些小问题都不注意，那大问题就更不必说了。由于每个学校对学位论文的规定不一样，因此，在进行学位论文写作时，一定要严格执行本校制订的撰写规范。容易出现格式方面的问题主要有以下几种。

1）图表部分。图表部分的问题主要包括：①一些学位论文中图表设计不合理，反映的事物不够准确完整，图表里面的字体大小不一。一般要求图表中的字号要比正文小一号，图表的标题也要比正文小一号。②有的图表没有标题，或有了标题但不确切，序号不统一。例如，有的用“图 1-1”，有的用“图 2.1”；有的用中文命名，有的用英文命名等。③图表标题位置错误，一般要求图的标题在图的下方，表的标题在表的上方。

2）文字标点。学位论文一般最终以打印版的形式上交到学校，工整性无可挑剔，但一些毕业论文的错别字比较多，出现漏字、笔误等问题也比较常见，这点应引起充分注意。标点符号使用不准确的现象也时有发生，这里仅对引号、分号和冒号比较容易出错的地方进行说明。

引号。在毕业论文写作中引号出错主要有以下三种情况：一是“忘半个”，一般来说，引号是把所引用的话或含有特殊意义的词句前后引起来，如果只用引号的前半部分（“），缺了后半部分（”），就不对了；二是双层引号混淆，引号里面又要加引号时，为了有所区别，外面的一层用双引号（“”），里面的一层用单引号（‘’），这是一个容易被忽视的地方；三是后引号与句号或逗号的位置处理不当，即一句话末尾，句号或逗号该在引号内还是引号外较难判断，有的报纸或杂志上也常出现这样的错误。

分号。分号在学位论文写作中显得很重要，所以用得也比较多。这是由于分号可以把一段话中的几层意思清晰地分开，以减少分段的次数，使读者便于清楚地看出一句话与另一句话之间或一段话之间的层次关系。初学写作者不善于使用分号，经常用逗号或句号代替，因而影响了学位论文的表达效果。

冒号。一般来说，在学位论文中冒号宜少不宜多，特别要注意避免连用。例如“启发式教学方法强调不要代替学生作答或下结论，如：以一次数学课教学为例：……”。这里，“如”字后加了冒号，“例”字后又加了冒号是不妥的，可把“如”字后面的冒号去掉，这样表述就更顺畅得体了。

3）符号标识。有些学位论文中经常出现该上标、下标、斜体的地方没有正确标识。单位标识不一致或错误。例如，把 μm 写成 um；数据传输速率有些地方用了 bps，有些地方用 b/s。表达方式不科学。例如，一篇学位论文中出现“研究了 1min、3min、5min、10min 不同时间……”，应该是“研究了 1、3、5、10min 不同时间……”，但要注意百分号“%”不能省略。

4）英文及数字。学位论文中英文及数字的字体一般都采用新罗马字体（Times New Roman），切忌学位论文中的英文或阿拉伯数字有的是宋体，有的是新罗马字体，前后不一致。此外，凡表示计量的数字和序数字应尽可能用阿拉伯数字，如时间、百分数、大约数、序数、次数等。下面就比较容易出现的问题进行说明。

表示时间时，年份必须写全，如 2009 年：在书写年代时，为避免年代概念混淆，应尽可能与世纪同写，如上世纪的 90 年代应写成 20 世纪 90 年代。

表示范围的百分数，两数字后均应写百分号，如 30%～50%。

书写大约数时应避免概念重复或矛盾。例如，“约 80 kg 左右”，在这里“约”和“左右”都是大概的意思，两者用在同一个数字，其概念是重复的；“约 0.9%～12%”或“0.9%～12%左右”，在这里“约”和“左右”与范围号“～”既重复又矛盾，因为在两个明确的范围数字之间，范围号“～”就是“约”的概念，从逻辑上讲，既然范围框定，就无法“左右”。

作为章节序号的数字通常可以根据习惯和需要用阿拉伯数字或汉字数字，其他序数应用阿拉伯数字，如“第 1 天”“第 1 周”“第 1 个月”等。但是，有些已成专有名词术语的序数词，如“第二次世界大战”“第二信使”等，多数主张作为专有名词应使用汉字数字。

次数的表示。两个相邻的整数表示次数时，数值之间宜用“或”字，不应用范围号“～”。例如，如每天服药 3 或 4 次，不应写作 3～4 次，因为范围号表示其中间还有数字，而在这里，不存在 3.1，3.2，3.3…次。

5）参考文献。参考文献在格式的编排上比较麻烦，但总体的原则是按照《信息与文献-参考文献著录规则》（GB/T 7714—2015）的要求进行统一著录。例如，[J]、[M] 等标识的设置要统一，不要有些地方有标识，有些地方没有标识；个人著者采用姓在前名在后的著录格式。欧美著者的名可以用缩写字母，缩写名后省略缩写点，如原文献中著者为 Albert Einstein，在参考文献中标注为：EINSTEIN A，用汉语拼音书写的中国著者姓名不得缩写。另外，还应注意学位论文的参考文献数量不足的问题，例如，只罗列了一些教材和其他有关书籍，选用近几年内的期刊和杂志较少。

此外，还应仔细查看学位论文的页眉页脚、标题、目录和公式等的设置是否规范，排版、打印和装订是否符合要求。

3. 材料和语言方面的问题

学位论文写作不仅要收集丰富的材料，还要组织好材料，语言表达正确。

（1）材料方面的问题

学位论文材料是分析提炼主题的基础，是要用来说明或论证意图及观点的。材料的选择和使用一定要恰到好处。常见的材料方面的问题有以下几种。

1）材料和观点不统一。学位论文不能只有空洞的意图或观点，而没有材料；也不能只有材料而没有意图或观点，所以，材料和观点要统一。

材料与观点不相干。学生应紧紧围绕观点选择材料，不能出现材料与观点脱节的情况。个别学生在因特网、图书馆或资料室经过七拼八凑凑够了毕业论文的字数，但仔细一看，所用的材料与观点根本不相干。例如，一篇题为“浅谈修改婚姻法条款的必要性”的毕业论文，所用的材料是婚姻法的起源、发展、本质和作用，以上材料主要谈了四个方面的问题，虽然很多，但明显可以看出，通篇没有谈到婚姻法的条款有“什么必要”修改，而这四部分材料所要表明的观点应是“浅谈婚姻法”，而非“浅谈修改婚姻法条款的必要性”。

材料说明观点的力度不够。有些材料虽然也能够说明自己的观点，但不够充分。例如，有同学在写有关住房销售方面的论文时，所用的材料仅仅是银行贷款加息和上浮致使购房消费者逐渐减少，从而就得出今后住房价格必然随之下降的结论。其实，住房价格上涨和下降的原因是多方面的。贷款加息和上浮，仅仅是国家宏观调控的一个手段，只是住房价格有可能缓慢上涨或下降的一个因素，是必要条件而非充分条件，因此，论据不充分。

材料与观点相矛盾。要避免使用材料与要说明或论证的观点不相吻合的问题，出现只有观点没有材料，或观点与材料相矛盾的情况。

2）选择材料不够典型。所谓典型材料，是指那些最有特征、最有代表性，能有力地揭示事物的本质，能集中地表现毕业论文主题的材料。围绕主题选择材料，不仅没有必要，而且不可能把与主题有关的材料都写进去，必须精选典型材料。魏巍在写《谁是最可爱的人》之前，曾写了一篇《自豪吧，祖国》，里边用了 20 多个生动的例子。之后写《谁是最可爱的人》，只从中选择了 5 个事例，后来又删掉了 2 个，只精选了 3 个事例，分别表现中国人民志愿军对待敌人、对待朝鲜人民和对待自己的不同态度，从而揭示了“最可爱的人”的本质特征。所以魏巍说：“用最能代表一般的典型例子来说明本质的东西，给人的印象是清楚明白的，也是突出的。”写学位论文也是同样的道理。

3）选择的材料不够真实。所谓真实，是指材料确实是客观存在的，能反映客观事物的本来面貌。学位论文所运用的材料真实，论点才站得住，才有说服力。而有些学生的毕业论文选材不准，没有鉴别真伪，引用的历史人物、事件、时间、地点、数字、引文等没有进行认真核对，出现误差。造成材料不真实的主要原因是观察不细和调查不实，或者是搞所谓的“合理推理”，给材料添枝加叶造成的。例如，有一个学生在写一篇关于“农村赌博风”方面的文章，没有具体的统计数字，就推理出“在农村，干部赌群众赌，男人赌女人赌，白天赌晚上赌，老年赌小孩赌，可以说无处不赌，无人不赌”，这种结论显然是夸大其词，很难让人信服。

4）选择材料不新颖。选择新颖的材料，能增强论文的现实性，使人耳目一新。这就要求注意发现新生事物，写别人没有写过或很少写到的人和事。要从不同的角度选材，给人新鲜的感觉。要注意选择新出现的有特色的材料。有的学位论文选材不新颖，用一些过时的陈旧事例，看上去是老面孔、老腔调，摆出的材料是“陈年烂谷子”，没有新鲜感和现实性，也显得没有说服力。例如，有一篇关于农村改革的文章，写作时间是 2010 年，文中运用的数字事例却都是 2004 年。

（2）语言方面的问题

语言作为学位论文形式方面的构成因素之一，是学位论文赖以探讨或解决本学科某一基本问题的工具。正如马克思所说：“语言是思想的直接现实。”学位论文写作尽管需要具备选题、取材、构思、技巧等多方面的能力，但这一切都必须通过语言来体现。因此，学位论文表达的语言要准确、流畅。常见的语言方面的问题有以下几种。

1）表述非学术语言化。学位论文是学术论文的一种，所谓非学术语言化是指不能用学术语言来表达自己的学术观点。

2）用词不准确。例如，“这是对社会主义建设的一种最可怕的、难以弥补的破坏和损失”，这句话定语和中心词语搭配不当，应改为 “这是对社会主义建设的一种最可怕的破坏，造成了难以弥补的损失”；“我们于第一学期就着手选题”，这里实际是指即将毕业的那个学年的上学期开始着手选题，用“第一学期”就很容易让人理解为刚入学的那个学期，属于语言含糊不清。

在汉语词汇中，除了很大一部分“中性词”以外，还有一些词语能通过其特定的含义表现出鲜明、精妙的感情色彩。例如，“他死了，享年十二”，“享年”是敬辞，通常用于晚辈对长辈，这个词用在这里使人感到别扭。

要区别词语的感情色彩，首先要区别词的褒贬色彩。例如，“坚定”“顽强”是褒义词，“固执”“顽固”是贬义词。其次要分清语意的轻重。例如，“责备”“责怪”“指责”“斥责”这几个词表达的意思相近，但语气强度相差甚远，使用的时候就要注意区分。

3）语意空泛难懂。有人喜欢自造一些别人不懂的语言。例如，在写作过程中，

“内孕飞跃”的结果是文章的内言语形态，“外化飞跃”的结果是文章的外言语形态。而实际上“内孕飞跃”指新闻写作由“物”到“意”的构思过程，“外化飞跃”指新闻写作由“意”到“文”的表达过程①，上句中使用“内孕飞跃”“外化飞跃”字不达意使人捉摸不定，不知其真实含义。

4）用词不符合规范。例如，“级”和“届”分不清，两个概念混淆。其实，两字的含义十分明确，“级”是指入学的年份，如“1999级”即1999年入学的年级；“届”是指毕业的年份，如“1999届”即1999年毕业的年级。如果搞混了，会出现很大的差错。

当然，汉语词汇极其丰富，要想选取唯一、完善的词语来准确地叙事、言物、表情、达意，是一项十分艰苦的劳动。在写作学位论文的过程中，在没有搞清词义之前不能轻易落笔，力求做到对每一个词都进行一番推敲，以保证贴切地表达自己的思想，准确地再现事物的原貌。

有的学位论文语病并不是很多，但读起来显得干干巴巴、死气沉沉，这不仅包括内容方面的原因，还包括语言方面的原因。

① 著名写作理论家、教育家，华中师范大学文学院教授米佰石先生提出新闻写作“感知飞跃”“内孕飞跃”“外化飞跃”的“三级飞跃”论。

|附录 3|　科技文献检索技能自测题

一、单项选择题

1. 高等学校研究生、本科生为评定学位而撰写的论文称之为（　　）

A. 期刊　　B. 图书　　C. 学位论文　　D. 会议文献

2. 在特定的时间内为了特定的目的而传递的有使用价值的信息可称之为（　　）

A. 信息　　B. 文献　　C. 知识　　D. 情报

3. 人类从改造世界的实践中所获得的认识和经验总结可称为（　　）

A. 信息　　B. 文献　　C. 知识　　D. 情报

4. 记录知识的一切载体统称为（　　）

A. 信息　　B. 文献　　C. 知识　　D. 情报

5. 如果要查找一本纸质的书被收藏在什么地方，不应选择的检索工具是（　　）

A. 馆藏目录　　B. 超星数字图书馆

C. 图书馆书目检索系统　　D. 读秀知识库

6. ISSN 代表的是（　　）

A. 国际标准连续出版物编号　　B. 国际标准书号

C. 国内邮发代号

7. 中国国家标准的代码是（　　）

A. GB　　B. CB　　C. ZG　　D. ISO

8. 使用逻辑“或”是为了（　　）

A. 提高查全率　　B. 提高查准率　　C. 缩小检索范围　　D. 提高利用率

9. 使用逻辑“与”是为了（　　）

A. 提高查全率　　B. 提高查准率　　C. 提高利用率

10. 发现检索结果很多，应该考虑（　　）

A. 扩大检索范围（即扩检）　　B. 缩小检索范围（即缩检）

11. 发现检索结果很少甚至为零，应该考虑（　　）

A. 扩大检索范围（即扩检）　　B. 缩小检索范围（即缩检）

12. GB/T 50269—2015 的标准类型是（　　）

A.国家强制性标准　　B.国家推荐性标准

C. 国家指导性文件

13. 下列是国际标准化组织标准代码的是（　　）

A. ISO　　B. ANSI　　C. JIS　　D. BS

14. 研究人员获取最新科研信息常用（　　）

A. 图书　　B. 期刊论文

15. 若查询会议文献，应选用的数据库是（　　）

A. CNKI 中国重要会议论文全文数据库

B. CNKI 中国期刊全数据库

C. CNKI 中国重要报纸全文数据库

16. 以最快速度报道最新发生的事件的文献是（　　）

A. 图书　　B. 期刊　　C. 报纸　　D. 专利文献

17. 如果要对某些问题获得较全面、系统的了解，或对不熟悉的领域有个初步、基本的了解，下列阅读文献类型较好的是（　　）

A. 期刊　　B. 图书　　C. 专利文献　　D. 会议文献

18. 下列文献中，既属二次文献又属于检索工具的是（　　）

A. 馆藏书目　　B. 专利文献　　C. 科技报告　　D. 会议文献

19. 题录“陈明编著. 智能制造之路 数字化工厂［M］. 北京：机械工业出版社，2017.01.”反映的文献类型是（　　）

A. 科技报告　　B. 学位论文　　C. 标准文献　　D. 图书

20.题录“Rodriguez F，Emadi A. A novel digital control technique for brushless DC motor drives［J］. IEEE transactions on industrial electronics，2007，54（5）：2365-2373.”反映的文献类型是（　　）

A. 期刊　　B. 会议文献　　C. 学位论文　　D. 科技报告

21. 题录“Zinoviev G.S.，Sidorov A.V.，Kharitonov S.A. et al.Three-phase AC voltage regulator as part of an autonomous system［C］.2014 12th International Conference on Actual Problems of Electronics Instrument Engineering（APEIE），October 2-4，2014，Novosibirsk.2014：762-765. ”反映的文献类型是（　　）

A. 科技报告　　B. 会议文献　　C. 学位论文　　D. 专利文献

22. 题录“CN-YD.基于祖冲之算法的 LTE 终端和网络设备安全技术要求［S］.2013.”反映的文献类型是（　　）

A. 期刊　　B. 图书　　C. 标准文献　　D. 专利文献

23. 下列由政府机构制作出版或由政府机构编辑并授权指定出版商出版的文献是（　　）

A. 期刊　　B. 图书　　C. 专利文献　　D. 年鉴与统计报告

24. 进行数据库检索时，一旦发现检索结果命中记录过多，此时就应该考虑

缩检。缩检的方法是（　　）

A. 增加限制条件，提高主题词专指度等

B. 减少限制条件

C. 增加同义词

D. 增加上位词和相关词

25.题录“贺孝辉.高鹗续《红楼梦》与《刘心武续红楼梦》比较研究［D］.重庆工商大学，2016”反映的文献类型是（　）

A. 期刊　　B. 学位论文　　C. 专利文献　　D. 标准文献

26. 下列数据库可检索国外学位论文的是（　）

A. EBSCO　　B. ScienceDirect　　C. PQDT　　D. SCI

27. 下列选项不是英文学术检索平台的是（　　）

A. Google Scholar　　B. Web of Science

C. Engineering Village　　D. CNKI

28. Acrobat Reader 浏览器阅读的格式文件类型是（　　）

A. DOC　　B. PDF　　C. CAJ　　D. HTML

29. 题录“Christopher Reimer.Monte Carlo Tolerancing Tool using Non-Sequential Ray Tracing on a Computer Cluster［C］.//International Optical Design Conference 2010. Part two of two parts.2010:76522M:1-76522M:12.”反映的文献类型是（　　）

A. 期刊　　B. 图书　　C. 专利文献　　D. 会议文献

30. 题录“北京兰光创新科技有限公司.基于多种协议的数控机床加工的远程控制方法及装置：中国，CN201611137202.6［P］.2017-3-22.”反映的文献类型是（　　）

A. 期刊　　B. 图书　　C. 专利文献　　D. 会议文献

31. 题录“王启平.机床夹具设计[M].哈尔滨：哈尔滨工业大学出版社，2002.”反映的文献类型是（　　）

A. 期刊　　B. 图书　　C. 专利文献　　D. 会议文献

32. 题录“IX-ISO.水质.通过离散分析系统的选择参数的确定.第 1 部分：利用光度计检测铵、硝酸盐、亚硝酸盐、氯化物、正磷酸盐、硫酸盐和硅酸盐[S].2013.”反映的文献类型是（　　）

A. 期刊　　B. 图书　　C. 专利文献　　D. 标准文献

33. 题录“Kodratoff Y，Michalski R S. Machine learning: an artificial intelligence approach［M］. Morgan Kaufmann，2014.”反映的文献类型是（　　）

A. 期刊　　B. 图书　　C. 专利文献　　D. 会议文献

34. 下列按规定程序制定、经公认的权威机构批准的一整套在特定范围内执行的规格、规则、技术要求等规范性文献是（　　）

A. 专利文献　B. 科技报告　C. 标准文献　D. 图书

35. PQDT 数据库检索的文献类型是（　　）

A. 期刊　B. 学位论文　C. 专利文献　D. 会议文献

36. 用截断词的局部进行检索，并认为凡满足这个词局部中的所有字符（串）的文献都为命中的文献的方法是（　　）

A. 位置运算　B. 布尔逻辑运算　C. 截词检索

37. 人们利用信息系统获取所需信息的内在动因，具体表现为对信息的敏感性、选择能力、消化吸收能力及对信息的持久注意力的是（　　）

A. 信息意识　B. 信息素养　C. 信息道德

38. 在整个信息活动中，调节信息创造者、信息服务者、信息使用者之间关系的行为规范的总和是（　　）

A. 信息意识　B. 信息能力　C. 信息道德

39. 反映该图书馆各种文献馆藏情况的书目数据库，通过它可以查询某一文献在该图书馆是否有收藏、索书号的是（　　）

A. 馆藏目录查询系统　B. 期刊数据库　C. 学位论文数据库

40. 对一次文献进行再加工，通过整理、提炼和压缩，并按其外部特征（题名、作者、文献类型等）和内容特征序化，形成另一种新的文献形式（如目录、文摘、索引、题录）的是（　　）

A. 零次文献　B. 一次文献　C. 二次文献　D. 三次文献

41. 表示其前后连接的检索词必须同时出现在检索结果中的逻辑运算符是（　　）

A. 逻辑“或”　B. 逻辑“与”　C. 逻辑“非”　D. 截词算符

42. 表示其前后连接的检索词至少其中之一出现在检索结果中的逻辑运算符是（　　）

A. 逻辑“或”　B. 逻辑“与”　C. 逻辑“非”　D. 截词算符

43. 表示其前连接的检索词必须出现在检索结果中，但其后连接的检索词不能出现在检索结果中的逻辑运算符是（　　）

A. 逻辑“或”　B. 逻辑“与”　C. 逻辑“非”　D. 截词算符

44. 若想让 produce、product、production、productivity 出现在检索结果中，应使用的逻辑运算符是（　　）

A. 逻辑“或”　B. 逻辑“与”　C. 逻辑“非”　D. 截词算符

45. 若想 climate change 和 air pollution 同时出现在检索结果中且相隔不超过 n 个单词，应使用的逻辑运算符是（　　）

A. 逻辑“或”　B. 逻辑“与”　C. 逻辑“非”　D. 位置算符

46. 在大多数外文数据库中，若想检索结果中出现的 information search

behavior 与检索式中的一模一样，应该使用的逻辑运算符是（ ）

A. 截词算符　B. 双引号　C. 通配符　D. 位置算符

47. 在 CNKI 检索平台中，检索式“TI=（老子 + 孔子） * 教育 * 思想”中，加号“+”表示的是（ ）

A. 逻辑“与”　B. 逻辑“或”　C. 逻辑“非”　D. 位置算符

48. 具有文献传递功能的数据库是（ ）

A.中国知网　B. 超星数字图书馆

C. 读秀知识库　D. 万方数据知识服务平台

49. 题录“左元丽.基于因子分析的制造业上市公司综合绩效评价——以江苏制造业上市公司为例［J］.会计之友，2016，(24):89-92.”中的［J］表示的是（ ）

A. 图书　B. 专利文献　C. 标准文献　D. 期刊

50. 题录“仓林忠著. 古风兮归来［M］. 北京：中国书籍出版社，2014.05.”中的［M］表示的是（ ）

A. 图书　B. 专利文献　C. 标准文献　D. 期刊

51. 题录“盐城工学院.变压器的机箱加工系统和变压器的自动加工系统:中国，CN201710077149.3［P］.2017-4-26. ”反映的文献类型是（ ）

A. 图书　B. 专利文献　C. 标准文献　D. 期刊

52. 题录“汤晓明，李正锋.长三角地区经济增长与物流业发展的实证研究——基于面板数据的状态空间模型［C］.//第八届中国仓储物流创新与发展高峰论坛论文集.2015:12-14.”反映的文献类型是（ ）

A. 图书　B. 专利文献　C. 标准文献　D. 会议文献

53. 题录“刘平成. P•O42.5 水泥半终粉磨吨电耗降至 20kW •h 以下关键技术［N］. 中国建材报，2013-11-19（042).”反映的文献类型是（ ）

A. 图书　B. 专利文献　C. 报纸　D. 会议文献

54. 题录“王秀莉.独立学院大学生消费价值观教育研究——以盐城工学院博雅学院为例［D］.扬州大学，2014.”反映的文献类型是（ ）

A. 图书　B. 学位论文　C. 报纸　D. 会议文献

55. 题录“绍兴华通色纺有限公司；武汉汉麻生物科技有限公司；江西恩达麻世纪科技股份有限公司；天祥（天津）质量技术服务有限公司；山西绿洲纺织有限责任公司；盐城工学院；深圳市贝利爽实业有限公司；黑龙江省纺织产品质量监督检验测试中心；际华三五四二纺织有限公司；绍兴市质量技术监督检测院；浙江闻翔家纺服饰有限公司；黑龙江省纤维检验局.CN-FZ.精梳大麻与再生纤维素纤维混纺色纺纱［S］.2015.”反映的文献类型是（ ）

A. 图书　B. 学位论文　C. 标准文献　D. 会议文献

56. 题录“蔡三军. 结直肠肛管癌［M］. 北京：北京大学医学出版社，2006.”

反映的文献类型是（　　）

A. 图书　　B. 学位论文　　C. 标准文献　　D. 会议文献

57. 题录“叶锡兰，符霞，夏运风等.10 年以上维持性血液透析病人生活质量分析［J］.护理研究，2015，(26):3272-3273.”反映的文献类型是（　　）

A. 图书　　B. 学位论文　　C. 标准文献　　D. 期刊

58. 题录“高恩淑.制造轻型泡沫水泥砖的方法以及轻型泡沫水泥砖:中国，CN201310007950.2［P］.2013-5-1.”中的［P］表示的是（　　）

A. 图书　　B. 学位论文　　C. 专利文献　　D. 期刊

59. 在 CNKI 检索平台中，检索式“TI=（老子 + 孔子） * 教育 * 思想”中，星号“*”表示的是（　　）

A. 逻辑“与”(表示并且)　　B. 截词算符

C. 逻辑“非”　　D. 位置算符

60. 在 CNKI 检索平台，检索式“TI = 新会计准则 * （企业 + 公司） * 影响-（利润+盈利）”中，减号“-”表示的是（　　）

A. 逻辑“与”(表示并且)　　B. 截词算符

C. 逻辑“非”(表示排除)　　D. 位置算符

61. 在 Google 或百度中精确检索关于“虚拟技术在内燃机中的应用”方面的 PDF 格式的文件，最宜使用的检索式是（　　）

A. filetype: PDF 虚拟技术在内燃机中的应用

B. filetype: JPG “虚拟技术在内燃机中的应用”

C. filetype: PPT 虚拟技术在内燃机中的应用

D. filetype: PDF“虚拟技术在内燃机中的应用”

62. 若打开了一个看不懂的外文网站，通过以下途径能够最快速地读懂该网页的是（　　）

A. Google 语言工具中的“翻译网页”功能

B. 金山词霸的屏幕取词功能

63. 若要检索“2016 年亚太青年通信学术会议”上的论文，应选择的数据库是（　　）

A. 中国重要会议全文数据库

B. CNKI 中国期刊全文数据库

C. 中国优秀博硕士学位论文全文数据库

64. 能检索到标准文献的信息源是（　　）

A. 中国标准服务网　　B. 国家知识产权局网站

C. 维普资讯网

65. 下列工具书最适宜用来查找唐代宰相马周相关事迹的是（　　）

A.《二十五史人名大辞典》　　B.《事物异名分类词典》
C.《中国山水文化大观》　　D.《中国丝绸之路辞典》
66. 下列标准最具法律强制性执行效力的是（　　）
A.《齿轮几何要素代号》GB/T 2821—2003
B.《抗硫酸盐硅酸盐水泥》GB 748—2003
C.《剩余电流动作保护电器的一般要求》GB/Z 6829—2008
67.《中国图书馆分类法》是（　　）
A. 综合分类法　B. 功能分类法　C. 主题分类法
68. 手稿、私人笔记等属于（　　）
A. 零次文献　B. 一次文献　C. 二次文献　D. 三次文献
69. 辞典、手册等属于（　　）
A. 零次文献　B. 一次文献　C. 二次文献　D. 三次文献
70. 下列属于一次文献的是（　　）
A. 题录　B. 辞典　C. 文摘　D. 期刊
71. 题录"沈征.注册会计师审计［M］.上海：格致出版社，2008，35-37."反映的文献类型是（　　）
A. 期刊　B. 图书　C. 学位论文　D. 专利文献
72. 题录"孔玉生，陶明.我国资本市场机构投资者参与公司治理研究［J］.会计之友，2008，(33)：107-108."反映的文献类型是（　　）
A. 期刊　B. 图书　C. 学位论文　D. 专利文献
73. 下列可以准确确定图书在书架上的位置的是（　　）
A. 索书号　B. 分类号　C. IPC 号　D. ISBN 号
E. ISSN 号
74. CNKI 中国期刊全文数据库可以使用的范围是（　　）
A. 互联网　B.校园网 IP 地址范围内
75. 国家知识产权局专利数据库可以使用的范围的是（　　）
A. 互联网　B.校园网 IP 地址范围内
76. 中国标准服务网可以使用的范围是（　　）
A. 互联网　B.校园网 IP 地址范围内
77.维普资讯网（中文科技期刊全文数据库）可以使用的范围是（　　）
A. 互联网　B.校园网 IP 地址范围内
78. 美国专利及商标局专利检索系统可以使用的范围是（　　）
A. 互联网　B.校园网 IP 地址范围内
79. 欧洲专利局专利检索平台可以使用的范围是（　　）
A. 互联网　B.校园网 IP 地址范围内

80. 中国优秀博硕士学位论文全文数据库可以使用的范围是（　　）

A. 互联网　　　B.校园网 IP 地址范围内

81. PQDT 学位论文全文数据库可以使用的范围是（　　）

A. 互联网　　　B.校园网 IP 地址范围内

82. 题录"Abbey R，Richards M.A practical approach to commercial conveyancing & property［M］.Oxford University Press，2003."反映文献类型是（　　）

A. 期刊　　　B. 图书　　　C. 会议文献　　　D. 专利文献

E. 科技报告

83. 就整体而言，网上信息资源的特点之一是（　　）

A. 学术性高　　　B. 可靠性高　　　C. 较具权威性　　　D. 良莠混杂

84. URL[①]的机构性质域名中属于政府机构的是（　　）

A. com　　　B. gov　　　C. org　　　D. edu

85. URL 的机构性质域名中属于教育机构的是（　　）

A. com　　　B. gov　　　C. org　　　D. edu

86. URL 的机构性质域名中属于工商企业的是（　　）

A. com　　　B. gov　　　C. org　　　D. edu

87. URL 的国家或地区代码域名中表示中国的是（　　）

A. cn　　　B. uk　　　C. de　　　D. jp

88. URL 的国家或地区代码域名中表示日本的是（　　）

A. cn　　　B. uk　　　C. de　　　D. jp

89. URL 的国家或地区代码域名中表示中国台湾的是（　　）

A. cn　　　B. uk　　　C. tw　　　D. jp

90. URL 的国家或地区代码域名中表示香港的是（　　）

A. cn　　　B. uk　　　C. tw　　　D. hk

91. URL 的国家或地区代码域名中表示美国的是（　　）

A. cn　　　B. us　　　C. tw　　　D. hk

92. URL 的国家或地区代码域名中表示英国的是（　　）

A. uk　　　B. us　　　C. tw　　　D. hk

93. "http：//www.materialsone.com"，其主办者属于（　　）

A. 网络信息服务商　　　B. 公司企业

C. 教育部门　　　D. 行业协会

94. 使用百度搜索引擎查找某一课题，希望在同一网页中同时出现某两个检索词，这两个词之间应使用算符（　　）

① URL，即 uniform resource locator，统一资源定位符。

A. 加号“+”　　B. 星号“*”　　C. 减号“-”

95. 使用百度搜索引擎查找某一课题，希望在同一网页中只出现 A 词而不出现 B 词，AB 这两个词之间应使用算符（　　）

A. 加号“+”　　B. 星号“*”　　C. 减号“-”

96. 在 CNKI 中国期刊全文数据库专业检索中，题名字段中检索明代科举制度方面的论文，下列检出结果最多的是（　　）

A. TI=（明代 + 明朝）* 科举 * 制度

B. TI=（明代 + 明朝 + 明王朝）* 科举 *（制度 + 体制）

C. TI=（明代 + 明初 + 明末 + 明王朝 + 明朝 + 明中期 + 明）* 科举 *（制度+体制）

97. 在 CNKI 中国期刊全文数据库专业检索中，题名字段中检索中国武术起源方面的论文，下列检出结果最多的是（　　）

A. TI=中国 * 武术 * 起源

B. TI=（中国 + 我国 + 中华）*（武术+武艺）*（起源+源头）

C. TI=（中国 + 中华）* 武术 *（起源+源头）

98. 在万方数据库知识服务平台中，题名字段中检索大学生网络游戏成瘾方面的论文，下列检出结果最多的是（　　）

A. T1=（网络游戏 + 网游）*（大学生 + 本科生 + 大学学生）*（成瘾 + 上瘾 + 着迷 + 痴迷 + 迷恋）

B. T1=（网络游戏 + 网游）*（大学生 + 大学学生）*（成瘾 + 上瘾）

C. T1=网络游戏 *（大学生 + 本科生）*（成瘾 + 上瘾 + 着迷 + 痴迷 + 迷恋）

D. T1=（网络游戏 + 网游）*（大学生 + 本科生 + 大学学生 + 高校学生 + 高校生）*（成瘾 + 上瘾 + 着迷 + 痴迷 + 迷恋）

99. 在 CNKI 中国期刊全文数据库专业检索中，摘要字段中检索管仲改革方面的论文，下列检出结果最多的是（　　）

A. SU=（管仲 + 管子）*（改革 + 变革 + 革新 + 变法）

B. SU=管仲 *（改革 + 变革 + 革新）

C. SU=（管仲 + 管子）* 改革

100. 在 CNKI 中国期刊全文数据库专业检索中，题名字段中检索汉武帝秋风辞方面的论文，下列检出结果最多的是（　　）

A. TI=汉武帝 * 秋风辞

B. TI=（汉武帝 + 刘彻）* 秋风辞

C. TI=刘彻 * 秋风辞

101. 在 CNKI 中国期刊全文数据库专业检索中，题名字段中检索压力机方面的综述性论文但要排除多工位压力机方面的，下列检出结果最多的是（　　）

A. TI=压力机*（综述 + 述评 + 评述 + 概况 + 概述 + 评论）- 多工位

B. TI=压力机*（综述＋述评＋评述＋概况＋概述＋评论＋现状＋趋势＋发展）－多工位

C. TI=压力机*（综述＋述评＋评述）－多工位

102. 在国家知识产权局专利信息服务平台中，专利名称字段中检索笔记本电脑方面的专利，下列检出结果最多的是（　　）

A. TI=（笔记本 OR 手提 OR 掌上 OR 便携式）AND 电脑

B. TI=（笔记本 OR 手提 OR 掌上 OR 便携式）AND（电脑 OR 计算机）

C. TI=（笔记本 OR 手提）AND（电脑 OR 计算机）

103. 由于校名历经更迭，在这种情况下，若要查找盐城市某高校王伟所发的论文，下列检出结果最多的是（　　）

A. 地址=Yancheng university AND 作者=Wang W

B. 地址=2240＊AND 作者=Wang W

C.（地址=Yancheng university of science and technology）AND 作者=Wang W

104. “《汽车侧面碰撞的乘员保护》GB 20071—2006”这一标准颁布的年份是（　　）

A. 2007 年　　　　B. 2006 年

105. 在 CNKI 中国期刊全文数据库专业检索中，要检索盐城工学院王路明所发表的论文，下列检出结果最多的是（　　）

A. AU=王路明 AND AF=盐城工学院＋盐城工业专科学校

B. AU=王路明 AND AF=盐城工学院＊盐城工业专科学校

二、判断题

106. 分类检索语言从检索功能上来说侧重于族性检索。（　　）

107. CNKI 中国期刊全文数据库可用于检索整本图书的内容。（　　）

108. 中文检索界面的外文数据库中，也可以输入中文进行检索。（　　）

109. “《工业机器人坐标系和运动命名原则》GB/T 16977—1997”是我国一项推荐性的国家标准。（　　）

110. 文献是记录知识的载体，因此各种光盘数据库、网络数据库也属于文献的范畴。（　　）

111. 二次文献是利用、选择有关的一次文献，再加以分析、综合而编写出来的专题报告、综述、进展，以及手册、百科全书、年鉴等工具书。（　　）

112. 如果要对某些问题获得较全面、系统的了解，或者对不熟悉的领域有个初步、基本的了解，阅读期刊是个较好的办法。（　　）

113. 情报是信息，但信息不一定是情报。（　　）

114. 知识是信息，但信息不一定是知识。（　　）

115. 文献是知识，但知识不一定是文献。（　　）

116. 情报可能是知识，可能是文献，但文献、知识不一定是情报。（　　）

117. 期刊是连续刊印的出版物，不出意外将永远出版下去。（　　）

118. 零次文献是指未经出版发行的或未以公开形式进入社会交流的最原始的文献。（　　）

119. 截词检索是指在检索式中用专门的符号（截词符号）表示检索词的某一部分允许有一定的词形变化。（　　）

120. 主要的布尔逻辑关系符有三种：逻辑“与”、逻辑“或”、逻辑“非”。（　　）

121. 参考工具书是指根据人们的需要，把某一范围的知识或资料加以分析、综合或浓缩，并按一定的排版方法编排，以备查阅、参考，用以解决有关事实和数据方面的疑难问题的图书。（　　）

122. 年鉴是系统汇集一年内的主要时事文献、学科进展情况、研究成果及有关统计资料，提供详尽的事实、数据和统计数字，反映近期政治、经济发展的动向及科学文化进步的年度出版物。（　　）

123. 百科全书是概要记述人类一切知识门类或某一学科知识的完备的工具书。（　　）

124. 词典是汇集语言里的词语，主要解释词语的概念、意义及其用法，并按照一定的方法编排，以便查阅的工具书。（　　）

125. 文献综述是一种文献信息调研报告，也是学术论文的一种形式。它是通过全面系统地搜集某一特定研究领域的全部或大部分相关文献资料，并在阅读、理解、分析、比较、归纳的基础上，对该课题的发展过程、发展趋势及存在的问题等进行全面介绍、综合分析和评论而形成的一种不同于一般论文的文体。（　　）

126. 图书一般分为阅读型图书和工具型图书（　　）

127. 对于特定的课题，使用相同的检索策略在不同的数据库中检索，其结果可能有较大的区别。（　　）

128. 位置算符与截词算符的检索功能一样，都是限制检索词之间的位置关系，提高查准率。（　　）

129. 互联网上的任何用户均可以通过互联网检索学校的图书馆馆藏目录检索系统。（　　）

三、不定项选择题

130. 按文献载体的性质划分，文献可以分为（　　）

A. 印刷型　　B. 缩微型　　C. 电子型　　D. 声像型

131. 信息表现形式是（　　）

A. 知识　　B. 情报　　C. 文献

132. 期刊的特点是（　　）

A. 出版周期短　　B. 内容新

C. 连续性强　　D. 紧跟时代研究步伐

133. 书的“身份证”代码是（　　）

A. 国际标准连续出版物编号　　B. 国际标准书号

C. ISBN 号　　D. 国内邮发代号

134. 下列属于文献外部特征的有（　　）

A. 分类号　　B. 关键词　　C. 作者　　D. 出版机构

135. 下列文献属于特种文献的是（　　）

A. 专利文献　　B. 标准文献　　C. 图书　　D. 期刊

136. 下列文献不属于特种文献的是（　　）

A. 图书　　B. 期刊　　C. 政府出版物　　D. 报纸

137. 图书的特点是（　　）

A. 连续出版物　　B. 出版速度非常快

C. 内容比较成熟、定型　　D. 出版周期比较长

138. 检索工具包括（　　）

A. 目录　　B. 文摘　　C. 索引　　D. 题录

139. 三次文献主要包括（　　）

A. 百科全书　　B. 手册　　C. 年鉴　　D. 字典

140. 按截断的位置来分，截词可分为（　　）

A. 后截断　　B. 前截断　　C. 中间截断

141. 下列属于信息道德范畴的是（　　）

A. 不侵犯他人的知识产权　　B. 不侵犯他人的隐私权

C. 不非法进入未经允许的系统　　D. 不制作、不传播、不消费不良信息

142. 在 Google 或百度中，要检索高等数学方面的课件，应使用的检索式是（　　）

A. filetype: PDF 高等数学　　B. filetype: PPT 高等数学

C. 高等数学 filetype: PPT　　D. filetype: DOC 高等数学

143. 在 Google 或百度中，要检索 PDF 格式的《信息与文献参考文献著录规则》这一文档，应使用的检索式是（　　）

A. filetype: PDF 参考文献著录规则

B. 参考文献著录规则 filetype：PDF

C. 参考文献著录规则 filetype：PPT

D. filetype：PPT 参考文献著录规则

144. 用“*computer”去检索，结果中可能有（　　）

A. computer　　B. microcomputer　C. supercomputer　D. computerization

145. 用“col*r”去检索，结果中可能有（　　）

A. color　　B. colour　　C. cola　　D. cold

146. 在中文科技期刊数据库中，检索式“关键词=(唐代 + 唐朝 + 大唐) * 女 * 教育”中，检索词“女”在下列检索结果中可能出现的词是（　　）

A. 男女　　B. 女子　　C. 女性　　D. 妇女

E. 女孩　　F. 女医

147. 检索式“AU=Zhang Y K OR Zhang Y.K. OR Zhang Yongkang OR Zhang Yong Kang OR Zhang Yong-kang OR Yongkang Zhang”表达的意思是（　　）

A. 检索作者字段中含有“张永康”的文献

B. 检索作者字段中含有“章永康”的文献

C. 检索作者字段中含有“张涌康”的文献

D. 检索作者字段中含有“章涌康”的文献

148. 下列属于国家强制性标准的是（　　）

A.《齿轮几何要素代号》GB/T 2821—2003

B.《抗硫酸盐硅酸盐水泥》GB 748—2005

C.《家用和类似用途电器的安全 商用微波炉的特殊要求》GB 4706.90—2014

D.《剩余电流动作保护电器的一般要求》GB/Z 6829—2008

149. 下列属于国家推荐性标准的（　　）

A.《齿轮几何要素代号》GB/T 2821—2003

B.《抗硫酸盐硅酸盐水泥》GB 748—2005

C.《科技报告保密等级代码与标识》GB/T 30534—2014

D.《剩余电流动作保护电器的一般要求》GB/Z 6829—2008

150. 检索客车底盘或货车底盘或三轮车底盘或摩托车底盘相关文献，下列宜使用的检索式是（　　）

A.（客车 * 货车 * 三轮车 * 摩托车）+ 底盘

B.（客车 + 货车 + 三轮车 + 摩托车）* 底盘

C.（客车 * 货车 * 三轮车 * 摩托车）* 底盘

D. 客车 * 底盘 + 货车 * 底盘 + 三轮车 * 底盘 + 摩托车 * 底盘

151. 从古至今充当过文献载体的是（　　）

A. 竹简　　B. 木椟　　C. 羊皮纸　　D. 绢帛

E. 纸张　　F. 光盘

152. 若想要的文献在数据库和图书馆各阅览室和书库中都没有收藏，网上书店也没有，通过网络搜索引擎也没找到，那可以获取该文献的途径是（　　）

A. 到图书馆联系原文传递工作的馆员获取

B. 通过读秀学术搜索的文献传递功能获取

153. 在CNKI中国期刊全文数据库中，若要检索以“国家自然科学基金”名义发表的论文，在基金字段中应选用的检索词是（　　）

A. 国家自然科学基金　　B. 国家自科基金

C. 国家自然基金　　D. 国家社会科学基金

154. 若想查找所学专业的中文核心期刊，可以查找的途径是（　　）

A. 馆藏纸本的中文核心期刊要目总览

B. CNKI中国知网的期刊大全

C. 利用搜索引擎上网查找中文核心期刊要目总览

155. 下列不属于公开出版物的是（　　）

A. 档案　　B. 手稿　　C. 私人笔记　　D. 会议文献

D. 期刊　　E. 图书

156. 下列属于连续出版物的是（　　）

A. 图书　　B. 期刊　　C. 报纸　　D. 会议文献

E. 专利文献　　F. 标准文献

157. 下列属于外文数据库的是（　　）

A. CNKI检索平台　　B. EBSCO

C. ScienceDirect系统　　D.维普资讯网

158. 下列可以增加检出的结果的算符是（　　）

A. 截词算符　　B. 位置算符　　C. 逻辑“与”　　D. 逻辑“或”

159. 对于检索结果过多的情况，其原因可能是（　　）

A. 使用了过多的截词算符

B. 应用逻辑“与”的时候误用了逻辑“或”

C. 应用逻辑“或”的时候误用了逻辑“与”

D. 使用了太多的位置算符

160. 对于检索结果过少的情况，原因可能是（　　）

A. 使用截词算符　　B. 使用了位置算符

C. 应用逻辑“或”的时候误用了逻辑“与”

D. 应用逻辑“与”的时候误用了逻辑“或”

161. 正确著录文后参考文献的重要性是（　　）

A. 体现学术研究的承前启后　　B. 反映作者的学术道德

C. 反映作者的学术态度

162. 在CNKI中国期刊全文数据库专业检索中，题名字段中检索司法体制改革方面的论文，下列检出结果最多的是（　　）

A. TI = 司法 *（体制 + 体系 + 制度）*（改革 + 变革 + 革新）+ 司法 * 改制

B. TI=司法 *（体制 + 体系 + 制度）*（改革 + 变革 + 革新）

C. TI=司法 * 改制

D. TI=司法 *（（体制 + 体系 + 制度）*（改革 + 变革 + 革新）+ 改制）

163. 信息意识的表现形式有（　　）

A. 信息价值意识　　B. 信息吸收意识

C. 信息保密意识　　D. 信息成果意识

E. 信息污染防治意识　　F. 信息更新意识

164. 信息能力体现的方面有（　　）

A. 信息组织能力　　B. 信息检索能力

C. 信息获取能力　　D. 信息传递能力

E. 信息分析能力

165. 在文后参考文献著录作者姓名时，应注意（　　）

A. 作者姓名超过三个的，只著录前三个，第三个作者后，应添加“，等”或“，et al.”

B. 西文作者的姓名，应注意写成“姓”前“名”后

C. 作者与作者之间，应使用“，”，而不应使用“；”

166. 中国专利法所指专利类型包括（　　）

A.外观设计　　B.实用新型　　C.植物专利　　D.发明

167. 专利法中所称的发明人或设计人是指（　　）

A.对发明创造做出实质性贡献的人

B.负责组织工作的领导

C.为物质条件提出便利的人

D.其他辅助性工作的人

168. 专利法所称外观设计，是指对产品所做出的富有美感并适于工业应用的新设计的（　　）

A.形状　　B.图案　　C.形状、图案的结合　　D.色彩

169. 发明及实用新型说明书应当包括（　　）

A.技术领域、背景技术、发明内容、附图说明、具体实施方式

B.技术领域、背景技术、发明内容

C.背景技术、发明内容、附图说明、具体实施方式

D.背景技术、发明内容、附图说明

170. 发明专利权的保护期限是（　　）

A.20 年　　B.10 年　　C.15 年　　D.5 年

171. 实用新型和外观设计专利权的保护期限是（　　）

A.20 年　　B.10 年　　C.15 年　　D.5 年

172.根据专利法，授予专利权发明或实用新型，应当具有（　　）

A.新颖性　　B.创造性　　C.实用性　　D.实施性

173. 下列号码是进入中国国家阶段的 PCT 发明及实用新型专利申请的是（　　）

A.200710077832.3　　B.200930143483.0

C.200480002090.2　　D.200490000001.3

174. 要检索“通用电气公司”在中国申请的有关“医用核磁共振成像”的技术主题，该技术主题对应的 IPC 类号为 A61B5/055，下列做法正确的是（　　）

A.在“分类号”中输入“A61B5/055”，同时在“申请（专利权）人”中输“入通用电气”

B.在“优先权”中输入“医用 AND 核磁 AND 共振成像”，同时在“申请（专利权）人”中输入“通用电气”

C.在“主分类号”中输入“A61B5/055”，同时在“申请（专利权）人”中输入“通用电气”

D.在“摘要”或“名称”中输入“医用 AND 核磁 AND 共振成像”，同时在“申请（专利权）人”中输入“通用电气”

175. 要检索有关稀土荧光材料的国外专利信息，下列途径正确的是（　　）

A.查找“稀土荧光材料”对应的英文主题词，用英文词在欧洲专利局专利检索平台库中进行检索

B.用“稀土荧光材料”的中文主题词查出一些中国专利文献，然后找出所对应的 IPC 分类号，用分类号在欧洲专利局专利检索平台中进行检索

C.查找国外有关公司的名称，用公司的名称在欧洲专利局专利检索平台中进行检索

D.查找“稀土荧光材料”对应的英文主题词，查阅对应的科技文献

176. 专利授权公告号 CN 100560928Y，其中字母 Y 代表（　　）

A.实用新型专利权部分无效宣告的公告

B.发明专利授权公告

C.发明专利权部分无效宣告的公告

D.发明专利申请公布

177. 专利申请号 200820000517.9，其中从左向右第五位数字“2”的代表的专利类型是（　　）

A.发明专利　　B.实用新型　　C.外观设计

178. 我国某项专利授权公告号为 CN1015763A，其中 A 代表的是（　　）

A.实用新型专利权部分无效宣告的公告

B.发明专利授权公告

C.发明专利权部分无效宣告的公告
D.发明专利申请公布

179. 美国的四大科技报告是（　　）
A.PB 报告　　B.AD 报告　　C.NASA 报告　　D.DOE 报告

180. 关于图书馆，下列说法正确的是（　　）
A.图书馆是信息资源建设与服务中心
B.图书馆是实现知识平等的社会保障机构
C.图书馆是以业务工作为主体的服务实体
D.图书馆是政府信息公开的场所之一

参 考 答 案

一、单项选择题

1. C	2. D	3. C	4. B	5. B	6. A	7. A	8. A
9. B	10. B	11. A	12. B	13. A	14. B	15. A	16. C
17. B	18. A	19. D	20. A	21. B	22. C	23. D	24. A
25. B	26. C	27. D	28. B	29. D	30. C	31. B	32. D
33. B	34. C	35. B	36. C	37. B	38. C	39. A	40. C
41. B	42. A	43. C	44. D	45. D	46. B	47. B	48. C
49. D	50. A	51. B	52. D	53. C	54. B	55. C	56. A
57. D	58. C	59. A	60. C	61. D	62. A	63. A	64. A
65. A	66. B	67. A	68. A	69. D	70. D	71. B	72. A
73. A	74. B	75. A	76. A	77. B	78. A	79. A	80. B
81. B	82. B	83. D	84. B	85. D	86. A	87. A	88. D
89. C	90. D	91. B	92. A	93. B	94. B	95. C	96. C
97. B	98. D	99. A	100. B	101. B	102. B	103. B	104. B
105. A							

二、判断题

106. 对	107. 错	108. 错	109. 对	110. 对	111. 错	112. 错	113. 对
114. 对	115. 对	116. 对	117. 错	118. 对	119. 对	120. 对	121. 对
122. 对	123. 对	124. 对	125. 对	126. 对	127. 对	128. 错	129. 对

三、多项选择题

130. ABCD	131. ABC	132. ABCD	133. BC	134. ABCD
135. AB	136. ABD	137. CD	138. ABCD	139. ABD

140. ABC	141. ABCD	142. BC	143. AB	144. ABC
145. AB	146. ABCDEF	147. ABCD	148. BC	149. AC
150. BD	151. ABCDEF	152. AB	153. ABC	154. ABC
155. ABC	156. BC	157. BC	158. AD	159. AB
160. BC	161. ABC	162. AD	163. ABCD	164. ABCDE
165. ABC	166. ABD	167. ACD	168. ABCD	169. A
170. A	171. B	172. ABC	173. CD	174. AD
175. AB	176. A	177. B	178. D	179. ABCD
180. ABD				

|附录 4| 文献综述写作课程设计

题　　名：______________________________

____

英文题名：______________________________

____

姓　　名：______________________________

学　　号：______________________________

班　　级：______________________________

得　　分：______________________________

指导教师：______________________________

20　年　月　日

信息素养与信息检索教研室制

一、课题分析

1. 知识点把握及课题分析

（1）通过图书馆公共目录查询系统查询后手工借阅与课题方向相关图书三册，并填写书名、分类号、作者、出版社及出版年

1）书名：__________________，索书号：__________，作者：__________，出版社：__________，出版年：__________；

2）书名：__________________，索书号：__________，作者：__________，出版社：__________，出版年：__________；

3）书名：__________________，索书号：__________，作者：__________，出版社：__________，出版年：__________。

（2）通过中国知网或万方数据文献检索平台，检索及下载与课题方向相关的综述性文献三篇，并填写题名、作者、机构、刊名及年卷期

1）题名：__________________，作者：__________，机构：__________，刊名：__________，年卷期__________；

2）题名：__________________，作者：__________，机构：__________，刊名：__________，年卷期__________；

3）题名：__________________，作者：__________，机构：__________，刊名：__________，年卷期__________。

2. 研究内容

（1）项目主要技术要点（根据所借图书及所下载综述性文献的阅读与分析，选择拟了解及检索的该课题技术领域下具体的研究方向，并撰写拟检索内容的研究目的、技术方法、工艺路线、关键技术等，字数为200～300字）

（2）拟检索主要技术要点：①××××××××××××××××；②××××××××××××××××；③××××××××××××××××；……

3. 中英文关键词（不得少于3个）

中文关键词：

英文关键词：

4. 中英文逻辑检索表达式（提供检索表达式的组配方式不少于3种）

中文检索表达式：

1）____；

2）____；

3）____；

4）____；

英文检索表达式：

1）____；

2）____；

3）____；

4）____。

二、选择检索工具并检索、记录、整理检索结果

1. 检索工具及检索结果

（1）中国知网之中国学术期刊全文数据库（检索时间为 2010～2017 年）

检索过程：采用检索表达式 1），检索结果________篇；

采用检索表达式 2），检索结果________篇；

采用检索表达式 3），检索结果________篇；

采用检索表达式 4），检索结果________篇。

检索分析：通过检索结果的比较和分析，该课题的标准检索表达式为

____

__________________________________，检索结果为________篇文献。

二次检索：由于检索文献的数量比较多，应用检索词__________进行进一步限制检索：二次检索后获得检索结果为________篇。

（2）万方数据知识服务平台之学术论文数据库（检索时间为 2010～2017 年）

检索过程：采用检索表达式 1），检索结果________篇；

采用检索表达式 2），检索结果________篇；

采用检索表达式 3），检索结果________篇；

采用检索表达式 4），检索结果________篇。

检索分析：通过检索结果的比较和分析，该课题的标准检索表达式为

____

__________________________________，检索结果为________篇文献。

二次检索：由于检索文献的数量比较多，应用检索词__________进行进一步限制检索：二次检索后获得检索结果为________篇。

（3）读秀知识库（检索时间为 2010～2017 年，检索模式为内容检索）

检索过程：采用检索表达式 1），检索结果________篇；

采用检索表达式 2），检索结果________篇；

采用检索表达式 3），检索结果________篇；

采用检索表达式 4），检索结果________篇。

检索分析：通过检索结果的比较和分析，该课题的标准检索表达式为

____

________________________________，检索结果为_______篇文献。

二次检索：由于检索文献的数量比较多，应用检索词__________进行进一步限制检索：二次检索后获得检索结果为_______篇。

（4）中国优秀硕士/博士论文全文数据库（检索时间为2010～2017年）

检索过程：采用检索表达式1），检索结果_______篇；

采用检索表达式2），检索结果_______篇；

采用检索表达式3），检索结果_______篇；

采用检索表达式4），检索结果_______篇。

检索分析：通过检索结果的比较和分析，该课题的标准检索表达式为

____

________________________________，检索结果为_______篇文献。

二次检索：由于检索文献的数量比较多，应用检索词__________进行进一步限制检索：二次检索后获得检索结果为_______篇。

（5）国家知识产权局专利检索（检索时间不限）

检索过程：采用检索表达式1），检索结果_______篇；

采用检索表达式2），检索结果_______篇；

采用检索表达式3），检索结果_______篇；

采用检索表达式4），检索结果_______篇。

检索分析：通过检索结果的比较和分析，该课题的标准检索表达式为

____

________________________________，检索结果为_______篇文献。

二次检索：由于检索文献的数量比较多，应用检索词__________进行进一步限制检索：二次检索后获得检索结果为_______篇。

（6）Elsevier Science Direct（检索时间为2010～2017年）

检索过程：采用检索表达式1），检索结果_______篇；

采用检索表达式2），检索结果_______篇；

采用检索表达式3），检索结果_______篇；

采用检索表达式4），检索结果_______篇。

检索分析：通过检索结果的比较和分析，该课题的标准检索表达式为

____

________________________________，检索结果为_______篇文献。

二次检索：由于检索的文献的数量比较多，应用检索词__________进行进一步限制检索：二次检索后获得检索结果为_______篇。

（7）Springer Link（检索时间为 2010～2017 年）

检索过程：采用检索表达式 1），检索结果_______篇；

采用检索表达式 2），检索结果_______篇；

采用检索表达式 3），检索结果_______篇；

采用检索表达式 4），检索结果_______篇。

检索分析：通过检索结果的比较和分析，该课题的标准检索表达式为____，检索结果为_______篇文献。

二次检索：由于检索文献的数量比较多，应用检索词__________进行进一步限制检索：二次检索后获得检索结果为_______篇。

2. 文献分析（每种来源数据库摘录文献不得多于两篇）

（1）在所检索文献中，下列文献为综述性文献（不少于 6 篇）

1）题名：

作者：

文献源：

摘要：

来源数据库：

2）题名：

作者：

文献源：

摘要：

来源数据库：

3）题名：

作者：

文献源：

摘要：

来源数据库：

4）题名：

作者：

文献源：

摘要：

来源数据库：

5）题名：

作者：

文献源：

摘要：
来源数据库：
6）题名：
作者：
文献源：
摘要：
来源数据库：
（2）在所检文献中，下列文献为相关度较高的文献（不少于6篇）
1）题名：
作者：
文献源：
摘要：
来源数据库：
2）题名：
作者：
文献源：
摘要：
来源数据库：
3）题名：
作者：
文献源：
摘要：
来源数据库：
4）题名：
作者：
文献源：
摘要：
来源数据库：
5）题名：
作者：
文献源：
摘要：
来源数据库：
6）题名：
作者：

文献源：
摘要：
来源数据库：
（3）在所检文献中，下列文献为英文文献（不少于 3 篇）
1）题名：
作者：
文献源：
摘要：
来源数据库：
2）题名：
作者：
文献源：
摘要：
来源数据库：
3）题名：
作者：
文献源：
摘要：
来源数据库：

三、英文文献摘要及翻译

1. 密切相关的英文文献
题名：
作者：
文献源：
摘要：
来源数据库：
2. 该英文文献摘要内容翻译

四、根据以上所检索文献，撰写文献综述如下（包括国内外研究现状、存在的问题、已有的解决方案及课题拟研究的方向等，正文部分不得少于 4000 字）

科技文献检索文献综述题目（三号黑体，自拟）
作者及班级、学号（小四号宋体）

摘要：××××××××××××××××××××××××××××××

××××××……（200～300字，小四号宋体）

关键词：×××；××××；×××××；×××（3～5个，小四号宋体）

Title（三号 Times New Roman）

Name（小四号 Times New Roman）

Abstract：×××××××××××××××××××××……（小四号 Times New Roman，200～300个实词）

Key words：×××；××××；×××××；×××（3～5个，小四号 Times New Roman）

前言（引言）：×××××××××××××[1]××××××××××××……（标题用小四号黑体，其他文字用小四号宋体）

正文：×××××××××××××××××××××××××××[4]×××……（标题用小四号黑体，其他文字用小四号宋体）

（说明：正文是文献综述的核心部分。应在归类整理的基础上，对自己搜集到的有用资料进行系统介绍。撰写此部分时还应注意以下两点：一是对已有成果要分类介绍，各类之间用小标题区分。常见的分类线索包括：按时空分类（如本课题的研究历史与研究现状、国外研究现状与国内研究现状）、按本课题所涉及的不同子课题分类、按已有成果中的不同观点进行分类等。二是既要有概括地介绍，又要有重点地介绍。根据自己的分类，首先对各类研究做概括介绍，其次对此类研究中具有代表性的成果进行重点介绍。重点介绍时要求要点明作者名、文献名及其具体观点。无论是概括介绍还是重点介绍的文献资料均要求将文献来源在参考文献中反映出来，并在正文中进行标注。）

结论：×××……（小四号宋体）

参考文献：

（注意：以上所有检索的文献，必须在文献综述中引用，并做好参考文献的标注和参考文献的标引，参考文献没有在文中进行标引和应用及参考文献著录格式不符合国家标准要求的，课程设计一律作“不合格”处理。）

[1] 作者姓名，作者姓名.参考文献题目［类型标志］. 期刊或杂志等名称，年份，（期数）：页码范围.

[2] 刘凡丰. 美国研究型大学本科教育改革透视［J］. 高等教育研究，2003，（1）：34-37.

[3] 作者姓名，作者姓名. 参考文献题目［类型标志］. 期刊或杂志等名称，年份，（期数）：页码范围.
[4]
……

（参考文献标注的格式必须严格按照课堂上的要求进行标引，其中中文文献为五号宋体，外文文献为五号 Times New Roman）

（说明：以上所有“楷体”文字仅供参考，读者在写作文献综述时请保留字体、字号，改写或删除掉文字，黑色文字请保留。每一页的上方（天头）和左侧（订口）分别留边 25mm，下方（地脚）和右侧（切口）应分别留边 15mm，页眉和页脚为 0。论文题目使用黑体三号字，小标题使用黑体小四号字，正文使用宋体小四号字；首行缩进 2 个字符，行距为单倍行距，段前段后为 0.5 行，字符间距为标准，打印一律使用 A4 纸，所有参考文献必须在文章中进行引用标注，标注一律和参考文献的序号一致，并采用五号字体、上标注明，正文部分字数不得少于 4000 字。）